KB167675

나 오늘 왜 그랬지?

나 오늘 왜 그랬지?

초판 1쇄 발행 2023년 9월 13일

지은이 미리암 프랭클, 매트 워렌
옮긴이 염지선

펴낸이 조기흥
책임편집 전세정 / **기획편집** 박의성, 이지은, 유지윤
마케팅 정재훈, 박태규, 김선영, 홍태형, 임은희, 김예인 / **제작** 박성우, 김정우
디자인 프롬디자인

펴낸곳 한빛비즈(주) / **주소** 서울시 서대문구 연희로2길 62 4층
전화 02-325-5506 / **팩스** 02-326-1566
등록 2008년 1월 14일 제 25100-2017-000062호

ISBN 979-11-5784-697-9 03180

이 책에 대한 의견이나 오탈자 및 잘못된 내용에 대한 수정 정보는 한빛비즈의 홈페이지나
이메일(hanbitbiz@hanbit.co.kr)로 알려주십시오. 잘못된 책은 구입하신 서점에서 교환해드립니다.
책값은 뒤표지에 표시되어 있습니다.

⌂ hanbitbiz.com ▌f facebook.com/hanbitbiz ▌N post.naver.com/hanbit_biz
▶ youtube.com/한빛비즈 ▢ instagram.com/hanbitbiz

ARE YOU THINKING CLEARLY?
Copyright ⓒ Miriam Frankel & Matt Warren 2022
All rights reserved
Korean translation copyright ⓒ 2023 by Hanbit Biz, Inc.
Korean translation rights arranged with HODDER & STOUGHTON LIMITED through EYA Co.,Ltd.
이 책의 한국어판 저작권은 EYA Co.,Ltd를 통한 HODDER & STOUGHTON LIMITED 사와의
독점계약으로 한빛비즈(주)가 소유합니다.
저작권법에 의하여 한국 내에서 보호를 받는 저작물이므로 무단전재 및 복제를 금합니다.

지금 하지 않으면 할 수 없는 일이 있습니다.
책으로 펴내고 싶은 아이디어나 원고를 메일(hanbitbiz@hanbit.co.kr)로 보내주세요.
한빛비즈는 여러분의 소중한 경험과 지식을 기다리고 있습니다.

일상적 착각과 습관적 후회에 관한 29가지 생각 실험

나

오늘

왜

그랬지?

이게 다
뇌 때문이야!

Are You Thinking Clearly?

미리암 프랭클, 매트 워렌 지음
염지선 옮김

⊪ 한빛비즈
Hanbit Biz, Inc.

자유로운 생각을 위한 사탕 유리병

당신은 당신의 장례식에서 어떤 음악을 틀고 싶은가? 서구 세계 어딘가에 살고 있다면 아마 프랭크 시나트라^{Frank Sinatra}의 <마이 웨이^{My Way}>를 고를 가능성이 높다. 수년 연속 영국 장례식 음악 차트 정상을 차지하고 있는 노래다.

그럴 만도 한 것이, <마이 웨이>는 누구의 귀에나 착 달라붙는 멜로디로 사랑, 웃음, 후회, 상실뿐 아니라 다른 사람에게 어떻게 기억되길 바라는지 노래한다. 노래 속 '나'는 자기만의 길을 걸어간 자유로운 영혼이자 독립된 인격체로 남아 있다.

우리는 누구나 이 세상에 자기만의 발자국을 남기고 스스로 인생의 방향을 결정하고 사고하기를 바란다. 누구나 외부로부터 받는 영향을 최소화하고 자신만의 근거를 바탕으로 판단하는 것이 가장 좋다고 여긴다.

하지만 '스스로 생각한다'는 것은 도대체 무엇이며 어디까지 가능한 걸까? 그게 과연 좋은 것이기는 할까? 누구나 그렇게 독립적으로 사고한다면 왜 사람들은 시나트라의 노래를 선택하는 것일까?

진실은 이렇다. 우리는 생각보다 자유롭고 명확하게 사고하지 못한다. 인간의 뇌는 매우 편향적이라 속이기 쉽다. 기억은 쉽게 변형되어 신뢰하기 힘들다. 태어나는 순간부터 죽는 날까지 여러 복잡한 요소가 시끄럽게 엉켜 인간의 사고와 행동을 결정한다. 유전자에 새겨진 암호와 체내의 박테리아부터 사용하는 언어와 핸드폰에 깔린 앱에 이르기까지, 모든 요소가 미처 알아채지도 못하는 사이 우리의 사고와 행동을 조종한다.

개별적 존재로서의 특정 상황 역시 우리의 생각과 감정, 행동을 결정한다. 나이, 부모, 친구, 이웃, 유년기의 경험, 어떤 뉴스를 보고 듣는지, 무엇을 먹는지. 이 모든 것이 영향을 미친다. 그래서 우리는 착각과 후회를 반복한다.

언제 나 자신을 믿어야 할까? 언제 다른 사람 말에 귀를 기울이고, 스스로 틀렸다고 인정하고 마음을 바꿔야 할까? 인류는 인간의 생각을 형성하는 요소들의 불협화음을 발견하고 탐구하고자 하는 연구를 수십 년간 이어왔다. 그중 많은 질문에 대한 답을 찾았고, 대부분이 이 책에 담겨 있다.

이 책을 쓰고 있는 우리 두 사람은 학계의 연구를 대중이 즐기고 이해할 수 있도록, 무엇보다 연구를 통해 무언가를 배울 수 있도록 전달하는 일에 특히 관심이 있다. 수백 명의 신경과학자와 유전학자, 언어학자, 심리학자, 철학자, 사회학자, 인류학자, 행동경제학자와 협업했다. 우리는 이 작업을 통해 인간의 마음을 조종하는 무수한 방법을 목격했다.

마치 사탕 가게에서 일하는 것과 비슷하지만 박하사탕과 콜라맛 젤리, 곱스타퍼Gobstoppers(영국에서 유행했던 여러 겹으로 이루어진 쫀득한 사탕-옮긴이)가 담긴 유리병 대신, 지식과 연구 그리고 아이디어로 가득히 반짝이는 유리병을 진열해두었다는 점이 다르다.

여러 분야의 과학적 연구를 더 깊이 파고들다 보면 특성상 서로 상충하는 지점을 마주해 멈춰서는 때가 있을 것이다. 유전학자는 이렇다고 하는데 심리학자는 저렇다고 한다면 누가 맞는 걸까? 어떤 학문이 인간 마음의 비밀을 푸는 데 가장 가까이 다가갔을까? 가장 훌륭한 해결책을 제시하는 분야는?

솔직히 말하면 모두 맞고 전부 틀렸다. 이유는 간단하다. 삶의 가장 커다란 질문에 답을 원한다면, 그리고 그걸 내 삶에 적용하고 싶다면 내가 좋아하는 한 가지 맛이 아니라 여러 가지를 골라 담을 수밖에 없기 때문이다.

이 책에서는 바로 그 작업을 할 것이다. 당신의 믿음, 오해, 기분, 직감에 관한 29개의 진실을 준비했다. 유전학, 생물학, 성격, 인지, 감정, 경험, 신념, 편견, 문화, 기술 등 여러 분야의 연구를 바탕으로 우리의 사고-자신과 타인에 대한 생각, 어떻게 결정을 내리고 문제를 해결하며, 과거를 기억하고 미래를 상상하는 과정은 어떻게 이루어지는지-에 대해 설명하고자 한다. 그렇게 함으로써 당신이 스스로의 뇌를 더 잘 이해하고 사고의 과정에 도전하며 더 좋은 결정을 내리는 방법을 배우는 데 도움을 주고자 한다.

반복적 일상과 습관이 사고에 어떤 영향을 미치는지
사랑에 빠지면 어떤 사고를 하는지
선과 악의 구분을 믿는 것이 사고를 어떻게 변형하는지
우리 몸의 신호가 어떻게 직관과 감정을 조종하는지
통계로 인해 어떤 오해를 하는지
잘못된 기억이나 타인의 의견에 얼마나 휘둘리게 되는지
광고의 덫에 걸리고 과거에 얽매이는 이유는 무엇인지
대체 왜 다른 사람을 따라 하기에 급급할 수밖에 없는지

감각과 사고, 감정을 변형시키는 약물을 들여다보고 인간의 지각을 발전시킨 연구 이야기, 뇌 안에서 일어나는 일에 대해 초석을 세운 과학에 대해서도 살펴볼 것이다.

말하자면 우리 두 사람은 이 책에서 여러 분야를 넘나드는 정확한 최신 연구와 이론을 확인할 수 있는 특별하고도 놀라운 실제 경험담을 통해 인간 마음의 방대한 영역을 탐험하고 장애물을 포착해 마음속 지도를 그려두었다.

유의사항이 있다. 이 책이 생각의 방향을 결정해주지는 않을 것이다. 그런 건 독재자나 술집에 죽치고 앉아 자기 얘기만 늘어놓는 인간이나 하는 짓이다. 훌륭한 결정을 위한 마음 챙김이라든가 긍정적 사고 같은 한 가지 키포인트를 강조하지도 않는다.

모든 사람의 출발점과 도착점이 같을 수는 없다. 다리가 튼튼한 사람은 가장 높은 산을 오르는 것을 주저하지 않고 남들이 가지 않은 길을 선택한다. 누군가는 지름길을 찾지만 그 또한 합당한 일이다. 마음도 마찬가지다.

이 책이 마음의 지형을 그려 보여주고 위험한 곳에는 명확한 경고문을 붙여준다고 해도 당신에게 완벽한 길을 정해줄 수는 없다. 자신만의 길을 스스로 찾아야 한다.

쉽지는 않겠지만 그렇게 함으로써 더 나은 길목에 서게 될 것이다. 자신을 깊이 들여다보고 마음속에 자리한 가장 거대한 장애물을 정면으로 마주해 이겨내야 한다.

다행히 이 책은 어느 한쪽으로 치우친 책이 아니다. 사람이 쓰다 보니 역시 어딘가로 치우쳤겠지만, 그래도 서로의 생각에 끝없이 꼬투리를 잡으려 노력한 두 사람이 함께 썼다.

당신 역시 나만의 안락한 방에서 늘 고집했던 습관에 의문을 제기할 수만 있다면, 여기 담긴 이야기가 당신의 생각을 자유롭게 하고 마음과 주변을 돌아볼 수 있게 도울 것이다. 형형색색의 연구를 맛볼 준비가 되었다면 유리병을 열어보자.

차례

일러두기

· 본문의 괄호 중 독자의 이해를 돕기 위한 옮긴이의 주는 '-옮긴이'로 표시해두었습니다.

· 본문에 나오는 도서 중 국내 기출간 도서는 국내 도서명을 썼으며, 미출간 도서는 옮긴
  도서명과 함께 원서명을 표기해두었습니다.

시간은
왜 이렇게 빠를까?

시간 개념

2021년 4월의 어느 화창한 토요일 아침, 스위스의 탐험가이자 과학자인 크리스티앙 클로^{Christian Clot}가 프랑스 남서부 지방에 있는 한 동굴에서 선글라스를 쓰고 걸어 나오며 봄날의 햇빛 속으로 발을 내딛었다.

일상의 삶뿐 아니라 시간 자체로부터 격리되어 지내는 실험을 위해 15명의 실험 참가자들이 롱브리브 동굴^{Grotte de Lombrives} 속으로 들어간 지 40일이 지나서였다.

보석 세공사부터 간호사, 수학 교사 등 다양한 직업을 가진 8명의 남성과 7명의 여성 참가자들은 '딥 타임^{Deep Time}' 연구 프로젝트의 일환으로 3월 14일부터 이 거대하고 둘쑥날쑥한 동굴에 들어가 스스로를 격리했다.

클로가 주도한 이 실험은 시계와 빛, 외부와의 연락을 단절했을 때 인간의 마음이 시간이 존재하지 않는 세상에 적응하는 방식을 알아보고자 했다. 궁극적으로는 그런 상황이 사고와 감정, 신체 기능에 어떤 영향을 미치는지에 대해 알아내기를 바라며, 클로 역시 동굴에 들어갔던 것이다.

클로와 실험 참가자들은 매우 이상한 경험을 했다. 실험이 끝난 후에도 몇 달 동안 그로부터 헤어 나오지 못했다는 사람도 있었다. 동굴 안에는 1km 앞까지 밝혀주는 인공조명이 설치되어 있었다. 잠자는 공간과 주방, 참가자들이 모여 대화를 나누는 공간과 과학 실험을 진행하는 곳, 화장실이 따로 분리되어 있었고 필요한 시설 역시 잘 갖춰져 있었다. 동굴 안을 둘러보며 탐험할 공간도, 연구해야 할 것도 충분했다.

그러나 40일의 격리 기간 동안 바깥세상의 시계가 분과 시간, 날짜 단위로 일정하게 흘러가는 데 반해 동굴 안에 있는 사람들은 시간을 매우 다르게 인식하기 시작했다. 언제 일어나서 먹고 출근하고 잠들지 알려주는 시계나 태양이 없어지자 사람들은 기존 일상의 일반적인 24시간 루틴과는 매우 동떨어진 자기만의 리듬에 따라 생활의 안정을 찾아갔다.

실험이 끝나고 나서야 이 특별한 시간 개념 변화의 전체적인 규모가 명확해졌다. 데이터를 분석한 결과 실험 참가자들은 평균적으로 32시간의 하루를 보내기 시작했고 평균 수면 시간은 12시간이었으며 20시간은 깨어 있었다. 생각지도 못하게 무려 60시간의 하루를 사는 사람도 있었다. 동굴에서 23일밖에 보내지 않았다고 여기는 사람도 있었다.

클로는 아직도 그 사실을 받아들이지 못하는 사람이 있다고 했다. 40일이 지났다는 사실은 알지만 여전히 10일을 빼앗겼다고 생각한다고 말이다. "밖에서 사람들이 들어와서 40일이 끝났다고 했을 때 그 사실을 받아들이기가 어려웠어요. 분명히 거짓말일 거라고 생각했죠. 제 계산으로는 29일밖에 지나지 않았거든요."

누구나 극단적인 상황에서 시간이 빠르게 가거나 느리게 가는 경험이 있을 것이다. 그렇다면 무엇 때문에 시간 개념에 변화가 생기며, 이러한 현상은 우리가 사고하는 방식을 어떻게 변화시킬 수 있을까?

우리는 두 가지 방식으로 시간을 측정하고 인식한다.

첫째, 시계로 측정하는 시간('클록 타임clock time'이라고 하자)은 기본적으로 태양 주위를 도는 지구의 규칙적인 움직임을 기록한다. 지구가 태양을 한 바퀴 돌며 공전하는 데 1년이 걸리고 스스로의 축을 중심으로 자전하는 데는 하루가 걸린다. 우주적 단계에서 일컬어지는 시간에 관한 이론은 더욱 복잡하다. 예를 들어 아인슈타인의 특수상대성이론에 따르면 모든 시간은 상대적이다. 그러나 우리들 중 빛의 속도에 가깝게 움직이며 블랙홀을 돌거나 시간을 극적으로 왜곡하는 우주 현상을 마주할 사람은 없으므로 일단 시간이 일정하다고 가정하자. 최소한 일상생활에서는 그렇다.

둘째, 기분으로 '느끼는 시간'이다. 우리는 어떤 면에서 누구나 시간 여행자라고 할 수 있다. 비록 손목에 찬 시계 바늘이 규칙적으로 움직일지라도 그때그때의 기분이나 하고 있는 일, 또는 나이에 따라서도 시간이 더 빠르거나 느리게 느껴진다. 예를 들어 교통사고처럼 무서운 상황에서는 시간이 정지한 것처럼 느껴지며 마치 모든 일이 슬로 모션으로 일어나는 것 같다. 어린아이에게는 짧은 자동차 여행조차 영원처럼 느껴지고 중년의 사람에게는 몇 년이 눈 깜짝할 사이 지나가고 없다(나이를 먹으면서 시간이 빨리 가는 것처럼 보이는 현상은 사고방식에 지대한 영향을 미치는데, 불안과 후회가 잦고 스포츠카를 사거나 직장을 그만두고 외도를 하는 등의 충동적인 행동을 하기도 한다).

심리학자 피터 망간Peter Mangan은 사람마다 시간을 다르게 인식하는 현상을 알아보기 위해 각기 다른 연령의 사람들에게 3분을 세어보라고 요청했다. 19~24세 사이의 젊은 사람들의 경우 놀랄 만큼 정확하게 3분을 세었다. '느끼는 시간'과 '클록 타임'이 거의 일치한 것이다.

반면 60~80세 사이의 참가자들이 자신만의 3분에 도달했다고 생각했을 때 실제 시간은 3분 40초를 가리켰다. 즉, 시간이 실제보다 빠르게 갔다고 느꼈으며 '클록 타임'이 '느끼는 시간'보다 1.22배나 빨랐다.

나이가 들며 시간이 가속화되는 현상에 대한 설명 중 하나는 전체 살아온 인생에서 1년의 비중이 적어짐에 따라 그 1년의 시간이 점점 덜 중요하게 느껴지기 때문이라는 것이다. 이 관점에서 보면 다섯 살에서 열 살이 되는 시간과 마흔 살에서 여든 살이 되는 수십 년의 시간이 같은 속도로 지나간다는 뜻이다. 이럴수가!

그러나 동굴 실험의 초반 자료를 바탕으로 한 또 다른 흥미로운 이론에서는 시간에 대한 인식은 기억과 밀접한 관련이 있다고 제안한다. 인간은 앞으로 살아갈 시간을 '미래지향적'으로만 경험하지 않고 기억을 통해 '과거회상적'으로도 경험한다고 말이다.

역설적이지만 이러한 현상으로 인해 무언가 지루한 일을 할 때는 시간이 믿을 수 없을 만큼 느리게 흐르는 것처럼 느껴지고 평범한 활동을 하며 보낸 긴 시간은 나중에 돌아보면 굉장히 빠르게 지나간 것처럼 보인다.

코로나19 시기에 자가격리를 겪으면서도 이 점을 느꼈을 것이다. 많은 사람이 그 시절을 '영원한 현재'를 사는 기분이었다고 말한다. 집에서 지루하게 보낸 1시간이 마치 영원처럼 느껴진 것이다. 한편 2020년을 통으로 돌이켜보면 상대적으로 기억에 남는 일도 없이 1년이 날아가버린 것 같다.

어린 시절은 엄청나게 신기하고 새로운 경험으로 가득 찬다. 어린아이에게 일어나는 모든 '첫 번째' 경험을 생각해보자. 냄새, 촉감, 눈으로 보고 귀로 듣는 새로운 것들, 그리고 이 모든 경험을 이해하기 위해 배우는 새로운 정보들. 어린아이는 모든 걸 기억하려 한다.

그런데 나이가 들면 그다지 기억하려 하지 않는다. 삶에 익숙해지고 반복되는 일상에 안정적으로 자리를 잡으면서 어린 시절 휴가, 생애 첫 데이트나 자동차 사고처럼 감각에 자극을 받거나 기억할 것이 많지 않기 때문이다.

즉, 나이를 먹어가면서 신기한 상황이 적어지고 새로운 기억도 줄어들면서 체감하는 시간의 속도가 빨라진다. 실제로 동굴 실험 참가자들의 MRI 스캔에서 해마^{hippocampus}와 같이 즉각적인 기억을 담당하는 뇌 영역이 줄어드는 것을 볼 수 있었다.

모든 것의 경계가 뚜렷하지 않은 동굴 속에 있으면서 평소 바깥세상에서라면 당연히 주어질 정보가 차단되자 기억할 것이 많지 않았다. 기억해야 할 것이 적어지자 결국 동굴 안에서의 시간이 더 빠르게 지나는 것처럼 느꼈다.

누구나 시간이 없다는 불안한 느낌을 받아본 적이 있을 텐데, 이는 명료한 판단과 결정을 방해한다. 시간을 아끼게 해주는 기술에 둘러싸여 살면서도 여전히 많은 사람이 이런 느낌을 받는다는 사실은 현대 사회의 큰 역설 중 하나다.

그러나 다행히 우리는 어떻게 하면 우리가 시간을 통제하고 있다고 느낄 수 있을지, 더불어 그로 인해 더욱 충만하고 보람찬 삶을 살고 있다고 인식할 수 있을지 단서를 잡았다. 조금 더 '아이처럼' 생각하면 좋다. 불필요하게 반복되는 일상을 그대로 받아들이기보다 더 크고 선명한 기억을 남길 만한 예상 밖의 색다른 경험을 찾아보는 것이다.

그렇다고 스카이다이빙(확실히 시간을 늦추는 방법이긴 하다) 같은 활동으로 아드레날린을 치솟게 할 필요는 없으며 다른 나라로 이민을 가거나 몇 년마다 직업이나 배우자를 바꾸지 않아도 된다. 매일 같은 길로 출근하고, 매일 같은 메뉴로 점심을 먹는 것처럼 늘 반복적으로 하던 일을 줄여보는 정도의 작은 변화를 주는 것으로도 간단히 시도해볼 수 있다.

누군가에게는 새로운 레시피를 찾아야 한다는 압박 없이 그저 휴식을 취하는 것이 시간을 늦추는 것보다 더 필요한 일일 수도 있다. 책을 쓰고 새로운 악기나 언어를 배우는 등의 창의적인 활동 역시 큰 보상이 된다. 자신의 마음을 잘 들여다보고, 그저 자연 속을(꼭 위험한 곳이 아니어도 된다) 걷는 것만으로도 시간에 대한 인식을 늦출 수 있다.

정리해보겠다.

우리는 클로의 딥 타임 프로젝트에 참가해 시계와 다른 시간을 인식한 사람들을 보았다. 또한 이러한 차이에는 새로운 경험과 기억력이 연관되어 있음을 알았다. 새로운 정보를 처리해야 할수록 시간을 더 확장하여 여기며 나중에 돌이켜봤을 때 삶을 더 길고 풍요롭게 느끼는 것이다.

한편 클로의 딥 타임 실험은 현대의 삶을 지배하는 시계의 시간에 대해 다시금 생각해보게 만든다.

클로의 실험에 참여했던 사람들은 처음에는 시간 개념이 없는 동굴 속에 갇혔다는 사실을 감당하기 힘들어했다. 하지만 새로운 환경에 점차 적응하면서 그 전보다 큰 행복감과 해방감을 느끼기 시작했다. 심지어 실험이 끝난 후에도 대부분의 참가자가 동굴을 떠나고 싶어 하지 않았다.

클로는 다음과 같이 말했다. "환경이 문제가 아니더군요. 평소 큰 스트레스를 야기하던 의무를 내려놓으니까 갑자기 자유롭게 생각할 수 있고 그동안 보지 못하던 것들을 볼 수 있게 되었어요."

시간에 대한 강박이야 말로 진정한 생각의 감옥일 수 있다. 우리는 오히려 시간이라는 개념이 없을 때 더욱 자유롭게 생각할 수 있을지도 모른다. 클로와 함께 실험에 참여했던 '딥 타이머deep-timer' 마리나 랑손Marina Lançon은 한 인터뷰에서 이렇게 말했다. "살면서 처음으로 정지 버튼을 누른 것 같았어요. 우리는 살면서 늘 서두르잖아요. 언제나 시간이 부족하고 무언가에 차분히 시간을 들이지 않죠. 동굴에 있을 때 저는 태어나서 처음으로 시간을 온전히 가졌고 살기 위해 멈추어 할 일을 했어요. 정말, 훌륭한 경험이었습니다."

그 동굴에 있던 사람들은 전보다 더 행복해졌을 뿐 아니라 더욱 생산적인 하루를 보냈다. 알람 소리에 일어나 오전 9시부터 오후 5시까지 정해진 스케줄에 맞춰 일하는 대신 일어나고 싶을 때 일어나 밥을 먹고 원할 때 할 일을 했다. 나중에 자료를 분석한 결과, 동굴에서 실제로 일한 시간이 생각보다 훨씬 더 길었던 것으로 나타났다. 하는 일에 더 관심을 기울이고 완전히 집중할 수 있었기 때문이다.

클로는 마지막으로 말했다. "모든 사람이 같은 시간에 일하도록 설계되어 있지 않습니다. 사회적 차원에서 생각해보아야 할 문제입니다. 저는 이제 기업에서 강연하거나 사람들을 가르칠 때 일주일에 하루는 바깥세상을 단절해보라고 할 생각이고요. 당연히 우리 모두 정해진 삶이 있고 직업이 있지만, 그래도 일주일에 하루 정도는 핸드폰과 이메일, 시계 없이 지내보았으면 합니다."

언제나 시계를 확인하며 다음 약속과 다음 할 일을 걱정하는 대신 지금 바로 앞에 일어나는 일에 더 관심을 기울이고 집중해 보자. 새로운 장소를 탐험하고 새로운 일과 새로운 생각을 해 보

자. 당신의 삶은 훨씬 길고 선명할 것이며 스스로 사고할 수 있는 귀중한 시간으로 이루어질 것이다.

요즘 들어 왜
옛날 생각이 날까?

과거 편향

캔터베리 대주교(당시 로버트 런시Robert Alexander Runcie–옮긴이) 세계 성공회 업무 보좌관이었던 테리 웨이트Terry Waite는 1987년 2월 20 일, 레바논의 수도 베이루트에서 이슬라믹 지하드(이슬람교 시아파 의 과격 테러 조직–옮긴이) 조직에 인질로 잡힌 뒤, 독방에 격리된 날 들까지 합쳐 총 1,763일간 억류되었다. 극단적 외로움, 고문과 박격포 공격의 두려움을 매일 마주했고 권총을 머리에 겨누고 방 아쇠는 당기지 않는 공포의 모의 처형에 시달렸다.

웨이트가 흰색 타일로 덮인 가로 2m, 세로 3m 크기의 지하 감 옥에 갇혔을 때 간수가 처음 빼앗아간 물건은 손목시계였다. 시 계를 빼앗긴 웨이트는 시간의 바깥에 살게 되었다. 앞 장에 나온

클로처럼, 웨이트는 어딘가에 갇히게 되면 평소와 달리 시간이 매우 혼란스러운 속도로 흐른다는 점을 깨달았다. 웨이트는 시간에 새로이 적응해야만 했다.

웨이트의 현재는 잔혹할 만큼 불안정했고 끝없이 단조로운 억류 생활이 이어지는 듯했다. 당장 죽을 수도 있는 상황에 매일 고문의 위협을 마주하면서 웨이트는 미래라든가 가족과 다시 만날 희망 같은 것은 생각하지 않으려고 의도적으로 노력했다. 대신 과거의 기억을 자세히 더듬으며 시간 여행을 시작했다. 웨이트는 훗날 '과거와 현재가 합쳐지는 시간의 새로운 의미를 발견했다'고 회상했다.

그는 처음으로 축음기에서 들었던 노래의 가사를 떠올렸다. '토끼야 달려라, 토끼야 달려라. 달려, 달려, 달려.' 곧이어 세 살 때 성홍열에 걸려 병원에 입원했던 때를 생각했다. 제2차 세계대전에 참전하는 군인들이 어릴 적 살던 집 옆을 지나며 행군할 때 같이 노래를 부르며 따라갔던 일, 초등학교 때 같은 반이었던 친구들의 이름, 사춘기 때 손을 잡아보고 싶었지만 실제로 잡지는 못했던 제인이라는 이름의 여자아이도 생각했다.

이 모든 과거로의 여행은 헛된 현실도피 이상의 의미를 가졌다. 과거의 기억을 떠올림으로써 자신에 대한 감각과 온전한 정신을 겨우 유지할 수 있었다. 마침내 1993년, 웨이트는 5년간의 억류 생활 동안 이 기억들을 바탕으로 머릿속에서 써내려간 자서전《신뢰를 바탕으로Taken on Trust》를 세상에 내놓았다.

누구나 시간의 스펙트럼에 따라 삶을 인식한다. 현재라는 시간에서 세상을 경험하며 그에 필요한 결정을 내리고, 과거를 통해 정체성을 형성하며 사고에 정보를 제공한다. 또한 미래라는 스케치북에 희망과 두려움, 야망과 동기를 그린다.

우리는 과거로부터 현재를 지나 미래에 이르는 시간의 흐름에 대한 감각을 통해 원인과 결과, 세상이 움직이는 원리, 우리가 우리 자신으로 존재하는 사실을 인식한다. 테러 조직에 인질로 잡혔던 웨이트의 경험은 극단적인 예시이긴 하다. 그러나 이 예는 시간의 방향을 바꿈으로써 현재뿐 아니라 과거나 미래에도 살 수 있다는 것을 보여준다.

이 현상으로 사고의 방식이 근본적으로 바뀌기도 한다. 지루함이나 공포, 분노, 만족감 등의 감정이 생기기도 하고, 위험할 정도로 지나치게 자신감을 갖게 되거나 또는 그 반대 상태가 되기도 하며, 위험천만한 행동을 하거나 경제적 안정을 위해 저축을 하기도 한다.

테리 웨이트가 석방된 지 25년이 지난 2016년, 대부분의 여론 조사와 관련 학자들의 예상을 엎고 서구 세계를 뒤흔든 두 가지 사건이 있었다. 6월, 영국이 유럽연합EU을 떠나기로 한 일과 11월, 도널드 트럼프가 힐러리 클린턴을 제치고 미국의 45대 대통령이 된 일이다.

이 두 사건은 미국 역사상 가장 혼란스러운 시기의 시발점이 되었는데, 두 사건의 공통점이 무엇인지 물으면 흔한 대답이 돌아온다. 엘리트 지배 구조에 대한 불만과 국민 주권 확대를 향한 열망, 아니면 포퓰리즘 또는 인종차별주의, 러시아의 간섭 등. 그러나 이 사건들은 더 놀랄 만한 무언가와 밀접한 연관이 있다. 바로 과거다. 두 사건 모두 미래를 향해있다기보다는 과거에, 상상 속 황금기에 초점이 맞춰져 있다.

영국의 EU 탈퇴를 찬성하는 진영에서는 새로운 테크놀로지와 데이터 마이닝data mining(데이터 간의 상호관계 분석을 통해 새로운 정보를 추출하는 작업-옮긴이) 기술을 활용해 캠페인 메시지를 전달하면서도 정작 메시지 자체는 과거 대영제국의 영광을 누리며 영국만의 규칙을 만들던 시절에 대한 향수를 건드리는 데 중점을 두었다. 과거를 강조했고 과거로 돌아가려는 강력한 의지를 보였으며 '주도권을 되찾자Take Back Control'는 슬로건을 내걸며 더할 수 없이 명확한 목소리를 냈다.

트럼프 역시 과거를 그리워하는 향수에 호소하며 세계화로 인해 미국이 입은 피해를 되돌릴 것을 맹세하고 빨간 모자를 쓴 수백만 명의 보수주의자들에게 "미국을 다시 위대하게 만들겠다 Make America Great Again"고 약속했다. 본질적으로 브렉시트와 트럼프는 단지 포퓰리즘에 의한 승리라고 볼 수 없으며 '과거편향past orientation'의 전형적인 예시다. 실제로 보수 진영 웹 사이트에서는 미래보다 과거를 더 많이 언급하는 경향이 있다(자유주의 진영의 웹 사이트는 그 반대다).

과거를 회상하며 끔찍한 경험에서 살아남았던 웨이트처럼, 트럼프나 브렉시트에 투표한 사람들도 비슷했다. 그들에게 과거는 격변하는 현대 사회의 복잡한 현실에 대항하는 향수 어린 해결책이 되어주었다.

《나는 왜 시간에 쫓기는가》의 저자인 필립 짐바르도Philip Zimbardo와 존 보이드John Boyd에 따르면 사람들은 저마다 다른 각도에서 과거와 현재, 미래를 바라본다. 그리고 이 시간을 대하는 태도가 인간의 다양한 행동에 구석구석, 그리고 강력하게 영향을 미친다. 그렇다면 과거와 현재, 미래에 집중하는 것이 정확히 어떤 방식으로 우리의 사고와 느낌을 변화시킬까?

과거의 경험에 집중하면 이미 획득한 정보를 바탕으로 더 나은 결정을 내리고 해결책을 찾을 수 있다. 트럼프와 브렉시트 캠페인 그리고 웨이트의 사례에서 알 수 있듯, 과거에 대한 향수가 외로움을 덜어주고 타인과 연결되어 있다는 느낌을 부여해 삶을 더욱 의미 있게 한다는 연구가 있다. 확실히 과거는(좋은 것이든 나쁜 것이든) 지난 경험과 기억을 보존하는 마음의 도서관 역할을 해, 현재 우리가 생각하고 느끼고 행동하는 방식에 활용할 수 있지만 동시에 주의해야 할 것이 있다.

인간의 기억은 굉장히 주관적이고 쉽게 변화하며 때로 완전히 허구이기도 하다. 과거 역시 이미 갖고 있는 생각에 따라 달라질 수 있는데다 나중에 그 생각을 강화하기도 한다. 과거를 돌아보며 이미 저지른 실수와 후회에 사로잡혀 건강하지 못한 상태에 다다르기도 한다.

웨이트 역시 자신의 과거에서 어두운 단면을 발견하고 다음과 같이 말했다. "나 자신의 깊은 내면으로 들어가는 과정에서 나를 비롯한 모든 사람이 갖고 있는 성격의 부정적 측면을 마주하게 되는 위험과 어려움을 겪었다. 그때 나는 깊은 우울감을 느꼈고 심지어 정신 질환을 겪을 수도 있는 위험한 상황이었다."

이미 일어난 일에 지나치게 집착하면 원망을 품게 되고 새로운 사람을 만나는 일이 어려워진다. 과거에 망가진 관계가 유령처럼 현재를 맴도는 것이다. 과거에 치우치면 보수적이 되고 새로운 경험이나 사고방식(시간을 제어한다고 느끼게 되는 요소들), 변화를 받아들이는 유연성도 떨어진다.

현재에 집중하면 어떨까? 이는 '마음 챙김mindfulness'이라는 개념으로 지금 세계적으로 유행하는 움직임이다. 과거나 미래에 대한 불필요한 사념 없이 지금의 순간에 집중하자는 것이 핵심이다.

마음을 들여다보며 명상하는 것은 분명 좋은 일이다. 하지만 한편으로 너무 현재에 치중하게 되면 안전하지 않은 성관계나 마약 오용, 도박 등 충동적이고 위험한 행동을 할 수도 있다. 도움이 필요한 주변 사람들에게는 기꺼이 손을 내밀지만 정작 스스로의 건강과 복지를 챙기는 일에는 소홀해지는 꼴이다.

또 현재를 중시하다 보면 미래에 일어날 일보다는 당장의 행동을 중시하는 경향이 있다. 욜로You Only Live Once, YOLO의 방식이다. 많은 일이 우리 앞에 펼쳐지겠지만 모든 것을 다 해 볼 만큼 오래 살 수 있을지는 모르는 일이다.

현재 지향적 태도가 사고방식에 관여하는 방식을 인식하는 것이 중요하다. 대부분의 사람은 '현재 편향present bias'적이다. 즉시 주어지는 작은 보상을 미래의 가치보다 우선시하여 나중을 위해 보상을 미루거나 더 큰 보상을 위해 현재를 희생하지 않는다.

'지금 사고 계산은 나중에' 하는 방식을 생각해보자. 눈앞의 충동에 따라 행동하고 호화로운 휴가와 신형 자동차, 최신 아이폰이 주는 기쁨은 누리면서도 그 뒤에 따라오는 5천 파운드(약 800만 원) 청구서 같은 불편한 결과는 미래의 일로 편리하게 치워버릴 수 있다니, 분명 매력적이다.

하지만 결국 연비가 엉망인 자동차에 기름을 채우며 과연 내가 새 차를 그토록 원했는지, 차가 필요하긴 했는지, 애초에 마케팅에 넘어갔던 것은 아닌지 생각하게 된다.

지금 100파운드(약 15만 원)를 받을지 일주일 후에 125파운드(약 20만 원)를 받을지 선택하게 하면 대부분의 사람은 지금 받을 수 있는 100파운드를 선택한다는 연구 결과가 있다. 시간이 오래 걸린다는 점에서 더 큰 금액에 할인을 적용하는 셈이다. 크리스마스가 다가오고 연인의 선물을 사느라 당장 현금이 필요한 상황이라면 그럴 수도 있겠다. 그게 아니라면 너무 현재에 치중하느라 미래의 거스름돈을 덜 받게 되는 것은 아닌지 생각해볼 필요가 있다.

미래를 생각하는 사람들은 어떨까? 짐바르도와 보이드에 의하면 미래 지향적인 사람들은 성공할 가능성이 높다. 현재 얻을 수 있는 만족을 뒤로 미루어 큰 보상을 얻을 수 있기 때문이다.

미래를 바라보는 사람들은 미래에 수익성 좋은 연금을 받으면서 배우자와 두 명의 아이들과 함께 방 네 개짜리 집에 사는 상상을 하며 그 꿈을 이룰 수 있도록 지금 할 수 있는 일을 한다. 어느 정도 당장의 기쁨을 희생해야 하지만 이것이 중산층의 삶의 방식이고 자유 시장을 이끄는 사람들이 지지하는 태도다.

앞으로 일어날 일을 예측해 미래에 더 나은 결과를 얻고자 하는 태도는 과학을 비롯해 지금까지 인류가 이루어낸 큰 도약의 원동력이었다. 미래를 내다보고자 하는 의지가 없었다면 오늘은 오지 않았다. 미래 지향적인 사람들이 '남을 제일 덜 돕는다'는 점은 생각해볼 문제이긴 하지만 말이다(뉴질랜드에 지하 벙커를 짓는 실리콘 밸리 억만장자들을 생각해보라).

그러나 새로운 경험은 삶을 풍요롭게 하고 기억을 남긴다. 무엇이든 해 보고 삶의 기쁨을 만끽하는 정도보다 무언가를 하지 못했을 때 장기적으로 후회하는 정도가 더 높다는 연구 결과도 있다. 새로운 경험을 하지 못하면 삶에 만족하지 못하고 지루하거나 행복이 손에 닿지 않는다고 느낄 수 있다.

우리가 미래에 무엇을 원하게 될지는 아무도 모른다. 현재의 취향이나 신념이 시간이 지나도 변함없을 거라고 생각하기 쉽지만, 십대 시절 찍은 사진 속 옷차림만 보아도 그 신념이 얼마나 잘못된 것인지 알 수 있다.

과거와 현재, 미래 지향적 태도에는 모두 그에 따른 보상과 비용이 따른다. 스스로 사고할 수 있으려면 이 세 가지가 자신의 의사결정과 신념에 어떤 영향을 미칠 수 있는지 이해하고 세 가지모두를 적절히 고려해야 한다.

과거를 돌아봄으로써 세상과 연결되어 있다는 안전한 느낌을 가질 수 있고 과거의 결정과 경험을 비판적으로 분석해 앞으로의 사고를 개선할 수 있다. 그러나 과거에 너무 집중하거나 과거를 지나치게 부정적으로 보게 되면 편협한 마음과 운명론적인 시각을 갖게 된다.

현재를 살며 자신을 들여다보면 새롭고 다채로운 경험을 통해 시간의 흐름을 스스로 통제할 수 있게 된다. 반면에 위험할 정도로 충동적이 되거나 앞으로의 가능성을 놓치게 될 수도 있다.

미래 지향적인 태도는 앞날의 가능성을 열어주지만 오늘의 삶을 충만히 누리지 못한다. 어떤 일에 대한 결정을 내릴 때는 미래의 내가 무엇을 원할지 스스로에게 물어야 하며 또한 이 결정이 과거의 경험과 현재의 변덕에서 나온 것은 아닌지 고려해야 한다. 동시에 지금 얻을 수 있는 만족을 지나치게 뒤로 미루고 있는 것은 아닌지, 오늘 찾아온 멋진 기회를 미래에 대한 염려 때문에 놓치는 것은 아닌지도 생각해볼 문제다.

지금 과거나 현재, 미래 중 한 군데에 치우쳐 있다는 생각이 든다면 한 가지 사고방식에 얽매이지 않을 방법이 있다. 심리학에서는 "가능한 자기best possible self"와 "감사gratitude", "향수nostalgia"라는 세 가지 방법을 제시하는데, 각각 미래와 현재, 과거와 관련되어 있다.

앞으로 5년 뒤 계획을 세우고 가능한 가장 멋진 자신의 모습을 상상해보는 것이 미래 지향적 사고를 갖는 데 도움이 된다. 이 치료법은 특히 코로나19로 인한 격리 기간 동안 삶의 질을 높이는 데 효과가 있던 것으로 판명되었다.

현재에 더 집중하기 위해서는 오늘 하루 동안 감사했던 일들을 적어보면 도움이 된다. 과거와의 관계를 개선하고자 한다면 과거에 대한 그리움을 인정하고 매일 행복했던 기억을 하나씩 생각해보는 것도 한 방법이다(웨이트에게는 효과가 있었지만 한 가지 주의해야 할 것이 있다. 기억이 언제나 사실인 것은 아니라는 점인데, 다음 장에서 다루기로 한다).

내가 그랬다고?

인식 왜곡

Are You Thinking Clearly?

유명한 심리학자 엘리자베스 로프터스Elizabeth Loftus는 큰아버지의 90번째 생일잔치에서 자신의 기억이 얼마나 왜곡될 수 있는지 경험했다. 파티에서 만난 한 친척은 수십 년 전, 로프터스가 고작 열네 살일 때 수영장에 빠져 돌아가신 어머니에 대한 이야기를 꺼냈다.

그 친척은 로프터스에게 충격적인 말을 전했다. "가여운 로프터스, 네가 시신을 발견했잖니." 하지만 로프터스는 전혀 기억이 나지 않았다. 친척과의 대화 이후 자신의 기억에 대한 의심이 마음속에 비집고 들어와, 그때 일어났던 비극적인 일에 대한 기억이 변화하기 시작했다.

로프터스는 털어놓았다. "친척이 그 이야기를 하면서 워낙 확신에 차 있어서 파티가 끝나고 집에 돌아와서도 그 장면을 떠올릴 수 있을 정도였어요. 엄마가 수영장에 빠져 있는 모습이 보이는 것 같았죠. 그날 이후로 엄마의 죽음에 대해 제가 기억하는 다른 것들을 생각해보기 시작했어요. 그제야 끔찍한 기억, 정말 제가 엄마의 시신을 발견했던 기억들이 떠올랐습니다."

그런데 일주일이 지났을 무렵, 친척에게 전화가 왔다. 자기 기억이 잘못됐다며 그때 시신을 발견했던 사람은 이모였다고……. 이 참담한 경험은 로프터스의 기억에 관한 연구에 예리하고도 생생한 생명력을 불어넣었다. 로프터스는 생각했다. '내가 연구했던 사람들도 이랬을지 모르겠구나.'

우리는 종종 기억이 뇌 안에 안전하게 보관되어 언제든 원할 때 재생시켜 볼 수 있는 고화질의 동영상인 것처럼 인식하곤 한다. 하지만 전혀 사실이 아니다. 우리는 과거의 경험을 떠올리거나 이야기할 때마다 현재 갖고 있는 믿음과 감정 상태에 따라 특정 부분을 과장함으로써 기억을 왜곡하고 변화시킨다.

역설적이게도, 어떤 것을 기억할 때마다 그 일의 일부를 잊게 되고 시간이 지날수록 기억은 부정확해진다. 기억이 희미해지고 새로운 것으로 변하는데 더해 선택적으로 무엇을 기억할지를 정하기도 한다. 자신의 지난날에 대한 기억 역시 마찬가지로, 스스로 원하는 모습에 부합하는 일들을 골라 기억한다.

예를 들어, 관행을 따르지 않는 사람이 되고 싶은 사람은 규범을 따랐던 기억보다는 규범에 도전했던 일을 더 명확하게 기억한다. 그러다 협조적인 사람이 되고 싶어지는 때가 오면 기억은 또 변화한다. 전혀 일어나지 않은 일에 대한 가짜 기억을 조작하는 일도 가능하다.

이렇게 오류가 많고 실제와 간극이 큰데도 불구하고 우리는 기억을 매우 신뢰한다. 어떤 선택을 할 때마다 과거의 기억에 의존해 앞으로의 일을 판단하고, 자기 자신이나 다른 사람들이 과거에 했던 것과 비슷한 선택으로 비슷한 결과를 얻으려 한다.

태어나서 기억하는 제일 처음 순간을 떠올려보자. 몇 살 때부터 기억이 나고 그때 무엇을 하고 있었는가? 서너 살 이전의 일이 기억난다면 실제가 아닐 가능성이 높다. 유아기의 뇌는 장기 기억을 형성하고 저장할 능력이 없다(이 현상을 '아동기 기억상실 childhood amnesia'이라고 한다).

그럼에도 세상에 태어나던 순간을 기억한다고 주장하는 사람들이 많다. 사진에서 본 것이나 부모로부터 들은 이야기를 자신의 기억이라고 착각하기 때문이다. 기억에 관한 한 실험에서는 참가자의 약 20%가 어린 시절 실제로 일어나지 않았던 일을 연구자가 일어났다고 하자 그대로 기억했다. 피에로가 왔던 생일 파티에 참석한 일이 없는데도 실험자가 참석했다고 이야기하면 그것을 사실이라고 기억하는 것이다.

로프터스 역시 자신의 첫 번째 기억이 가짜였음을 깨달았던 날을 기억한다. 네 살 무렵 <지상 최대의 쇼> 영화를 보러 갔던 일이었다. 그런데 몇십 년이 지나 영화사 책을 훑어보던 중 놀랍게도 그 영화가 로프터스가 여덟 살이 됐을 때에야 영화관에서 상영됐다는 것을 알게 되었고, 심지어 그 일은 로프터스의 생애 첫 기억도 아니었다.

기억과 정체성에 관한 긴밀한 관계는 다음과 같은 흥미로운 질문을 던진다. 기억을 잃어버려도 과연 변함 없는 사람이라고 할 수 있을까?

다소 철학적인 질문으로 답하기 어려울 수 있겠으나, 실제로 이런 경험을 하는 사람들이 있으므로 그들의 경험을 통해 이 질문에 대해 생각해보면 좋을 것이다. 코르사코프 증후군을 앓는 사람들의 예를 들어보자.

코르사코프 증후군은 비타민 B1 결핍으로 인해 발생하며 치매와 비슷한 증세를 보인다. 과도한 알코올 섭취와도 관련이 있는 코르사코프 증후군을 앓으면 새로운 기억을 만드는 능력을 상실하고 예전의 기억을 잃는다. 바로 1분 전에 일어난 일도 기억할 수 없게 되고 수십 년 전의 일 역시 기억하지 못한다.

이러한 기억의 붕괴는 필연적으로 자아의 상실과 맞물려 있다. 이를 신경과학자이자 작가였던 고故 올리버 색스가 《아내를 모자로 착각한 남자》에서 기억을 잃어버린 해병, 49세의 남자 지미를 통해 가슴 뭉클하게 그려냈다. 지미는 청소년기 이후의 기억이 거의 없어 주변 사람들과 잘 어울려 지내기 힘들었다. 그 결과 자기감 sense of self(자신이 어떤 사람인지 인지하는 감각-옮긴이)을 잃어버렸고 오랫동안 살아있다는 느낌을 받지 못했다. 지미처럼 코르사코프 증후군을 앓는 많은 사람이 세상에 흥미나 열정, 관심을 잃어버리고 그 공허함을 채우기 위해 과거의 일을 지어내곤 한다.

그렇다면 정신이 건강한 사람들은 왜 기억을 잘 하지 못할까?

모든 기억은 뇌 안에 구체적이고 물리적인 형상을 갖는다. 줄리아 쇼Julia Shaw는 《몹쓸 기억력》에서 이를 다양한 신경세포들이 복잡하게 연결되어 있기 때문이라고 설명한다.

예를 들어 스키장에서의 좋았던 기억을 부호화하면 뇌는 눈이라든가 추위, 스냅스schnapps(과일을 발효하거나 증류해 만든 독일 술-옮긴이), 산, 행복한 감정 등의 형상을 갖는 기존 신경세포망 간의 연결을 강화한다. 어떤 경우에는 스키 대여점의 벽 색깔처럼 별로 흥미롭지 않아 신경 쓰지 않았던 부분까지 포함한다. 그리고 이 부분의 연결은 시간이 지나면서 희미해지다 결국 기억에서 사라진다.

그 대신 다른 연결망이 추가된다. 스키장에 다녀온 지 몇 년이 지나 코로나 바이러스가 유럽을 강타하고 있을 때 알프스 리조트에 관한 기사를 읽는다면 그때부터는 스키 휴가를 떠올릴 때마다 코로나19를 생각한다.

인간의 뇌는 기존의 기억을 새로운 경험과 생각에 끊임없이 연결하며 연관성을 만들어낸다. 이로 인해 강력하고 창의적인 뇌가 되지만 그 대가로 거짓 기억을 얻고 만다. 거짓 기억으로 인한 피해는 상대적으로 별것 아닌 경우가 많지만 때로 중요한 문제에서 인식 왜곡을 일으켜 이해관계와 신념에 금이 간다.

2019년에 발표된 한 연구에서 낙태 합법화에 대한 2018년 아일랜드 국민투표 일주일 전에 3,140명의 유권자를 대상으로 거짓 기억에 대한 조사를 했다. 참가자들은 낙태에 대한 입장 설문

조사에 참여하는 것이라고 알고 있었으며 캠페인과 관련된 기사의 짧은 요약본을 받아 보았는데 이 중 두 기사는 연구팀이 만들어낸 것이었다.

하나는 찬성 측(낙태 합법화에 찬성하는 쪽) 혹은 반대 측이 캠페인 포스터를 외국 자금으로 불법 구매했으며 이를 파기해야 했다는 내용의 기사였다. 또 하나는 그해 있었던 성폭행 재판과 관련된 사건에 대한 것이었다. 두 가지 뉴스 모두 실제로 일어난 일이 아니었지만, 거의 절반에 이르는 참가자가 이 두 뉴스 중 최소한 하나를 실제 일어난 일로 기억했다.

흥미롭게도 찬성 측에서는 반대 진영에서 벌인 캠페인과 관련해 조작된 뉴스를 더 잘 기억했으며 반대 측 역시 마찬가지였다. 이처럼 대부분의 사람이 정치적 사안에 대해 이성적으로 생각한다고 믿지만 실제로 기억은 쉽게 조작되고 거짓 증거를 지어낸다.

거짓 정보가 얼마나 쉽게 마음속에 자리 잡을 수 있는지 잘 보여주는 일이 또 있다. 2016년 EU 탈퇴를 두고 국민투표를 실시한 영국에서 벌어진 일이었다. 국민투표를 앞두고 탈퇴 진영 측의 인상적인 메시지가 2층 버스를 도배했다. 영국이 일주일에 3억 5천만 파운드(약 5천 4백억 원)를 EU에 내고 있으며 브렉시트 이후에는 이 돈이 국민의료서비스에 사용될 것이라는 내용이었다. 이 주장은 여러 면에서 잘못된 것으로 밝혀졌지만 그럼에도 불구하고 2년이 지난 2018년에도 영국민의 거의 절반이 이를 사실로 믿는다고 나타났다.

기억을 신뢰할 수 없다면 명확한 사고를 하거나 과거에 일어난 일의 진실을 알 방법은 없는 것일까? 거짓 기억과 기억의 왜곡을 막을 방법은 무엇일까?

아쉽게도 당장 내릴 수 있는 처방은 없다. 인식 왜곡은 인간의 뇌가 작동하는 방식에 따른 자연스러운 결과이기 때문이다. 인류는 진화의 역사 속에서 재빠른 판단을 내리도록 발전해왔다. 또한 뇌 안에 자리한 기억의 파편들을 새로운 아이디어나 경험에 연결해 빠르게 창의적으로 문제를 해결해왔다.

대신 기억의 왜곡이 일어날 수 있는 상황을 이해하고 이를 포착하기 위해 무엇을 할 수 있는지를 인식하면 기억이 만들어내는 속임수를 미리 잡아낼 수 있다.

기억의 왜곡은 지능과 유연성 간의 연관성 때문에 일어나기도 한다. 고집이 세고 사고가 경직된 사람일수록 스스로의 판단을 의심하지 않는 경우가 많고 그것이 거짓 기억으로 이어질 가능성이 있다는 것이다. 거짓 기억을 최소화하려면 언제나 옳은 판단을 내리려고 하기보다는 호기심과 열린 마음을 갖는 것이 한 방법이다. 또한 추론이나 계획, 문제 해결, 경험으로부터의 학습, 추상적 사고 등의 인지 능력을 높이면 잘못된 정보로 인한 거짓 기억을 갖게 될 확률이 낮아진다.

지능이 전부는 아니다. 예를 들어 어떤 이미지에 미세한 변화가 생겼을 때 잘 알아챈다든가 하는 식으로 지각 능력이 뛰어난 경우에도 잘못된 정보로 인해 거짓 기억이 생기는 것을 어느 정도 방지할 수 있다. 놀랍게도 불평불만이 많은 것 역시 거짓 기억을 줄이는 데 도움이 된다. 왜일까? 비관적이고 걱정이나 두려움이 많은 사람은 다른 사람보다 경계심이 많고 무언가 잘못될까봐 신중하기 때문이다.

궁극적으로 실질적 증거 없이는 누구의 기억이 정확한지 알 수 있는 확실한 방법은 없다. 그러므로 여기서 중요한 점은 이해와 공감이다. 과거를 조작해 거짓말한다고 남을 비난하기보다는 실제로 잘못 기억하고 있을 가능성에 대해 마음을 열고 바라보도록 하자. 세상을 흑백논리로 보기보다 그 사이에 존재하는 다양한 종류의 회색을 보려고 노력해야 한다.

과거는 이미 우리 손을 떠난 일이지만 미래는 그렇지 않다. 삶의 면면을 잊어버릴까 걱정된다면 일기를 써보는 것은 어떨까?

최소한 기억하고 싶은 특별한 일이 있을 때 그 일이 일어나자마자 자세히 기록해두면 시간이 흐른 후 기억을 왜곡하는 일이 줄어들 것이다.

이게 다
아빠 닮아서 그래

인지 능력

Are You Thinking Clearly?

네 엄마와 아빠가 널 망칠 거야.

고의는 아니겠지만 어쨌든 그럴 거야.

자기들의 결점으로 너를 채우고

너만을 위한 결점을 또 넣어 주겠지.

필립 라킨Philip Larkin의 유명한 시, <이것이 시다This Be the Verse>
는 가정환경이 어떻게 누군가의 운명을 정하는지 보여준다. 부
모의 나쁜 행동과 사고방식을 이어 받아 자기 아이에게도 그대로
물려주는 일을 되풀이하며 누구나 결국 자신의 부모처럼 살게 된
다고 말한다. 그러면서 동시에 유전에 관해서도 언급한다. 부모

는 말 그대로 자신의 유전적 결점을 자식에게 남기고 그 자식은 또 자기 자식에게 부모가 한 대로 할 수밖에 없다.

우리는 모두 유전적 요인을 타고나며 그로 인해 특정 방식으로 생각하고 행동하고 느끼도록 미리 정해져 있다. 즉, 명확한 사고를 할 수 있는지 아닌지는 어느 정도 이미 DNA에 프로그램 되어 있다는 뜻이다.

타고나기를 다른 사람보다 생각하기를 좋아하는 사람이 있고 자연스럽게 비판적 사고를 하는 사람도 있다. 여기에 자란 환경과 어린 시절의 경험이 더해져 원래 갖고 있던 성향이 두드러지고, 안정된 성격이(잘 풀릴 경우) 인지력 및 동기에 영향을 주면 마침내 사람마다 각기 다른 방식으로 생각하게 된다.

이렇게 들으면 이미 생물학적으로 모든 게 결정되어 따로 할 수 있는 일이 없는 것처럼 들려 무기력하기도 하다. 그러나 이면을 자세히 들여다보면 실제로는 꽤 희망적이다.

사람마다 갖고 있는 개인적 특징의 절반 정도는 유전적 요인으로 설명이 가능하다는 것은 이미 과학적으로 증명된 바 있다(눈동자 색깔 같은 신체적 특징의 경우 정신적, 행동적 특징에 비해 유전의 영향을 훨씬 크게 받는다). 그러나 이 부분에서 자주 오해가 발생한다. 어떤 행동의 동기 중 40% 가량이 유전에 의한 것이라고 하면 흔히 그 동기의 40%는 무조건 이미 정해진 유전자에 의해 결정되었다고 생각하는 것이다.

실제로 의미하는 바는, 사람마다 각기 다른 동기의 40% 정도는 DNA로 설명할 수 있다 해도 나머지 60%는 다른 요소에 달려 있다는 뜻이다. 누군가가 얼마만큼의 동기를 갖느냐는 초등학교 때 만난 어떤 훌륭한 선생님 한 사람에게 전부 달려있기도 하다.

영국 런던 대학교 계열인 골드스미스 대학 유전 심리학과의 율리아 코바스Yulia Kovas 교수에 의하면 유전자가 중요하긴 하지만 유전적 요인이 개인에게 미치는 영향을 수량화하기는 힘들다.

그렇다면 명확히 사고하는 능력이란 평균적으로 어느 정도까지 DNA에 달려있다고 볼 수 있을까? 우리는 무엇을 할 수 있을까?

인간의 사고방식은 크게 두 가지 주요 요소에 의해 결정된다. 바로 인지 능력과 성격이다. 이러한 특징의 유전 여부를 알아보는 데는 쌍둥이를 연구하는 방식이 자주 쓰이며 특히 같은 DNA를 공유하지만 삶의 경험은 다를 수 있는 일란성 쌍둥이를 주로 관찰한다.

MaTCH라는 웹 사이트에 의하면 14,558,903쌍의 쌍둥이(지난

60년간 발표된 거의 모든 쌍둥이 관련 연구라고 할 수 있다)를 살펴보았을 때 17,804가지 특징이 유전되는 것으로 추정된다. IQ나 지능, 정보 처리 속도, 기억력, 지식과 같은 높은 수준의 인지 기능의 경우 평균적으로 51%가 유전적 요인에 의해 결정된다. 다른 24%는 어린 시절의 가정환경이나 학교생활 등 쌍둥이가 공유한 환경적 요인으로 설명할 수 있으며 나머지는 이후의 삶에서 각자 경험한 요인들에 의해 결정된다.

이처럼, 인지 능력의 상당 부분이 명백히 환경의 영향을 받는다. 계속 학습하고 지적 도전 의식을 갖도록 격려를 받으며 자랐다면 그 부분에서 더 자신감과 흥미를 갖게 된다. 이것이 긍정적 순환을 만들어내 학습과 계발의 기회를 더 추구하도록 만든다.

흥미로운 점은 같은 수준의 IQ와 작업기억(정보를 단기적으로 기억해 인지적 과정을 이해하고 수행하는 기능-옮긴이)을 가진 사람이라도 서로 다른 사고방식을 갖기도 한다는 점이다. IQ나 작업기억보다 사고에 더 큰 영향을 주는, 더 높은 수준의 인지 능력인 인지 유연성(작업이나 관점을 빠르게 전환하는 능력)과 비판적/합리적 사고력(이 부분은 각각 The CANTAB IED 테스트와 비판적사고평가Halpern Critical Thinking Assessment를 통해 측정 가능하다)이 차이를 만든다. 이 특징들은 어느 정도는 IQ와 관련이 있긴 하지만 근본적으로는 다른 특징이며, 부족한 IQ나 다른 인지 능력을 메꾸어준다.

인지 능력이 높다고 해서 언제나 현명하고 정확한 판단을 한다고 볼 수는 없다. 올바로 생각하고 좋은 결정을 내리려면 필요할 때 전략을 변경하고 기존의 방식이 더 이상 효과적이지 않을 경우 한 가지 방법에 매달리기보다 새로운 아이디어를 적용할 수 있어야 한다. 바로 이때 인지 유연성이 필요한 것이다. 인지 유연성을 가진 사람은 지적으로 겸손하고 편견에 치우치지 않는다.

비판적 사고력 역시 매우 중요하다. 비판적 사고를 통해 신념과 사실을 구별하고 잘못된 정보나 불필요한 유행에 빠지지 않을 수 있다. 실제로 비판적 사고력이 높은 사람의 경우 IQ가 높은 사람보다 신용카드 빚에 시달리는 것과 같은 부정적 인생 경험을 적게 한다는 연구가 있다.

성격에 따라 갈피를 잡지 못하고 혼란을 겪는 경우도 있다. 예리하고 비판적인 사고방식을 갖고 있어도 실제 생각에 적용하지는 못하는 경우다. 편협한 마음이나 창의력 부족, 공감 능력 및 사회적 통찰 부족 등의 요소도 주변 세상을 정확히 이해하는 데 걸림돌이 된다. 지적 능력이 뛰어날 경우 기존에 갖고 있던 신념을 고수하느라 생각을 잘 바꾸지 못하는 특성이 있다는 연구도 있다. 원래도 강한 의견을 갖고 있는데다 빠르게 현상의 양상을 잡아내는 능력이 있다 보니 자신의 신념을 뒷받침할 '증거'를 남들보다 쉽게 찾아내며 그로 인해 확증 편향confirmation bias(기존 신념에 일치하는 정보만 받아들이려는 경향-옮긴이)에 빠지기 쉽다는 것이다.

명확한 사고는 IQ처럼 흔히 예상하는 한 가지 척도로부터 나오는 것이 아니며 다양한 범위의 정신적, 행동적 특징이 생각의 방식에 깊이 관여한 결과다. 이러한 여러 특징들은 '기질 및 성격'과 관련이 있는데, MaTCH에 따르면 기질과 성격은 불과 44%만 유전적 요인의 영향을 받는다. (기억하길 바란다. 나머지 56%를!)

성격적 특징*은 '5요인 모형Big Five model'을 이용해 다섯 가지 차원으로 분류해 설명한다. 외향성(얼마나 사회적인지), 우호성(얼마나 친근하고 동정심이 있는지), 성실성(규범에 대한 의무감), 정서적 안정(우울 및 불안의 정도), 그리고 개방성(새로운 것에 대한 호기심)이다.

이 모든 특징이 저마다 다른 방식으로 사고의 방식에(또는 사고

---

* 코바스 교수는 성격적 특징은 여전히 모호한 개념이라고 조언한다. 피검사자가 스스로의 생각과 느낌, 행동에 대해 답변하는 방식으로 검사가 이루어지므로 답변자의 자기 인식이 정확하지 않거나 정직하게 답변하지 않을 수 있다는 문제가 있다. 이러한 성격적 특징으로 행동을 설명하고 예측하는 것이 어느 정도까지는 가능하고 또 유용한 면도 있긴 하지만 미래에는 이를 대체할 좀 더 정확한 방법이 필요하다.
한편 시선 추적 연구에서는 흥미로운 사실을 발견했다. 안구의 움직임으로 서로 다른 성격을 가진 사람은 세상을 완전히 다르게 인식한다는 것을 증명했다. 지속적으로 시선이 머무는 시간이나 눈을 깜박이는 횟수 등으로 성격적 특징을 예측하는 것도 가능하다. 예를 들면 행복하고 낙천적인 사람은 부정적 이미지(예를 들어 피부암에 걸린 환자의 사진)를 바라보는 시간이 짧다.

하지 않는 방식에도) 영향을 미친다. 예를 들어 정서적으로 불안정한 사람은 비관적인 성향을 갖고 있을 가능성이 높으며 무언가를 하고자 하는 동기가 부족하고 긍정적인 것보다는 부정적인 일에 더 집중하는 경향이 있다. 이는 가정 폭력과 같은 어린 시절의 경험으로 인해 형성되기도 한다.

또 외향적인 사람은 타인의 기분을 좋게 하거나 저녁 식사 자리에서 재미있는 이야기를 하는 등의 사회적 요소로부터 사고의 동기를 얻기도 한다. 한편 정서적 안정감과 외향성이 높아 지나치게 행복감을 느끼는 사람의 경우 낙관적 성향이 과하고 자기 과신에 빠지기 쉽다. 반대로 지나치게 내향적일 경우 지나간 일을 반추하는 일이 잦고 부정 편향성이 높아 특정 정신적 문제를 겪기도 한다.

우호적인 사람은 감정적, 사회적 지능이 높은 경우가 많은 반면 타인과 잘 어울리려는 욕구가 지나쳐, 때로 다른 사람의 생각에 쉽게 휩쓸려 독립적으로 생각하지 못하는 일이 있다.

성실성이 높다면 분석적이고 세부 정보와 지시 사항에 주의를 기울이며 주어진 업무를 끝까지 성실하게 해낼 수 있다. 강도 높은 자기 훈련으로 좋지 않은 습관이나 사고의 흐름을 방해하는 중독에 빠지지 않는다. 그러나 극단적으로 성실성이 높을 경우 경직된 사고를 하고 생각 없이 정해진 길로만 가게 될 가능성이 있다.

마지막으로 개방성은 다른 사람의 생각에 대한 공감, 그리고 지적 호기심과 밀접한 관련이 있다. 이러한 특징을 가진 사람은 마음을 바꾸는 일에 더 개방적이다. 또한 세부적인 사항에 집중하기보다는 멀리서 큰 그림을 보기를 선호하며 정해진 반복적 일상보다 새로운 경험을 좋아하고 인지적으로 유연할 가능성이 높다.

여러 전문가에게 이 중 올바른 사고에 가장 도움이 되는 성격적 특징이 무엇인지 묻자 개방성과 성실성이라는 답변이 제일 많았다. 대표적으로 대니얼 카너먼Daniel Kahneman은 두 명의 동료 연구자와 공동 저작한 《노이즈: 생각의 잡음》에서 개방적인 마음가짐은 특히 판단력과 관련이 있으며 인지 능력과 인지 욕구(개방성의 한 종류)가 높은 사람일수록 편견이 적고 일관성 있는 결정을 내리는 것을 볼 수 있다고 주장한다. 또한 '적극적으로 개방적 사고를 하는가'라는 항목에서 높은 점수를 받은 사람이 앞날을 예측하는 데도 능하다고 한다. 스스로의 생각에 반하는 정보도 받아들이기 때문이다(한편 개방성이 극단적인 수준까지 도달하면 흥미와 동기가 결합해 초자연적 믿음에 치우치기도 하며 높은 불안이나 우울 역시 말할 것도 없이 명확한 사고에 방해가 된다).

성격은 우리가 습득하는 지식이나 직업, 주변 사람들에 영향을 받고, 이는 편견, 허용 범위, 호불호에 이르는 사고방식에도 영향을 준다.

그러나 성인이 되었다고 해서 성격이 완전히 고정되지는 않는다는 것이 주류 학자들의 믿음이다. 실제로 인생 전체에 걸쳐 성격적 특징이 다르게 나타난다는 연구 결과가 있고, 이는 삶의 단계에 따라 사고방식 역시 달라질 수 있다는 것을 의미한다.

주로 습관이나 사회적 역할이 변화함에 따라 달라지는 경우가 많은데, 예를 들어 한 가지 직업을 오랫동안 갖고 있다 보면 성실성이 강화되고 누군가와 깊은 연애 관계를 맺으면서 정서적 안정이 높아질 수 있다.

이러한 변화는 시간이 지남에 따라 성격으로 통합되기도 한다. 조금 더 확실한 연구가 필요하지만, 평균적으로는 20~40세 사이에 위의 다섯 가지 성격적 특징이 모두 증가하는 것으로 나타난다. 이후 20년 동안 정서적 안정과 우호성, 성실성이 점차 증가하다 60세 이후 은퇴시기가 가까워지고 새로운 사람을 만날 일이나 도전해야 할 과제가 줄어들면서 개방성과 외향성이 줄어든다. 이와 동시에 성실성은 계속해서 강화된다.

지금까지 우리의 사고방식에 영향을 미치는 인지 능력과 성격을 살펴보았다. 이를 통해 우리는 인지 능력 중에서도 인지 유연성과 비판적 사고를 통해 자유롭고 분명한 사고를 할 수 있음을 알았다. 성격에 따라서도 더 나은 사고를 꾀할 수 있다는 점 역시 알았다. 그렇다면 인지 유연성과 비판적 사고, 성격에 변화를 줌으로써 이전보다 더욱 명확하게 사고할 수 있을까?

과연 사람이 얼마나 변할 수 있을까? 심리학에서 변화에 대한 통계적 척도를 '표준편차'라고 하는데 이는 측정값의 분포도(측정값이 평균으로부터 얼마나 떨어져 있는지를 보여준다-옮긴이)를 나타낸다. 예를 들어 가장 내향적인 사람과 가장 외향적인 사람의 차이에 대한 표준편차가 3이라고 하자. 사람은 보통 일생 동안 한 가지 성격적 특징에서 표준편차 1만큼의 변화를 보인다.

만일 성실성을 높이고 싶다면 좀 더 주변 일을 체계적으로 정리하고 세부 사항에 꼼꼼하게 주의를 기울이는 훈련을 하면 된다. 매일 해야 할 일을 정하고 중요한 사람의 생일을 적어둔다든가 이메일을 보내기 전에 내용을 다시 검토해보거나 다른 사람의 일을 대신 정리해줄 수 있다.

개방성을 높이려면 다른 사람의 관점을 이해하려는 노력이 필요하다. 친구들에게 논쟁의 여지가 있는 주제에 대해 의견을 묻고 진지하게 상대방의 의견을 받아들이도록 노력해본다든가, 평소라면 선택하지 않았을 언론사의 뉴스를 읽어보고 평소 듣지 않던 장르의 음악이나 팟캐스트를 시도해보자.

너무 간단하고 쉽게 보여 사실일까 싶겠지만 2021년 스위스의 한 놀라운 연구에서 이 방법을 증명했다. 실험 진행자는 1,523명의 참가자들에게 바꾸고 싶은 성격적 특징 하나씩을 고르게 했고 이후 3개월간 피치PErsonality coACH(성격을 고치도록 훈련하는 앱-옮긴이)라는 스마트폰 앱을 이용해 특정 과제를 수행하게 했다. 예를 들면 좀 더 외향적이 되고자 하는 사람에게는 새로운 사람과 대화하도록 하고, 성실성을 키우고자 하는 사람에게는 주변 정리를 시킨다거나 하는 식이다. 3개월 후 시행한 성격 테스트와 주변 친구 및 가족들의 증언에 따르면, 참가자들은 이 실험을 통해 처음에 원했던 방향으로 변화했으며, 3개월 동안 약 0.3~0.5 정도의 매우 큰 표준 편차 변화를 보였다.

한편 IQ를 높일 수 있는지에 관해서는 학자마다 논쟁이 치열하다. 노르웨이의 한 연구에서는 1960년대에 의무 교육 기간을 늘린 것의 효과를 살펴보았는데, 이 기간에 학교를 다닌 성인의 경우 평균적으로 의무 교육 기간이 한 해 늘어날수록 IQ가 3.7 포인트씩 증가했다는 것을 알 수 있었다.

표본이 적기는 하지만 이성적 사고 능력의 34%만이 유전에 의해 전해진다는 연구가 있어 이는 천성적으로 갖고 태어나는 특징이라기보다 교육을 통해 학습하는 능력이라는 점을 반영한다. 훈련이 수월한 편인 이성적 사고와 비판적 사고와 같은 인지기능은 서로 밀접해 있다. 다시 말하면 좋은 교육을 받으면 누구나 더 나은 비판적 사고력을 가질 수 있다는 뜻이다. 그러나 자신의 약점, 예를 들면 편견이나 생각의 함정을 극복하도록 스스로를 훈련하고 그것을 실제 삶에 적용하려고 노력해야 한다.

훈련을 통해 어느 수준까지 인지 유연성을 키울 수 있는지는 아직 알려져 있지 않지만 케임브리지 대학교 신경심리학과 바바라 사하키안Barbara Sahakian 교수가 현재 이 부분에 대해 연구 중이며 전도유망한 결과를 내고 있다.

궁극적으로, 우리를 훨씬 똑똑하게 만들어줄 마법의 약이나 다른 간단한 해결책이 있는 것은 아니지만 특정 영역에서 일시적으로 인지 능력을 향상시키는 것은 분명히 가능하다.

적극적이고 개방적인 마음으로 상충되는 다양한 정보를 비판적이고 꼼꼼한 태도로 받아들일 수 있도록 스스로 훈련하는 것이 가장 좋은 방법이다. 사람은 더 나아질 수 있고, 실제로도 더 나아진다.

DNA나 어린 시절의 경험과 관계없이 인간은 누구나 놀랍도록 유연한 두뇌를 타고 났다. 이 책에서도 말했듯, 새로운 습관과 행동, 지적 도전을 추구함으로써 뇌를 재구성해 더욱 명확한 사고를 할 수 있다. 물론 부모로부터 받은 유전자 덕분에 이 작업이 더 쉬울 수도, 어려울 수도 있겠지만 그 때문에 도전을 멈출 이유는 없다. 여러 세대에 걸쳐 인류의 핏줄을 타고 계속되던 경직된 사고와 파괴적 행동의 고리는 이제 위기를 맞았다. 그 고리를 적극적으로 끊어내는 일은 지금 바로 우리 자신에게 달려 있다.

왜 감정을
주체하지 못했을까?

우울증과 불안장애

구닐라^{Gunilla}는 언변이 탁월했고 날카로운 재치와 옆에 있는 사람까지 들뜨게 하는 열정을 가졌으며 현상을 꿰뚫어 보는 지성을 겸비한 사람이었다.

그녀는 누구에게나 무엇이든 설득할 수 있을 정도였다. 한번은 지역 정치인들이 공약을 어기고 새 학교를 짓기로 했던 약속을 번복하자, 야심찬 언론인이자 편집자로서 그녀는 반대 캠페인을 벌여 성공적으로 이끈 적도 있다. 또, 가족이 살고 싶어 하던 집이 곧 매물로 나온다는 소식을 듣고 예고도 없이 집주인 앞에 나타나 협상을 끌어내 원하는 바를 관철시키기도 했다.

구닐라는 다양한 조직을 꾸리고 여러 사안에 대해 조사와 시위를 벌였다. 열정을 다해 세상을 더 나은 곳으로 만들 방법을 생각했고 변화를 실현하기 위해 끝없이 노력하고 일했다.

그런 그녀가 어느 날 오후, 정신과 의사의 진료실에 앉았을 때 딸 카이사Kajsa는 자기가 알던 어머니가 맞는지 믿기 힘들 정도였다. 젊은 의사가 인지행동요법의 장점에 대해 열변을 토하는 동안 구닐라는 어이없는 표정으로 멍하게 앉아있었다. 하루가 어땠는지 묘사해보라는 간단한 질문에도 마땅한 단어를 찾지 못해 카이사가 대답을 도와주어야 할 정도였다. 카이사는 그날을 돌아보며 구닐라가 "마치 어린아이 같았다"고 한다.

사실 구닐라는 10대 초반 심각한 우울증을 앓아 여러 번 자살 시도를 하기도 했다. 카이사는 구닐라의 우울증이 도지는 징후를 잘 알고 있었다. 구닐라는 점점 신경이 곤두섰고, 남을 비난하는 일이 잦았으며 다혈질이 되어가고 불안해했다. 오로지 자기 내부의 문제에만 관심을 쏟았고 그러다 보니 주변을 긍정적으로 인식하는 일이 힘들었다.

평소 자유롭고 낙천적이던 성격은 완전히 뒤집혀 어둡고 비관적으로 바뀌었으며 스스로를 실패자라고 여겼다. 상처를 받으면 다른 사람의 말과 행동을 계속 곱씹었고 자신의 실수를 되풀이해서 생각했다. 구닐라의 생각을 뒷받침해주던 창의성, 호기심, 공감 능력 같은 것들은 이제 모두 사라져 가고 마치 그 전에 다 쓰고 남은 마음의 조각들에 기대 겨우 정신을 잡고 있는 느낌이었다.

카이사는 구닐라가 사용하는 언어에서도 그런 점들을 알 수 있었는데, 말이 명확하지 않고 여기저기 흩어진 느낌인데다 자기중심적이었으며 힘없이 무미건조해 어떤 색깔도, 자신만의 뉘앙스도 담고 있지 않았다.

결국 구닐라는 깊은 우울증에 다시 빠져들었고 '빈껍데기'만 남게 되었다. 비쩍 마른 몸과 표정 없는 얼굴, 죽은 듯이 초점 없는 눈을 보면 누구라도 그녀의 상태를 알 수 있을 정도였다. 이 지경이 되자 구닐라가 무슨 생각을 하는지, 아니 생각이라는 걸 하기는 하는지 알 수 없게 되었다. 강한 약물에 의지하고 있었고 늘 혼란스러워 보였고 하루 종일 잠을 잤다. 몇 주가 지나 그 상태에서 빠져 나올 때면 긍정적인 성격이 되살아나는 것처럼 보이기도 했는데, 마치 바로 직전까지 어둠에 잠겨있었던 기억은 지워버리기라도 한 듯 오로지 희망이라든가 감사한 마음, 미래 계획에 대한 이야기만 늘어놓았다.

구닐라의 우울증은 나이가 들어갈수록 점점 심해졌고 지속되는 기간도 길어졌으며 중간에 괜찮아지는 시간은 계속 줄어만 갔다. 그러다 60세가 되었을 때 자신의 실패한 삶에 대한 메모와 함께 가족을 향한 응원과 사랑의 글귀를 남기고는 스스로 생을 마쳤다. 카이사는 "어머니의 선택을 원망하지 않으며 또 우리 잘못이라고 생각지도 않는다"라고 하며, "우울증 때문에 인지력이 비틀어졌으니 구닐라의 입장에서는 삶을 끝내는 것이 오히려 논리적인 선택이었을 것"이라고 했다.

흔히 감정이 명확한 사고를 방해한다고 생각하며 이성과 감성을 공존하지 않는 개념처럼 여기지만 이는 사실과 거리가 멀다. 마음을 집에 비유하자면 감정은 화로에서 깜박이는 선명한 불꽃과 같다. 우리는 이 요동치는 불길로 자신이 진정으로 원하는 것이 무엇인지를 알 수 있고, 심지어 이미 알고 있는 것에 대해서도 필요한 정보를 얻을 수 있어 종국에는 명확한 사고와 올바른 결정을 하는 데 도움을 받는다.

불꽃 같은 감정은 그 옛날, 풀숲이 우거진 곳에서 발밑을 기어가는 긴 물체가 나타났을 때 심장이 빠르게 뛰어 순간적으로 돌아보고 뱀에게 물리지 않을 수 있었던, 바로 그것이다. 합리적인 이유를 댈 수는 없지만 지금 만나는 사람이 내 짝이 아니라는 것을 알 수 있는 그 느낌이다. 좋아하고 보람을 느끼는 일을 계속하도록 일깨워주는 기쁨의 감각이기도 하다.

때로 불길이 너무 뜨거워 지나치게 마음이 과열되면 분노와 공황에 사로잡히기도 한다. 또 다른 때에는 화염이 전부 식고 사그라져 정형적이고 반복적인 부정적 생각의 차가운 소용돌이에 갇히기도 한다.

감정은 다양한 인지의 과정을 움직여 사고에 영향을 주며 이는 지극히 당연한 일이다. 하버드 대학교 신경과학과 엘리자베스 펠프스Elizabeth Phelps 교수는 "나에게 무언가가 중요하다는 느낌이 들면 그에 따라 관심사와 인식, 기억, 결정이 달라지는 것이 당연하며 감정에 치우치는 것이 마땅하다"고 주장한다.

무언가를 결정할 때를 생각해보자. 감정은 크게 '본질적integral 감정'과 '부수적incidental 감정' 두 가지로 방식으로 사고에 작용한다. 본질적 감정은 결정을 내리는 데 중요하며 어떤 것이 실제로 유익한지를 알려주는 반면, 부수적 감정은 판단이나 결정에 직접적인 관련은 없지만 그럼에도 영향을 미친다.

어려운 결정을 내린 후에 느끼는 안도감이나 평온함이 바로 본질적 감정의 예다. 이러한 감정으로 결정이 잘못되지 않았다는 것을 알 수 있고 미래에 비슷한 상황에 처했을 때 유사한 결정을 내릴 수 있다.

부수적 감정의 예를 들자면, 기차를 막 놓쳤을 때를 떠올려보면 된다. 순간 확 짜증이 난 당신은 배가 고프지 않은데도 괜히 가까운 가게에 들어가 커다란 초콜릿 바를 사서 한 자리에서 먹어치울지도 모른다. 또 다른 비슷한 예로, 어머니의 건강검진 결과를 앞두고 불안한 마음이 드는 상황을 떠올려보자. 어떤 재정적 결정을 내려야 할 때, 두 사건이 전혀 관계없는 일임에도 위험을 회피하고 안전하게 가려고 하는 성향이 강해진다. 연구에 따르면 부수적 감정은 이 밖에도 물건을 살 때 얼마를 지불할 의향이 있는지, 다른 사람에게 매력을 느끼는 방식, 삶에 대한 만족도 등 다양한 면에서 사고에 영향을 미친다. 이처럼 일상적으로 매일 하는 생각의 여러 면에서 부수적 감정이 끼어든다.

구닐라의 목숨을 뺏은 우울증이나 불안장애 같은 정신 질환은 이에 비할 수 없이 사고를 극심하게 파고든다. 그리고 이런 질환은 전혀 드문 일이 아니라서 현대인의 약 25%(더 많을 수도 있다) 정도가 살면서 한 번쯤 임상우울증 진단을 받고, 20%는 자살 충동을 느끼며 최소 30%는 불안장애로 어려움을 겪을 정도다. 또 실제로 진단을 받지 않아도 많은 사람이 일주일 내내 기분이 가라앉거나 걱정에 잠기기도 한다. 이러한 경험만으로도 생각하는 방식이 달라질 수 있다.

슬픔이나 무감각, 절망 같은 감정에 오랫동안 갇혀있게 되면 뇌구조와 기능에 상당한 변화가 생길 수 있다. 우울증을 앓으면 계획 수립과 문제 해결 능력을 관장하는 전전두엽피질의 활동이 줄어들고 해마(기억을 담당한다)가 작아지며 편도체(감정을 처리하는 역할을 하며 특히 두려움을 뇌에 전달한다)는 커진다. 이 모든 현상이 사고방식에 변화를 불러일으킨다.

특히나 관련 연구자들이 지난 수십 년 동안 시와 에세이, 대화 녹취록, SNS 게시물 등을 모아 조사한 결과, 우울증이나 그 밖의 정신 질환을 앓는 사람들은 사고의 변화를 반영해 언어를 다르게 사용한다는 점을 알아냈다. 한 예로, 우울증과 불안장애에 시달리는 사람들이 일반인보다 '나'라는 1인칭 단수 대명사를 훨씬 많이 사용한다. 반면 2인칭 대명사나 '그', '그녀', '그들'과 같은 3인칭 대명사의 사용 빈도는 훨씬 낮다. 당연하겠지만 '슬픔', '걱정', '외로움'과 같은 부정적 감정에 관련된 단어도 더 많이 사용한다.

최근 발표된 연구에 따르면 우울증이나 불안장애가 있을 때 단정적인 단어를 훨씬 많이 사용한다고 한다. 뉘앙스를 전달하기보다는 '절대', '아무것도', '완전히', '언제나', '아예'처럼 절대적인 양과 질을 나타내는 용어를 많이 사용한다는 것이다.

이 연구에서는 불안장애와 우울증을 앓는 사람들이 모인 온라인 카페와 맘스넷Mumsnet(부모들이 생활 및 육아 정보를 주고받는 영국

온라인 사이트-옮긴이)처럼 성격이 다른 사이트에서 사용되는 언어의 차이를 분석했는데, 불안장애나 우울증 카페에서 단정적인 단어의 사용 비율이 약 50% 정도 더 높고, 자살 충동을 느끼는 사람들의 모임에서는 80% 정도 높다는 것을 알아냈다. 구닐라가 우울증을 겪고 있을 때 흑백 논리가 심해지고 자기중심적이며 비관적인 생각을 많이 했다는 카이사의 증언과도 일맥상통하는 부분이다.

위의 사고방식이 우울증과 불안장애의 증상인지, 아니면 우울증과 불안장애를 야기하는 요인인지는 아직 과학적으로 밝혀지지 않았다. 그러나 두 질환 모두 부정적인 사건을 계속 되돌아보는 것과 관련이 있다는 점은 확실하다. 우울증을 겪는 사람은 과거를 반추하며 과거의 (부정적인) 자신의 모습을 계속 생각하는 반면, 불안장애를 겪는 사람은 미래에 일어날지도 모를 안 좋은 일에 대해 계속해서 생각한다. 이런 상태에 있는 사람이 자기중심적이 되는 것은 당연한 일일 것이다. 길을 걷다 못을 밟았는데 그 상황에서 다른 사람의 발은 괜찮은지 생각하기는 쉽지 않은 일이다.

한편 이어진 온라인 채팅방 연구에서 사고방식이 정신 질환으로 인한 증상이 아니라 그 증상을 강화하는 원인이 될 수 있다는 징후를 포착하기도 했다. 불안장애나 우울증에서 회복된 사람들의 모임에서 사용되는 언어를 조사해보면, 현재 불안장애 및 우울증을 겪고 있는 사람들보다는 긍정적인 감정에 관련된 단어를 많이 사용하고 있었다. 비록 여전히 다른 중립적인 사이트에서보다는 단정적인 단어의 사용 빈도가 훨씬 높았지만 말이다.

이 사실은 두 가지 점을 시사한다. 일단 회복되었다고 하더라도 이러한 정신 질환을 다시 앓게 될 위험이 높다는 점이다. 마찬가지로, 우울증을 앓고 있는 사람과 우울증으로 발전할 수 있는 위험 요소를 갖고 있는 사람 모두 부정적인 방향으로 생각하는 경향이 있으며 평균적으로 다른 사람보다 더 비관적인 것으로 나타난다는 점이다.

펠프스 교수에 따르면 감정은 위협 상황에서 두 가지 역할을 한다. 첫째, 위협이 되는 요인에 대한 지각을 높이고, 주의를 끌어 그 점에 집중할 수 있게 한다. 둘째, 주의를 기울이는 대상을 '이곳'에서 '저곳'으로 바꾸는 일을 담당하는 일부 뇌 영역의 기능을 약화시킨다.

예를 들면 우울증과 불안장애로 인해 주의력에 변화가 생기고 그 때문에 부정적 정보에 치우치거나 더 큰 비중을 두어 유연하게 사고하는 일이 어려워지는 식이다.* 따뜻한 나라로 휴가를 가서 신이 나는 와중에도 공항까지 가는 길에 생길 수 있는 온갖 안 좋은 일에 집착하기도 한다. 이런 일이 반복되면 애석하게도 이 세상이 위험한 곳으로 보일 수밖에 없으며 주변 상황을 이해하는 데 또 다른 오류를 범한다.

모든 것을 부정적으로 바라보면 그에 대한 기억 역시 부정적일 수밖에 없다. 세상을 어떻게 지각하는지와 무엇에 주의를 기울이는지에 따라 기억도 달라지는 것이다.

기억은 이전까지 관계없던 서로 다른 신경세포들을 적극적으로 연결하는 '강화'라는 단계를 통해 뇌에 저장되는데, 두려움이나 흥분과 같은 자극적 경험은 강화를 심화한다. 20년 전의 첫 키스는 기억하면서 지난 주 목요일에 저녁으로 뭘 먹었는지는 기억하지 못하는 이유가 이것이다. 학창 시절 괴롭힘을 당했던 일이나 사랑하는 사람에게 버림받았던 일처럼 힘들었던 시절을 과도

---

* 이러한 심리적 질환은 아이러니하게도 지능이 높은 사람들에게 더 쉽게 발병하기도 한다. 상위 2%의 지능지수를 가진 사람들의 모임인 미국 멘사 회원 4천 명을 대상으로 조사한 결과 우울증(26.8%)과 불안장애(20%) 확률이 미국 내 평균(각각 9.5%, 10.9%)보다 훨씬 높게 나타났다. 조사를 진행한 연구자들은 지능이 높을 경우 심리적, 생리적으로 '과도하게 흥분'해 위협적인 사건에 다른 사람보다 더 민감하게 반응하고 과하게 분석적이거나 걱정이 많고 지난 일을 반추하는 경향이 있기 때문이라고 설명한다. 지능이 높다 보니 (일어날 수 있는) 파국을 더 잘 상상하게 된다는 것이다.

하게 기억하는 것도 마찬가지다.

트라우마 전문가인 제니퍼 와일드Jennifer Wild가 저서 《비범해질 것Be Extraordinary》에서 설명한 것처럼, 자극적 경험은 우리의 생각을 조종하고 조작하고도 수십 년이 지난 후까지 머릿속을 맴돌 수 있다. 외상 후 스트레스장애PTSD와 같은 상태가 한 예다. 더이상 괴롭힘을 당하거나 버림받지 않는 상황에서도 계속해서 누군가가 자신을 괴롭히거나 버릴 것이라는 생각에 '갇혀' 과거에 겪었던 힘든 일에 대한 과도한 기억을 바탕으로 다른 모든 일을 해석한다. 기분이 좋지 않을수록 부정적인 기억을 더 잘 떠올리는데, 그럼 더욱 기분이 나빠지고, 기분이 나빠지니 더 많은 부정적인 기억을 받아들이고 저장하는 해로운 순환 고리가 만들어진다.

기분이 가라앉아 있거나 스트레스를 받으면 자극의 정도와 관계없이 시간이 길어질수록 기억력 자체가 나빠진다. 펠프스 교수는 "한동안 지속적으로 스트레스를 받을 경우 호르몬과 코르티솔(스트레스 호르몬으로 알려져 있으며, 스트레스에 대항해 신체에 필요한 에너지를 공급한다-옮긴이) 수치가 높아져 새로운 기억을 형성하는 능력을 저해한다"고 설명한다. 그러므로 우울증을 앓는 사람은 삶에서 일어난 사건들을 자세히 기억하는 데 어려움을 겪을 수 있으며 좀 더 일반적인 형태로 기억한다는 것이다. '차가운 어느 겨울 아침, 몽파르나스Montparnasse에 있는 카페의 빨간 의자에 앉아서 먹었던 버터가 가득한 크루아상이 내 인생 최고의 크루아상이었지'라고 기억하는 대신 '파리에 갔을 때 크루아상을 많이 먹었다' 정도로 기억하는 식이다.

스트레스를 받는 상황이 위협적인 상황이라면 훨씬 심각한 결과를 초래한다. 펠프스 교수는 한 실험에서 참가자들에게 여러 장의 물건 사진을 보여주었다. 특정 이미지(예를 들어 새 사진)를 보여줄 때 손목에 가벼운 충격을 주어 해당 물건에 대한 두려운 기억(심박수나 땀이 나는 정도 등으로 측정)을 심어주었다.

다음 날 참가자들을 실험실로 다시 불러 기억력 테스트를 했는데, 충격이 주어졌던 물건을 그렇지 않은 것보다 더 잘 기억했다. 또한 실제로 충격이 없었어도 충격이 가해졌던 물건과 같은 카테고리에 있는 물건을 더 잘 기억했다.

이처럼 참가자들은 위협적인 기억을 일반화하는 모습을 보였으며 결국 기억을 확장해 더 많은 대상에 두려움을 느꼈다.

위협적인 상황에서의 감정은 부정적 정보를 주입해 유연한 사고를 방해한다. 우리의 사고를 부정적인 기억에 가두고 기억력을 저해하는 반면 우리의 위협적인 기억은 확장시킨다.

그렇다면 부정적인 감정이 사고에 미치는 영향을 줄이는 게 관건이다. 과연 그 영향을 최소화할 방법은 무엇일까?

다행히 감정이 생각을 흔드는 것만이 아니라 그 반대로도 작용한다. 펠프스 교수는 "흔히 감정을 조절할 수 없는 반응이라고 생각하곤 하는데, 이는 감정을 과소평가하는 생각"이라고 주장한다. 생각을 이용해 만드는 감정이 사고력을 향상시키는 궁극적 열쇠다.

가장 먼저 '자기 인식'이 필요하다. 인사 담당자가 파트너와 말다툼을 한 날 구직자 면접을 하게 되면 부수적 감정 때문에 면접 상대방을 불필요하게 가혹하게 대할 수 있다. 이 사실을 이해하는 것만으로도 파트너와의 말다툼 때문에 면접을 망치는 것을 어느 정도 막을 수 있다. 자신의 감정 상태를 잘 인지하는 사람이 더 나은 결정을 내린다는 사실을 보여주는 여러 사례가 있다.

한 연구에서는 실험 참가자들에게 자신이 왜 특정 직업에 맞는 지원자인지 3분간 발표하되 1분의 준비 시간을 주겠다고 말해 불안감을 심어주었다. 그리고 참가자들의 긴장 정도와 스스로의 감정 상태에 대한 이해도를 미리 측정한 후 돈을 걸고 도박을 하게 했는데, 자신의 감정에 대한 이해도가 낮고 불안감이 높은 참가자일수록 위험한 도박을 할 확률이 훨씬 낮아진다는 것을 발견했다.

그러나 흥미롭게도 참가자들에게 불안의 근원이 무엇인지 설명해주는 것만으로도 이러한 효과가 사라지는 것을 볼 수 있었다. 결국 위험을 감수하는 것이 언제나 좋다는 뜻은 아니지만, 알 수 없는 불안감을 갖고 있으면 더 안전한 길을 택하고자 한다는 사실을 인지하는 것으로도 사고에 도움이 될 수 있다.

또 다른 연구에서 런던 증권가에서 일하는 트레이더 118명을 조사한 결과 경험이 많고 이 분야에서 성공한 트레이더일수록 분석적 사고에 감정과 직감을 더해 의사결정을 내린다는 사실이 드러났다(자신의 감정을 비판적으로 분석하는 경향 역시 더 강하다는 것을 알 수 있었다). 반면 이들보다 경험이 적고 덜 유명한 트레이더의 경우 종종 감정을 무시하곤 했다. 무언가에 대해 갑작스럽고 강한 느낌이 들 때 그 감정의 원인을 자세히 들여다보지 않고 거기서 손을 놓거나 이성적으로만 사고하려고 하는 것이다.

일반적인 인식과는 달리 역설적이게도 자신의 감정에 더 잘 반응하는 사람일수록 감정에 휘둘리지 않을 수 있다. 그러므로 다음에 중요한 결정을 내릴 일이 있다면 자신의 감정을 잘 살펴보고 또 그러한 감정이 드는 원인을 자세히 알아보도록 하자.

우울증이나 불안장애를 앓는 사람에게는 쉬운 일이 아니다.

증세가 심각한 경우 '자신에 대해 잘 생각해보기' 자체가 거의 불가능하므로 전문 의료진의 도움을 받는 것이 가장 좋은 방법이다. 인지행동요법CBT과 항우울제 모두 우울증이나 불안장애의 근본 원인이 되는 부정성 편향을 줄여준다는 연구 결과가 있으며 인지행동요법을 통해 우울증에 안 좋은 영향을 미치는 사고 패턴을 바꿀 수 있다.

그러나 좀 불안하고 기분이 우울한 정도라면 '자기 인식' 다음으로 '사건의 재구성'을 통해 부정적인 감정의 영향력을 최소화할 수 있다. 이를 위한 선행 작업은 머릿속에 사건을 재구성할 수 있는 공간을 확보하는 일이다. 허쉬 교수에 따르면 어떤 일에 대한 걱정으로 머릿속이 가득 찬 상황이라면 아직 그 일에 대해 생각할 때가 아니며 선택은 그 일에 대해 생각할 때 내려야 한다. 독서라든가 운동, 노래방, 명상 등 걱정을 덜어줄 일들을 의식적으로 선택하면 사건을 재구성할 수 있는 공간을 확보할 수 있게 된다. 이제 사건을 재구성할 차례다.

어느 정도의 자기비판은 좋지만 인생에서 겪는 모든 실패가 자기 탓은 아니며 때로 통제할 수 없는 상황이 벌어지기도 한다. 직장에서 마감 기한을 놓쳤다고 해서 꼭 능력이 없어서 그런 것은 아니다. 애초에 마감일 자체가 불합리했거나 업무에 대해 제대로 설명을 듣지 못했을 수도 있다. 실패의 원인을 언제나 자신의 불완전성으로 돌리기보다, 처한 환경 때문이 아니었나 되돌아봄으로써 감정을 다스리고 '외상 후 성장(정신적 외상을 겪은 후 삶의 방식이 긍정적으로 변화하는 것─옮긴이)'에 다다라 탄력적으로 회복할 수도 있다.

생각할 때 언어를 떠올리기보다 이미지를 떠올리는 방법도 있다. 마음이 편할 때는 대부분의 사람이 언어와 이미지를 혼합해 생각하는 편이다. 그러나 걱정은 이미지보다는 말로 표현되는 경우가 많다는 연구 결과가 있다. 일어날 수 있는 안 좋은 일들에 대해 친구에게 반복해서 이야기하는 것과 비슷하다.

예를 들어 자전거 타는 것이 무서울 때 '넘어지기 싫다'고 계속해서 이야기하면 그건 그거대로 스트레스를 받는 일이다. 그렇다고 넘어지지 않는 이미지를 그리는 것은 거의 불가능하므로, 자전거를 타고 내리막길을 달리는 자신의 모습을 그려보는 편이 좋다.

킹스 칼리지 런던^{KCL} 인지 임상심리학과의 콜레트 허쉬^{Colette Hirsch} 교수는 언어로 걱정을 표현하는 것이 특정 업무를 수행하기 더 어렵게 만드는지에 관한 실험을 했다.

콜레트 교수와 동료 연구자들은 실험 참가자들(이 중에는 '유난히 걱정이 많은' 사람들이 포함되었다)에게 규칙 없이 짧은 간격으로 버튼을 누르게 했다. 이 과정에서 언어나 이미지의 형태로 무언가에 대해 걱정을 하도록 요청했는데 매우 흥미로운 결과가 나왔다.

평소 걱정이 없던 사람은 버튼을 누르는 데 별 문제가 없었지만 원래 걱정이 많던 그룹은 언어로 걱정을 표현하는 상황에 놓이자 버튼을 잘 누르지 못했다. 또한 참가자가 깊게 걱정을 하기 시작하자 이미지를 떠올리지 못했다.

허쉬 교수는 우울증도 마찬가지라고 주장한다. "우울증의 반추는 다른 생각보다 추상적이고 일반화된 형태를 띠므로 이미지로 형상화하기가 어렵다." 허쉬 교수의 실험을 참고하여 걱정이 들거나 지난 일을 되돌아볼 때 언어적으로 생각하기보다 시각적으로 형상화해보자. 마음에 미치는 영향력이 줄어들 것이다.

궁극적인 해법은 부정적인 기억 역시 재구성하는 것이다. 과거와 현재를 연결하는 고리를 의식적으로 끊어내도록 노력하고 그게 무엇이든 과거에 일어났던 일은 이미 지나갔고 현재와 미래로 이어질 필요가 없다는 사실을 깨달아야 한다. 고등학교 시절 연설을 했는데 다른 학생들이 모두 비웃었던 경험 때문에 대중 앞에서 이야기할 때 불안하다면 오늘은 그때와 같은 일이 일어날 이유가 없다는 점을 인식해야 한다.

희소식을 발표하자면, 미래에는 과학자들이 두려운 기억을 편집해 들어낼 수도 있을 것으로 보인다. 펠프스에 따르면 실험에서 특정 기하학적 무늬를 보는 중 손목에 가벼운 충격을 가해 생긴 매우 단순한 두려운 기억은 나중에 손목에 충격을 가하지 않고 같은 무늬를 보여주면 없앨 수 있다고 한다.

그러나 이를 위해서는 새로운 정보를 받아들여 기억을 유지하고 수정하는 과정인 기억의 '재통합'이 비교적 짧은 시간 내에 이루어져야 한다. 결국 단순한 기억보다 훨씬 복잡한 상태, 즉 정신적 외상을 초래할 정도의 기억일 경우 일이 일어난 직후라고 해도 심리학자들이 기억을 재구성할 수 있을지 여부는 앞으로 지켜볼 점이다.

나는 긍정적인 걸까, 생각이 없는 걸까?

낙관주의적 편향

케일 로이스^{Cayle Royce}는 2012년 영국군으로 아프가니스탄에서
복무하다 탈레반이 매설한 급조폭발물^{IED}(지뢰와 비슷한 형태로 기
존 폭탄을 개조해 만든 폭발물-옮긴이)을 밟고 48일간 혼수상태에 빠졌
다. 로이스가 깨어나고 처음 든 생각은 '비관적이지 않기가 힘들
다'는 것이었다. 죽을 뻔했던 경험에서 살아남은 그는 악몽에서
깨어나 또 다른 악몽을 꾸게 된다.

두 다리와 한쪽 손 대부분, 체중의 거의 절반을 잃었고 폭발
로 폐에 심한 화상을 입어 극한 고통에 시달리며 쇠약해진 상태
로 온갖 전선과 기계에 연결되어 있었다. 그러는 동안 가장 힘들
었던 점은 대부분의 일을 스스로 하지 못하고 타인에게 맡겨야

한다는 것이었다. 로이스는 '앉을 수도, 몸을 뒤집을 수도 없었고 혼자 식사를 할 수도, 씻을 수도 없었다'고 회상한다. 이런 지옥 같이 혼란스러운 상황에서 어두운 생각에 잠식되지 않기란 거의 불가능한 일이었다.

남아프리카 공화국의 한 농장에서 가난하게 자라 군인이 되어 몇 번의 총격전을 뚫고 이겨낸 경험이 있던 로이스는 어떠한 고난에도 언제나 긍정적이었고 어려운 일도 금방 이겨내곤 했다. 그러나 몸으로 하는 야외 활동과 도전을 특히 즐기던 사람으로서 신체적 자립을 상실했다는 사실은 깊고 커다란 상처가 되었다.

로이스는 말했다. "정신적이든 신체적이든 심각한 트라우마가 없고 이렇게 깊은 절망에 빠져보지 않았을 때는 쉽게 낙관적인 마음을 가질 수가 있었습니다. 제 의지대로 움직이는 몸에서 오는 자연스러운 자신감이 사라지고 나서야 나의 나약함을 깨닫고 위험을 다른 시각으로 바라볼 수 있게 되었습니다."

여러 달이 지나고 상황은 천천히 나아지기 시작했다. 로이스는 병원에서 치료를 받는 동안 비슷한 상황에 처한 사람들을 만났다. "장애인 올림픽 선수나 바다 조정 선수들이었는데, 그냥 다가와서 아무렇지 않게 말을 걸더군요. 별 걱정 없이 살아가는 사람들 같았습니다."

이 사람들은 로이스에게 큰 감화를 주었고 그로 인해 자신의 고통과 모든 것이 느려진 현실, 인공 기관에 의지해야 하는 상황 등에 대해 갖고 있던 두려움과 고민을 열린 마음으로 이야기할 수 있게 되었다.

"우리는 서로가 편했습니다. 데렉이 변을 가리지 못했지만 그런 건 아무래도 상관없었어요. 그 사람 잘못이 아니라는 것을 모두 알고 있으니까요. 배에 총을 맞았는데 어쩌겠냐고 말이죠."

로이스의 재활훈련은 성공적으로 진행되었고 로이스는 몇 달이 지나 그의 친한 친구인 제임스 케일리James Keylle 대위로부터 전화를 받는다. 케일리는 29피트 보트로 대서양을 횡단한다는 용감한 도전 하나를 제안했다. 로이스는 그런 대단한 모험에 짐이 되지 않을까 몇 달을 고민한 끝에 해 보기로 결심한다.

2013년 12월, 로이스의 대서양 횡단 팀은 파도가 거의 20미터까지 치솟고 상어가 우글거리는 변덕스러운 대양으로 출발해 3천 마일(약 4,900 킬로미터)의 조정을 시작했다. 이후 로이스는 최초의 수족 절단 장애인 조정 팀에 들어가 대서양을 횡단했고 두 다리를 절단한 사람으로는 최초로 존 오그로우츠John O'Groats(영국 최북단 마을-옮긴이)부터 랜즈 엔드Lands End(영국 최남단 마을-옮긴이)까지 동력패러글라이딩으로 종단하는 등 수많은 기록을 경신했다.

로이스는 이 일로 그동안 필요로 했던 동력을 얻을 수 있었고 긍정적인 에너지가 매사에 좋다는 걸 넘어 생명 줄이 될 수 있음을 실감했다.

지금까지 인류가 이어져온 것 역시 그 덕이라는 사실에는 의심의 여지가 없다. 불가능해 보이는 일도 이룰 수 있다는 믿음이 없다면 애초에 뭐든 시도나 해 보았겠는가? 낙관주의는 신체 건강, 병으로부터의 회복, 삶의 질에 중요한 역할을 한다.

물론 영화 같은 이 이야기가 로이스의 낙관주의 덕분인지, 유전적 요인에 달린 것인지, 아니면 의료 시스템의 혜택을 받아 그런지는 분명하지 않다. 어느 쪽이든, 그 많은 자기계발서와 리더십 강연에서 모두들 긍정적인 사고방식이 좋은 삶과 건강한 정신의 핵심이라고 주장하는 것은 어쩌면 당연한 일이다.

그러나 진실은 조금 더 복잡하다. 낙관주의는 행복과는 다른 개념으로, 언제나 좋은 일만 일어나길 기대한다면 반드시 일어나고야 마는 실망스러운 일에 우울감을 느낄 수 있다. 낙관주의가 모든 상황에서 누구에게나 효과적인 것은 아니며 비관주의와 마찬가지로 사고를 심각하게 한쪽으로 치우치게 만들기도 한다.

실제로, 문화권에 따라 약간씩 달라지긴 하지만 약 80%의 사람들이 낙관주의적 편향(근거 없이 미래의 결과를 낙관하는 성향-옮긴이)을 갖는다. 삶에서 긍정적인 사건이 일어날 가능성을 과대평가하고 나쁜 일이 일어날 가능성은 과소평가하며 부정적 정보보다 긍정적 정보로부터 학습하는 일이 많다는 뜻이다. 흡연이 건강에 좋지 않다는 것을 알지만 흡연 때문에 실제로 죽을 것이라고는 생각하지 않는다.

유니버시티 칼리지 런던UCL 인지 신경과학과 탈리 샤롯Tali Sharot 교수*는 이러한 현상을 심도 있게 연구했다. 연구팀은 실험 참가자들에게 미래에 일어날 수 있는 여러 가지 경우의 수를 생각하게 하고 그동안 참가자들의 뇌를 스캔한 결과, 사람들은 불편한 현실을 무시하고 본능적으로 밝은 면만 보고자 하는 경향이 있다는 사실이 드러났다.

예를 들어 참가자들은 처음에 암에 걸릴 위험이 50%라고 예상했다가 연구자가 실제 확률은 30%라고 말해주자 이내 안도하

---

* 사람을 낙관주의자와 비관주의자로만 정확히 나눌 수 있을까? 샤롯 교수에 의하면 그렇지 않다. "낙관주의 편향은 고정된 것이 아니며 상황에 따라 변할 수 있다"는 설명이다. 이 성향은 인생 전체에 걸쳐 변화하는데, 예를 들면 어린 시절에는 낙관주의 편향이 매우 심하다가 중년에 접어들며 급격하게 떨어진 후, 노년기가 되면 다시 증가한다. 편향의 정도는 날마다 다를 수도 있고 상황에 따라 변하기도 한다.
샤롯 교수의 실험에서 참가자들에게 대중 앞에서 연설을 한 후 평가를 받게 될 것이라고 말해 스트레스를 주게 되면 낙관주의 편향이 완전히 사라지고 부정적 정보로부터 학습을 시작한다는 점을 알 수 있다.

는 모습을 보였다. 여기서 괄목할 만한 점이 나온다. 실제 확률이 30%라고 고지한 이후에 암에 걸릴 위험도에 대해 다시 묻자 추정치를 원래보다 매우 낮춰 30% 정도라고 답한데 반해, 처음에 위험도가 10% 정도라고 생각하고 있다가 30%라는 것을 알게 되어 실망한 실험 참가자들은 두 번째 질문에서 14% 정도라고 추정치를 매우 적게 상향 조정했다. 다시 말하면 좋은 소식에는 빠르게 반응해 생각을 바꾸지만 나쁜 소식에 대해서는 다른 태도를 보인 것이다.

샤롯과 연구팀은 이런 현상이 언어와 정보처리를 담당하는 하전두엽이라는 뇌 영역 때문이라고 설명한다. 긍정적인 정보를 접하면 거의 모든 참가자의 뇌 스캔에서 좋은 소식에 반응하는 좌측 하전두엽에 불이 들어온다. 한편 낙관적인 사람의 뇌를 관찰해보니 나쁜 뉴스에 반응하는 우측 하전두엽이 그만큼 확실하게 반응하지 않았다.

비관주의자가 되라는 말이 아니다. 낙관주의 편향은 해로운 것이 아니며 오히려 위험을 감수하게 하고 행복해지는 데 도움을 준다. 낙관주의 편향 덕분에 실제로는 지원 자격이 안 되는 직장에 지원했다가 합격하기도 한다. 그러나 여기서는 낙관주의가 내리는 잘못된 결정에 주목하고자 한다.

우리는 종종 낙관주의 편향에 빠져 위험 요소를 정확히 가늠하지 못하고 적절한 예방책을 택하지 못해 건강에 해로운 생활 습관을 키우거나 인간관계의 실패, 재정적 문제 등을 겪는다. 많은 공공 기반 시설 프로젝트에서 예산이 초과되고 원래 계획보다 시간이 지체되는 것도 이런 낙관주의 편향 때문에 발생한다. 2021년 탈레반이 빠르게 아프가니스탄으로 밀고 들어가 수도인 카불을 재점령했을 때 방심하고 있다 놀란 미국과 동맹국들 역시 낙관주의 편향에 빠져 있었다는 비난을 받았다.

낙관주의는 과잉 확신과도 관계가 있는데, 이는 자기 자신에 대한 지나친 낙관주의를 의미한다. 샤롯 교수는 한 인터뷰에서 "낙관주의자는 긍정적인 사건이 일어나면 그것을 자기 자신과 연관 짓고 자신의 특징이라고 해석하곤 한다"고 말했다. 예를 들어 낙관주의자가 직장에서 어떤 프로젝트에 성공하면 자신의 능력 때문에 성공했다고 여기고 앞으로도 계속 그럴 것이라는 결론을 내린다. 하지만 실패할 경우에는 시간이 부족했다든가 하며 외부 환경을 탓한다(우울한 감정에 얽매인 사람에게는 이런 점이 어느 정도 필요하다).

대부분의 사람이 거의 모든 일(업무, 운전에서부터 문법과 추론, 다른 사람을 웃기는 것에 이르기까지)에서 스스로 평균보다 낮다고 생각한 다는 수많은 연구 결과가 있다. 페널티 킥을 실패한 축구 선수를 보며 소리를 치고, 신호등이 녹색으로 바뀌자마자 출발하지 않는 운전자에게 경적을 울리고, 파스타 소스의 간을 잘 맞추지 못한 파트너에게 불평을 하는 이유가 바로 이 때문이다.

여러 연구를 통해 증명된 이 같은 우월감 역시 분명히 우리의 사고와 의사결정에 영향을 미친다. 한 예로, 학생들은 종종 시험 결과와 성적을 과잉 확신하곤 한다. 시험에서 예상했던 결과를 얻지 못하면 과잉 확신 때문에 잘못된 안도감을 갖고 공부를 충분히 하지 않은 것이 원인임에도, 문제가 이상했다며 출제자를 비난하곤 한다.

과잉 확신을 갖고 있는 CEO를 둔 회사는 그렇지 않은 경우보다 약 33% 가량 집단 소송에 휘말릴 가능성이 높으며 그로 인한 비용을 지불한다. 웰즐리 대학교 심리학 교수인 줄리 노럼Julie Norem은 "미국에서는 개인주의적이고 자신감 넘치는 CEO들을 우러러보는 경향이 있다. 그들의 개인적 낙관주의와 성공 사이에는 상관관계가 있지만 그 이면에는 피해를 입는 사람들이 존재한다"고 주장한다.

이쯤에서 잠시 비관주의적 성향도 짚고 넘어가자.

샤롯 교수는 "낙관주의 편향이 없는 인구의 20% 중 절반이 가볍거나 심각한 우울증을 앓는다"고 말한다. 그 원인을 찾는 것은 어렵지 않다. 언제나 부정적인 결과를 예상한다면 애초에 무언가를 해 볼 생각도 하지 않을 것이다. 부정적인 결과에 대해 언제나 자기 자신을 탓한다면 스스로를 쓸모없게 느끼기 쉬우며 인생에서 결정할 수 있는 일이 없다고 믿게 된다. 샤롯에 따르면 낙관주의자가 낙관주의자인 이유 중 하나는 통제력이 있기 때문이다.

반면 노럼 교수는 "비관주의와 부정적 사고가 특정 상황이나 업무에 유용할 수 있다"고 주장한다. 이런 사람은 세부 사항에 집중하고 비판적 사고를 하며 위험을 회피하는 방식을 취한다.

또한 불안감이 높은 사람에게 '방어적 비관주의(부정적 결과를 예상하고 미리 최악의 상황을 대비하는 심리적 대응-옮긴이)'가 좋은 대응 전략이 될 수 있다는 연구도 있다. 불안감 때문에 무기력해지기보다는 방어적 비관주의를 통해 기대치를 낮추고 있을 수 있는 장애물과 위험을 파악해 조금씩 극복해낼 방법을 찾는다.

불안감이 높은데 시험공부를 해야 한다면 이 접근법을 활용해 충분히 준비함으로써 성적을 향상시킬 수 있다. 불안함을 숨기고 낙관적인 체하거나 밝아지려고 애쓰기보다는 이런 방식을 시도하는 것이 훨씬 성공적이다.

낙관주의가 서구 세계에서만큼 환영받지 못하는 중국이나 일본 같은 나라에서는 실제로 방어적 비관주의가 더 유리한 경우가 많다. 노럼의 연구 결과에 따르면 방어적 비관주의를 택해 코로나19 기간 동안 더 많은 예방 조취를 취하고 위험 요소를 줄여 궁극적으로 사람들에게 유익했다는 것이 밝혀졌다.

낙관주의 편향을 줄이려면 어떻게 해야 할까? 비관주의가 해답이 될 수 있겠지만, 또 어떻게 우월감으로 충만한 과잉 확신을 경계할 수 있을까? 로이스가 누구보다 잘 알고 있었듯, 대서양을 횡단하는 것처럼 무섭고 암울한 상황에서의 계획은 삶과 죽음의 문제기도 하다. 물론 결과를 알 수 없는 모험에 뛰어드는 것이 매우 큰 보상을 안겨주기도 하지만, 위험을 감수한다는 상황을 정확히 인식하면 마치 비행기에서 뛰어내리기 전에 낙하산 몇 개를 지니고 있는 것처럼 성공의 확률을 높여준다.

비슷하게, 낙관주의 편향이 있다는 사실을 인식하는 것 자체로도 적절하게 생각을 관리할 수 있다. 여러 나라에서 기반 시설을 구비하는 큰 프로젝트를 진행할 때 다른 비슷한 프로젝트와 예산을 비교하는 방법으로 낙관주의 편향에 대비하는 지침을 마련해두는 것과 같다.

사실 관계를 살펴보는 방법도 있다. 만일 예술가가 되기 위해 현재의 직업을 그만두는 큰 결정을 내려야 하는 상황이라면, 미디어에서 접하는 소수의 성공 신화에 낙관적으로 기대기보다는 직접 조사를 통해 실제 성공 가능성을 면밀히 살펴보아야 한다.

낙관주의 편향과 과잉 확신을 누그러뜨리면 연애에도 도움이 된다. 상대방은 나보다 집안일을 더 많이 한다고 불평하는데 나는 그렇지 않다고 (과잉)확신한다면 실제로 누가 무슨 일을 얼마나 하는지 기록을 해 보면 어떨까? 이런 방법이 아주 낭만적으로 들리지는 않을 수 있지만 자신이 스스로 생각하는 것만큼 대단하지 않다는 사실을 솔직하게 받아들임으로써, 관계를 지켜낼 수 있다.

자신에게만 적용할 것이 아니라 사랑하는 사람에게서도 낙관주의 편향을 발견해 도와줄 수 있다. 만일 자녀가 꿈의 직장에 대해 비현실적인 기대를 하고 있다면 그 일이 계획대로 되지 않았을 때를 대비할 수 있게 이끌어주면 좋다.

애초에 인간 사회는 낙관적 태도를 갖기 힘들게 하는 구조적 문제(예를 들면 불평등)로 가득하다. 긍정적인 사고를 지나치게 중시하는 사람은 이 점을 간과해 건강이 좋지 않거나 성공하지 못한 것을 개인의 비관적 사고 탓으로 여기기도 한다.

낙관주의 하나만으로 인생의 목표를 달성하기는 거의 불가능하다. 로이스가 말한 것처럼, 특히 심각한 트라우마를 겪는 상황에서는 희망적으로 생각하기가 어렵고 그러므로 빛을 발견할 수 있으려면 현실적인 목표와 공정한 기회, 그리고 주변 사람들의 응원과 지지가 필요하다.

남자애치곤 섬세하네요

사회적 기대치

Are You Thinking Clearly?

마초적 남성다움을 강조하고 여성 혐오를 일삼는 대안 우파(미국 주류 보수주의의 대안으로 등장한 극단적 보수주의 세력-옮긴이) 세력의 입지가 곳곳에서 넓어지며 페미니즘이 반발에 부딪히고 있다.

이러한 현상으로 인셀incels(비자발적 독신주의자의 약자로, 여성과 관계를 갖지 못하는 남성, 나아가 여성 혐오자를 의미하기도 한다-옮긴이)이나 픽업아티스트PUA(여성을 성관계 상대로 보고 유혹하는 것을 직업으로 하는 사람-옮긴이), 믹타우MGTOW(사회가 남성에게 적대적이고 불공정하다고 생각하며 여성과의 관계를 거부하는 움직임-옮긴이)와 같은 여성 혐오적 온라인 커뮤니티들이 생겨났다.

이들은 극단적 남성성을 찬양하고 여성은 아내이자 어머니,

가정을 돌보는 '자연스러운' 역할로 돌아가야 한다고 촉구한다. 심지어 이들 중 영향력 있는 사상가들이 나서서 여성이 투표권을 갖고 교육을 받는 것, 또는 아이를 낳을 권리까지 반대하기도 한다.

더욱 놀라운 일은, 구시대적 성^sex 역할을 그리워하는 여성 집단도 존재한다는 점이다. 대표적으로 트레드와이프^TradWives는 전통적 의미의 여성스러움을 갖추길 원하고 집안에 머물며 남편과 아이들을 돌보기로 선택한 여성들의 모임이다.

영국의 작가이자 블로거인 알라나 페팃^Alana Pettit은 모임의 선두주자로, "여성은 1950년대에 그랬던 것처럼 남편을 받들어야 하며 성공적인 결혼 생활을 위해 남성을 늘 우선시해야 한다"고 주장한다.

대안 우파와 마찬가지로 페팃은 과거를 향한 향수를 갖고 있으며 이러한 움직임이 "현관문을 열어놓고 나가도 안전하고 거리의 낯선 사람에게도 경계가 없던 위대한 영국으로 돌아가고자 하는 것"이라고 말한다.

사실 페팃을 비롯한 트레드와이프의 멤버들은 대안 우파를 지지하지 않으며, 여성이 직업을 갖고도 가사 업무의 대부분을 떠맡게 되는 시대라면 자발적으로 존중받으며 가정에 머무는 쪽을 선택하고자 했다. 그럼에도 여성 혐오적 커뮤니티들로부터 '트레드핫tradhot'이라는 별칭(전통적이라는 뜻의 'traditional'과 성적매력을 의미하는 'hot'의 합성어)으로 불리며 환영받고 있다. 반면 이들은 자유주의를 표방하는 여성들을 '난잡한 여자That Ho Over There'를 의미하는 경멸적인 단어를 만들어 '쏘츠thots'라고 부른다.

남성과 여성은 생물학적으로 사고방식이나 능력에 차이가 있기 때문에 사회에서 각자에게 맞는 역할이 다르다는 관점은 구시대적이지만 강력하다. 그러나 '화성에서 온 남자, 금성에서 온 여자'라는 비유는 과연 과학적으로 근거가 있는 것일까? 아니면 계층구조의 최상위에 자리한 소수의 남성만을 위해 가부장제가 창안해낸 사회 구조일 뿐일까?

성별 간 사고와 행동 차이에 관한 가설은 오랜 시간 동안 과학자들에 의해 고정되다시피 해왔다. 하지만 이에 의문을 품고 연구해온 학자들이 있어 최근 몇 년 동안 남성과 여성의 마음에 대한 인식이 조용한 혁명을 겪고 있다.

점점 더 많은 심리학자와 신경과학자, 진화생물학자들까지도 남성은 테스토스테론에 의해 움직이다 보니 더 이성적이고, 여자관계가 복잡하며 공격적이고 위험을 감수하는 성향을 가질 수밖에 없다는(그리고 이 모든 특성이 사고를 형성한다는) 기존 연구에 의

문을 표하고 있다.

XY 염색체를 가진 남성과 XX 염색체를 가진 여성이 생물학적으로 다르다고 해서 인간의 성별을 언제나 이분법적으로 나눌 수 있을까?

소수지만 남성과 여성 생식기를 모두 갖고 있는 간성intersex도 존재하며, 생물학적 성별과 반대 성별로서의 강한 자의식을 갖는 사람도 있다. 물론 남성과 여성은 생식기 외에도 차이가 있다. 생물학적 남성은 평균적으로 여성보다 키가 크고 얼굴의 털, 체질량과 근육량이 더 많다. 그러나 이 역시 개인 간 차이가 매우 커서 남성보다 크고 강한 여성도 있다. 이러한 특징은 넓은 범위 안에 스펙트럼으로 존재하므로 고정된 하나의 사실이라고 볼 수 없다.

그럼에도 18세기에 생물학적 남성의 평균 뇌가 여성의 평균 뇌보다 크다고 알려진 이후 그 사실은 역사적으로 남성이 여성보다 우월하다는 근거로 여겨졌다. 비로소 오늘날에야 IQ검사를 통해 남성과 여성 사이 전반적 지능에 차이가 없다는 것이 밝혀졌다. 또한, 인간보다 훨씬 큰 뇌를 가진 범고래가 인간보다 지능이 높다고 볼 수 없듯 뇌의 크기와 지능은 상관관계가 없다는 사실 역시 알려졌다. 물리학계의 슈퍼스타 알버트 아인슈타인의 뇌도 평균적인 뇌보다 작았다고 한다. 뇌의 크기보다는 구조와 연결성이 지능에 더 큰 영향을 미친다.

한 가지, 남성이 여성보다 더 논리적이고 여성은 양육에 더 적합하다는 생각은 끈질기게 이어져왔다. 여기에는 뇌의 영역 중 성별의 영향을 받는 일부 활동만을 강조해, 주장하려는 바에 유리한 결과만 골라 발표하는 몇몇 뇌 스캔 연구가 근거를 보탠 게 문제였다(남성과 여성에게 적합한 역할을 규정짓는 데 이용되는 연구를 빗대어 '뇌성차별주의neurosexism'라고도 한다).

진실은 이렇다. 아무리 뇌 스캔을 연구해도 다양한 뇌 영역이나 구조가 실제로 어떤 방식으로 인간의 기능과 행동에 영향을 미치는지 알기는 힘들며 알려진 바도 적다. 그러므로 뇌 연구를 특정인의 생각과 행동을 예측하는 데 활용해서는 안 된다.

2015년 연구에서 1,400명의 뇌 자기공명영상MRI촬영을 분석한 결과 대부분의 뇌는 여러 다른 특징이 한데 섞인 '독특한 모자이크' 형태라는 점을 발견했다. 남성에게 더 흔하게 나타나거나 여성의 뇌에서 더 두드러지는 특징도 있었지만 겹치는 부분이 매우 많았으며 '남성형'과 '여성형'으로 구분되는 특징은 전체 뇌의 6%에 불과했다.

2021년 또 다른 연구에서는 일반적으로 알려진 바를 바탕으로 남성과 여성의 뇌를 분류하고 관찰했다. 실험 참가자 9,620명의 뇌 중 절반이 연속체의 중앙부 어느 지점에 위치하는 것으로 나타났다. 25% 정도는 '남성형' 영역에 모여 있었고 다른 25%는 정반대쪽 '여성형' 영역의 끝부분에 분포했다. 흥미로운 사실은, 작은 부분이긴 하지만 여성의 뇌가 중년 이후 점차 '남성적'인 방향으로 이동했다는 점이다.

잘 알려져 있듯 뇌는 변화할 수 있다. 살면서 맞닥뜨리는 경험과 어떤 취미나 직업을 선택하느냐에 따라 뇌의 구조가 변화할 수 있다는 사실이 여러 연구를 통해 증명되었다. 특히 태어나면서부터 남자아이와 여자아이를 다르게 대하면 그에 대한 반응으로 뇌가 다르게 발달할 가능성이 있다(좋은 현상은 아닌 것 같다).

애스턴 대학교에서 인지신경과학을 연구하는 《편견 없는 뇌》의 저자 지나 리폰^{Gina Rippon}은 흔히 보이는 남성과 여성의 차이는 생물학적 차이보다는 사회적 기대치 때문일 것이라는 사실을 제기한다. 그녀는 "진화가 뇌에 미친 영향이 있다면 인간을 사회적 존재가 되게 한 것이며 협력이야말로 인류가 성공적으로 살아남을 수 있었던 궁극적 원인"이라고 주장하면서도 이렇게 말했다. "그러나 이 과정의 단점으로 소속감에 대한 욕구가 지나치게 강해졌다는 것이다. 자신이 속한 그룹에 대해 잘 파악하고 그 안에서 융화할 수 있어야 한다. 만일 그룹의 구성원들이 분홍색 드레스를 입고 공주 놀이를 좋아한다는 강력한 메시지가 있다면 그에 따를 수밖에 없다."

리폰은 신경과학계에 몸담고 있는 수십 년간 남성과 여성의 특징을 신경과학적으로 설명하고자 하는 것은 성에 대한 고정관념임을 알리고자 했다. 그때마다 근거 없이 개인적인 경험상, 남성과 여성의 사고가 실제로 다르다고 주장하는 반대 의견에 부딪혀야만 했다. 리폰은 그들을 가르켜 "문제를 해결하거나 위기에 대응하는 방식에 따라 개인의 특징을 규정하지 않고 남성인지 여성인지로 나누는 편리한 사람들"이라고 했다.

물론 평균적으로 여성의 언어와 공감 능력, 비언어적 추리력이 남성보다 약간 낮다는 연구가 있다. 또 평균적으로 봤을 때 운동 기능과 공간감각(마음속에서 물체를 뒤집어 볼 수 있게 한다)에서 남성이 여성보다 조금 낫다. 이는 사고의 과정에서 남성은 시각 정보를, 여성은 언어를 더 많이 사용한다는 의미를 나타낸다.

하지만 이러한 차이가 선천적이라는 증거는 없으며 유전적 요인에 사회적 기대치가 더해져 만들어진 결과일 가능성이 높다. 리폰은 비디오 게임을 하는 여성을 예로 든다. "게임을 하는 여성이 그렇지 않은 여성보다 공간 감각이 더 뛰어나며, 공간 감각은 선천적인 것이라고 알려져 있지만 훈련으로 획득할 수 있다는 근거가 많다. 평균적 차이라는 개념으로 한 개인의 사고방식이나 뛰어난 분야를 규정할 수 없으며 개인 간의 차이가 여성과 남성 집단 사이에서 보이는 차이보다 더 크다."

반면 케임브리지 대학교 심리학 교수인 사이먼 배런코언Simon Baron-Cohen에 따르면 성별 간에 미세하게 존재하는 평균적 차이가 어느 정도 생물학적 요인에 기인한다고 한다. 배런코언은 자폐증 환자의 마음을 특징짓는 요소에 대해 연구하는 과정에서 뇌의 작동 방식을 알 수 있는 공감하기-체계화하기empathising-systemising 등급을 개발했다. 공감하기에서 높은 점수를 받은 사람은 주변 사람의 생각과 감정에 관심을 많이 보이는 반면 체계화하기에서 높은 점수를 받은 사람은 엔진, 날씨, 배합표, 수학적 해결책, 구문록, 전자 장비 등과 같이 특정한 규칙에 따라 체계를 분석하는 일에 더 관심을 보인다.

2018년, 배런코언 교수는 동료 연구진들과 진행한 실험에서 약 70만 명을 대상으로 설문지를 나누어주고 질문에 대한 생각을 답하도록 했다. 설문지에는 '다른 사람이 진짜 감정을 숨기고 있다는 것을 알아챌 수 있다', '스테레오를 구입할 때 기술적 특징에 대해 정확히 알고 싶다'와 같은 질문을 담았다. 배런코언 교수 팀은 이 설문에 대한 답변을 토대로 인지 유형을 다음과 같이 다섯 가지로 분류했다.

체계화하기보다 공감하기에서 높은 점수를 받은 사람은 E형으로, 공감보다 체계화하기에서 더 높은 점수를 받은 사람은 S형으로 나누고, 한 면에서는 높은 점수를 받았지만 다른 면에서는 평균 이하의 점수를 받아 양 극단에 놓인 사람을 극단적 E형, 극단적 S형으로 두었다. 마지막으로 두 가지 면 모두에서 동일하게 높은 점수를 받은 사람을 중간 유형으로 분류했다.

실험 결과, 큰 차이는 아니었지만 여성보다 남성에게 S형이 많이 나타나는 것으로 밝혀졌다. 남성의 40% 정도가 S형으로 분류된 데 반해 여성의 26%가 S형으로 나타났다. E형에는 그와 거의 정반대로 여성의 40%, 남성의 24%가 포함되었다. 다른 30%의 남성과 여성은 모두 혼합형 그룹에 속했으며 극단적 유형으로 분류된 사람은 매우 드물었다.

결과적으로 약 56%의 남성이 S형이나 극단적 S형이 아니었고 58%의 여성 역시 E형이나 극단적 E형이 아니었다. 이 연구에 의하면 대부분의 여성이 '공감형'이고 대부분의 남성이 '체계형'일 것이라고 생각했던 배런코언의 가정도 틀렸다(자폐증 환자의 경우 남성의 62%와 여성의 50%가 S형 또는 극단적 S형으로 나타났다).

배런코언이 간과한 한 가지 중요한 점은, 이 점수는 능력에 대한 점수가 아닌, 어디에 더 주의를 기울이느냐를 보여준다는 점이다. 시스템보다 사람에 더 관심이 많은 사람이라도 그 반대의 사람보다 방정식을 더 잘 풀기도 한다. E형으로 분류된 여성 작가이지만 물리학을 전공했을 수도 있고, 마찬가지로 S형으로 분류되었지만 공감 능력이 큰 사람이 있을 수 있다.

E형에 해당하는 사람은 식당에서 주문한 게살 파스타를 집에서 다시 해 먹으려고 정확히 어떤 재료가 들어갔는지 분석하는 것보다 주위 사람들의 말과 행동에 더 주의를 기울일 것이다.

결국 유형 간 차이점이 어느 정도까지 선천적으로 정해져 있는지는 명확하지 않으며, 배런코언 역시 "사회적 요인부터 호르몬에 이르는 다양한 요소가 결과에 영향을 미칠 수 있다"고 인정했다.

먼저, 실험 참가자들이 설문지를 작성하는 단계에서부터 자신에게 주어진 사회적 기대치에 따라 답변했을 수도 있다. 스스로를 매우 남성적이라고 여기는 남성은 주변 사람들의 감정에 관심이 있다는 사실을 인정하기 싫을 수 있고 심지어 자신이 그렇다는 것을 모르고 있을 수도 있다. 그리고 다른 사람들 역시 그런 면에 대한 기대가 없기 때문에 그가 얼마나 공감능력이 있는지 알아채지 못했을 수 있다.

또 평소 사람들의 감정을 잘 알아챈다는 칭찬을 받는 여성이라면 자신에게 주어지는 기대치를 계속 충족하기 위해 그 부분에 특히 더 주의를 기울이기도 한다. 리폰 역시 "고정관념을 진실이라고 믿게 되면 그때부터 그것이 자기 충족적 예언이 된다는 문제가 있다"고 이야기한 바 있다.

배런코언이 인정했듯, 호르몬 또한 영향을 미친다. 자궁에 테스토스테론과 에스트로겐 수치가 높은 여성의 아이들이 나중에 자폐 진단을 받을 확률이 높다는 연구 결과가 있다. 이를 토대로 자폐 진단을 받은 아이들의 뇌 유형이 S형일 가능성 또한 높으며 이를 통해 호르몬의 작용이 있음을 알 수 있다는 게 배런코언의 설명이다. 그러나 유산의 위험이 큰 시술을 해야 하는 등 증명하기가 쉽지 않아 아직 입증된 바는 없다.

확실하게 중요한 것은 남녀 간의 차이는 사회적 기대치에 부응하려 한 결과라는 사실이다. 여성이 남성보다 생물학적으로 양육에 적합하다기보다는, 사회적 요구가 있을 때 생물학적으로 양육에 더 적합해지게 될 가능성이 있다. 여성에게 더 공격적이어야 한다는 사회적 요구가 있으면 여성이 더 공격적이 될 수도 있다는 뜻이다.

남성이 여성보다 좀 더 공격적이고 위험을 강행하는 면을 보이는 것(남성과 여성의 공격성의 차이는 성별 간 키 차이의 약 25%정도 밖에 되지 않는다)은 테스토스테론의 영향이라는 의견이 있다. 동물 연구에서는 이러한 특징이 테스토스테론과 관련 있다는 것이 밝혀졌지만 인간에게도 마찬가지로 적용되는지에 관해서는 아직 증명된 바가 없다. 어찌됐든 분노가 치미는 순간 이성을 잃고 행동에 따라올 결과를 예측하지 못하는 것을 보면 공격성과 위험 감행이 사고에 영향을 미친다는 사실에는 의심의 여지가 없다.

2008년 전 세계적 금융위기를 초래했던 무모한 행동 역시 테스토스테론 탓이라는 이야기가 있다. 심리학자 코델리아 파인 Codelia Fine은 저서 《테스토스테론 렉스》에서 테스토스테론이 생물학적 남성을 규정한다는 여러 주장을 조목조목 파헤쳐 반박한다.

예를 들면 생물학적 남성은 더 공개적으로 그리고 신체적으로 공격적인 반면 여성은 소문을 퍼뜨린다거나 타인의 사회적 지위에 해를 입히는 등의 형식으로 간접적 공격성을 보인다는 연구를 들었다. 연구에서는 단지 여성이 평균적으로 남성보다 체구가 작기 때문에 스스로에게 불리한 신체적 공격성을 보이는 대신 간접적 공격성을 드러낼 뿐, 실제로는 남성과 같은 정도의 공격성을 갖고 있을 수 있다고 한다.

과연 테스토스테론 수치가 인간의 사고와 경험, 행동을 변화시킬까? 반대로 그러한 요인들이 테스토스테론 수치를 변화시키는 것은 아닐까?

미국에서 반사회적 행동을 보일 가능성이 있는 남자아이들을 대상으로 10년간 진행했던 한 치료 프로그램을 조사한 연구를 살펴보자. 치료 프로그램의 목적은 아이들에게 사회적 기술과 화를 가라앉히는 방법을 가르쳐 반사회적 행동을 줄이는 것이었다. 교육을 진행한 이후 몇 년이 지나 20대가 된 실험 참가자 40명을 다시 불러 현재의 공격성과 테스토스테론 반응을 검사했는데, 통제집단의 다른 남성들과 비교했을 때 자극에 대한 공격적 반응이 덜하고 테스토스테론 반응 역시 약한 것을 볼 수 있었다.

결국 호르몬은 주변 환경에 따라 달라질 수 있으며 어떤 행동에 대해 호르몬 탓을 하는 것은 적절치 않다.

파인은 애초에 남성이 과연 여성보다 더 위험을 감행하는지도 의문이었다. 위험 감행 연구에서는 주로 스카이다이빙이나 축구 경기에 돈 내기를 하는 행동 등을 집중해서 관찰하는데, 파인은 축구 경기나 스카이다이빙 모두 전통적으로 '남성적' 취미로 여겨지는 활동이라는 점을 지적한다. 승마나 성형수술처럼 더 '여성적'인 활동에 대한 위험 감행을 조사했다면 다른 결과가 도출되었을지도 모른다는 말이다.

성욕에 관해서도 비슷한 결과가 있다. 가벼운 성관계를 두고 남자와 여자를 보는 사회의 시선이 다르다. 사회적으로 평가받지 않고 그로 인한 피해가 없다고 생각될 때는 여성 역시 남성만큼 가벼운 성관계를 즐기는 것으로 나타났다.

모든 것을 고려해보면 남성과 여성의 두뇌가 선천적으로 다르지 않으며 평균적으로 봤을 때 사고의 방식에서 약간의 차이를 보인다는 결론을 내릴 수 있다(그렇다고 해서 성별 간 차이가 아예 없는 듯, 남성이 여성에게 가하는 폭력이라든가, 자살이나 약물 남용 사례가 남성에게서 더 많이 발견된다는 사실을 굳이 무시할 필요는 없다).

이 모든 것을 생래적 뇌 탓으로 돌리거나 조절 불가능한 호르몬 때문이라고 미루기보다는 그러한 행동을 부추기거나 용인하는 사회적, 구조적 요인에 대해 들여다보아야 한다.

평등주의를 지향하는 나라에서 여성 과학자의 수가 남성보다 적다면, 그 나라의 여성이 과학에 관심이 없거나 그 분야에서 남성보다 못하기 때문이 아니라는 걸 알아야 한다. 그 나라의 과학계가 이미 남성 주도적, 남성 중심적인 탓에 애초에 여성의 진입이 어려운 것이 아닌지 생각해보아야 한다.

극단적인 남성성과 폭력성(영웅이 나쁜 놈을 해치우는 '올바른' 상황에서의 폭력)을 찬양하는 가부장적 사회에서는 많은 남성이 끔찍한 행동을 하고도 별일 없이 빠져나가는 일이 놀랍지 않게 일어난다. 사회의 마초적 기대치에 미치지 못하거나 감정을 조절하는 법을 배우지 못한 남성들은 약물 남용이나 자살을 선택하도록 떠밀리기도 한다. 마찬가지로, 완벽하고 자기희생적이며 언제나 다른 사람을 배려하도록 요구하는 사회적 압박을 받는 여성과 여자아이들 역시 자기 의견을 말하지 못하거나 남들이 기대하는 바를 거절할 수 없게 된다.

성별에 대한 고정관념은 성취도에도 부정적 영향을 미친다. '남성은 사회적으로 민감하지 못하다'라든가 '여성은 좋은 리더가 되지 못한다'와 같은 편견에 노출되면 남성은 비언어적 신호를 해석하는 실험에서 더 낮은 점수를 받고 여성은 리더십이 필요한 역할을 꺼려한다는 연구 결과도 있다.

왜 요양보호사나 보육 교사 중에는 절대적으로 여성의 수가 많을까? 왜 자녀 양육에 있어 여성이 남성보다 훨씬 더 많은 역할을 맡을까? 그리고 미국 남성의 3%만이 결혼 후 아내의 성을 따르는 이유는 무엇일까?

누구나 스스로 자유롭게 결정을 내린다고 느끼겠지만 사실 우리는 사회의 조종을 받고 있다. 여성의 경우, 다른 사람의 감정에 주의를 기울이고 자신의 행복을 희생하더라도 타인의 생각을 배려하라는 교육을 받으며 자랐을 가능성이 높다. 스스로도 과학자나 경찰이 되기에는 적합하지 않다고 생각할 것이며 자녀의 주된 양육 책임이 자신에게 있다고 느낄 것이다.

남성이라면 교사나 간호사가 되기 어려울 것이라고 느끼고 또 아이를 돌보기 위해 육아휴직을 신청하는 데 당당하지 못할 것이다. 남성 역시 자녀를 사랑하고 돌볼 충분한 능력이 있음에도 불구하고 안타까운 일이다.

다행히 우리 뇌는 쉽게 바뀔 수 있다. 지금까지 사회가 무엇을 주입했더라도 새로운 것을 쉽게 학습할 수 있다. 이를 위해서는 시스템에 맞서 자신과 아끼는 사람들을 위해 가장 좋은 선택을 할 수 있는 약간의 용기가 필요하다.

물론 집에서 살림하는 아버지나 해군 장교인 여성, 가족이 여성의 성을 따르는 일을 비웃는 사람도 있을 것이다. 남성과 여성이 너무 비슷하면 연애 관계에 낭만이 없어지지 않을까 우려하는 사람도 있을 수 있다.

하지만 그 사람들이 틀렸다. 연애나 부부관계에서 남성과 여성이 평등할수록 관계가 안정적이고 이혼율이 낮으며 성적 만족도도 높다는 연구 결과가 있다.

사회적으로 당연하게 여겨지는 규범에 맞서 목소리를 내고 그로 인한 반감을 감수해내지 않는다면 결국 아무것도 변하지 않고 여성과 남성이 다른 별에서 왔다는 오래된 금언을 공고히 하며 계속 믿을 수밖에 없을 것이다.

남의 말에
휘둘리고 말았다

선택맹 현상

Are You Thinking Clearly?

스웨덴 룬드 대학교 인지심리학자 피터 요한슨Petter Johansson과
연구팀은 마술사들을 고용해 간단한 카드 묘기로 실험을 진행
했다.

실험자는 다른 얼굴이 그려진 카드 두 장을 들고 실험 참가자
에게 보여준 뒤 더 호감이 가는 얼굴을 고르라고 한다. 그런 다
음 테이블에 뒤집어 놓았던 카드를 상대방이 알아차리지 못하
게 바꿔치기한다. 실험자는 처음 골랐던 자리에 있는 카드를 다
시 들어 참가자에게 보여주지만 실제로는 다른 사람이 그려진
카드다.

놀랍게도 참가자들은 카드가 바뀌었다는 사실을 알아채지 못

한다. 각각의 카드에 그려진 얼굴이 별로 비슷하지 않은데도 말이다. 머리색이 다르거나 한쪽은 안경을 쓰고 있는데 다른 한쪽은 안경을 쓰지 않은 식이다. 그럼에도 불구하고 참가자들은 자신이 고르지도 않은 사진이 왜 더 호감형인지에 대해 설명한다.

또 다른 실험에서는 한 남성 참가자에게 두 여성의 사진을 보여주었는데, 한 사람은 커다란 귀걸이를 하고 있었다. 남성은 처음에는 귀걸이가 없는 얼굴을 골랐지만 카드를 바꿔치기한 후 왜 그런 선택을 했는지 묻자 여성의 귀걸이가 무척 마음에 든다고 답했다. 믿기지 않는 이 현상은 선택맹choice blindness 현상으로, 단지 호감이 가는 얼굴을 고르는 데만 영향을 미치는 것이 아니다.

범죄에 대한 형사처벌의 법적 연령을 낮춰야 한다.

이 말에 동의하는가? 마찬가지로, 문장만 보면 그다지 어려워 보이지 않는다. 그러나 더 광범위한 설문조사의 일환으로 이 질문에 답하게 될 경우 선택맹 현상이 나타난다.

실험 참가자들이 막 작성한 설문지를 반대 답변으로 조작해 돌려주면 대다수의 참가자가 답변이 바뀌었다는 것을 인지하지 못한 채 누군가 바꿔치기한 새로운 관점에 대해 변호하기 시작했다. 이 실험을 통해 우리는 우리가 생각하는 것만큼 스스로의 사고과정에 대해 인지하지 않고 있으며 의식적으로 깊이 생각하지 않은 채 결정하는 일이 많다는 것을 알 수 있다.

더욱 놀라운 점은, 일주일이 지나 참가자들을 다시 불러 질문하면 그때까지도 조작된 정치적 관점을 계속 주장했다는 사실이다. 대부분의 사람이 언제나 스스로 생각하는 것은 아니며 타인이 자신의 생각을 조작하도록 내버려 둔다는 것을 시사한다.

요한슨 교수와 연구팀은 이 테스트를 여러 다른 상황에 적용해 시도했다. 과연 두 사람이 생각을 합치면 한 사람의 생각보다 오류가 적을까? 안타깝게도 그렇지 않았다. 한 쌍으로 이루어진 팀에게 다른 두 사람의 얼굴을 보여준 후 룸메이트를 선택하게 했을 때, 앞에서와 같이 속임수에 넘어가 처음에 선택하지 않았던 사람을 룸메이트로 골라야 한다고 주장했다.

여기에 더해 요한슨은 문제 해결에 대한 실험을 진행 중이다. 참가자들에게 어떤 문제를 해결하기 위해 정보가 얼마나 필요한지 물은 후 그 해결책을 다른 사람의 것과 바꿔치기하고 참가자의 반응을 살폈다. 초기 결과에 따르면 이 방식으로도 다수의 사람을 속일 수 있는 것으로 나타났다.

대체 어떻게 된 것일까? 처음에는 실험 참가자들이 바꿔치기한 다른 사람의 해결책이 권위자(이 실험에서는 과학자)의 해결책이라면, 자신의 생각에 자신을 잃고 그 권위를 신뢰하기 때문이라고 생각했다. 다음으로는 실험 참가자가 카드가 바뀐 것을 알아챘지만 실험 진행자가 민망할까 봐 그냥 그대로 가기로 했다는 가정도 했다.

그러나 요한슨의 또 다른 연구에서 이런 가정이 틀렸음을 보여준다. 학생들을 참가자로 한 실험에서 '다른 사람'을 맡은 연구자들이 동료 학생인 것처럼 연기하며 이 실험의 설정을 믿지 못하겠다, 누군가가 실험을 조작한 것이라며 옆에서 주장했지만 그럼에도 결과는 같았다.

또한 실험이 진행되는 동안 참가자들의 시선을 추적한 결과 카드를 바꿔치기한 것을 알아챘을 때는 동공이 심하게 확장되며 표정을 그대로 드러냈는데, 이를 통해 참가자들이 알면서도 속은 척한다는 가정 역시 사실이 아니라는 것을 알 수 있다. 타인이 생각을 조작하도록 내버려 둔 것이다.

속임수에 넘어가 원래 갖고 있지 않던 관점을 옹호하는 선택맹 현상은 왜 일어나는 걸까?

인간의 시각적 기억력이 약하다는 것도 일부 원인은 맞으나, 주범은 따로 있다. 바로 주의력(또는 주의력 결핍)이다. 일어나는 모든 일을 신중하게 선택하고 언제나 주의 깊게 의견을 낼 수는 없지만, 주의력 결핍은 한 사람을 단순히 선택맹으로 만드는 것을 넘어 눈앞에 두고도 보지 못하게 한다.

주의력은 매우 중요한 인지 자원cognitive resource의 하나로, 이전부터 마술사들이 가장 잘 알고 있었다. 마법사는 마술봉을 이용해 마법을 부리는 게 아니라, 관객의 주의를 다른 데로 끌어 멋진 속임수를 펼친다.

주의력을 잘 조절할 수만 있다면 방해가 되는 것을 무시하고 특정 업무나 정보에 집중할 수 있다. 그러나 할 일이 너무 많거나 정신이 산만하면 주의를 기울여 이성적이고 비판적으로 생각하기가 어려워진다. 우울증에서 ADHD(주의력결핍 과다행동장애-옮긴이)에 이르는 정신적 질환 역시 집중을 방해한다.

일반적으로 인간은 동시에 여러 가지 일을 처리하는 멀티태스킹에 약한 편으로, 피아노를 치면서 암산을 시도하기란 거의 불가능하다. 멀티태스킹 능력은 그대로이나, 새로운 기술로 가득 찬 세상은 끊임없이 주의력을 요구하고 동시에 온갖 메시지와 앱 알림, 캘린더 초대와 SNS 업데이트를 울려대며 주의를 방해한다.

심지어 우리 모두는 잘못된 것에 주의력을 쏟느라 피해를 본다. 예를 들어 불안이 심한 사람은 지하철 계단 손잡이가 얼마나 더러운지를 살피며 주변에서 위협이 되는 요소들을 살핀다. 그러다 보면 불안은 더욱 극심해지고 어디를 피해 다녀야 할지에 훨씬 더 주의를 집중하게 되어 정작 자기 주머니를 슬쩍하는 소매치기 같은 다른 것들을 놓치고 만다.

누구나 오류를 범한다. 인지 자원이 제한되어 있으므로 보고 말하고 행동하는 것을 언제나 깊이 있게 받아들이고 생각하기는 어렵다. 우리에게는 항상 주의를 충분히 기울이지 않아 속임수와 조작된 증거를 알아차리지 못하고 신중하지 못한 결정을 내리는 일이 일어난다.

중요한 것은 오류와 조작을 알아차리는 것이다. 앞선 실험에서 참가자는 한번 조작된 부분을 알아차리자 그 다음부터는 다른 속임수도 쉽게 알아차렸다. 실험에 조작이 있다는 사실을 인지하고 그때부터 주의를 기울였기 때문이다. 주의력에 대한 이러한 사실은 분석 능력이 높은 사람일수록 선택맹이 될 가능성이 낮다는 다른 연구 결과와도 일맥상통한다.

열정과 전문성은 생각이 잘못된 방향으로 흘러가는 것을 막을 해결책이다. 요한슨은 실험 참가자가 이미 잘 알고 있거나 평소 강한 의견을 갖고 있던 사안에 대해 답변할 때는 그렇지 않은 사안보다 결과가 조작되었다는 것을 더 잘 알아차린다는 점을 발견했다. 따라서 무엇이든 깊이 생각하지 않고 직장이나 술집에서 다른 사람들이 말하는 것을 나태하게 받아들이기만 한다면, 그에 대한 질문을 받았을 때 선택맹이 될 가능성이 높다. 스스로 내가 아는 것과 생각하는 바를 알고 있어야 한다.

누군가는 이렇게 물을 것이다. "일상생활에서 중요하기나 할까요? 결혼식장에서 약혼자를 바꿔치기한다고 그걸 모르진 않을 텐데요." 사실 일상생활에서 언제 어떻게 선택맹이 되는지는 분명치 않지만, 그로 인해 문제가 될 수 있는 경우는 수없이 찾을 수 있으며 때로는 그 문제가 심각하다.

범죄 목격자가 여러 용의자들 중 범인을 골라내야 하는 상황이라고 하자. 부패 경찰이 잘못된 사람을 지목하도록 유도하거나 이미 범인을 고른 후 증거를 조작하려고 할 때 일반인은 쉽게 속아 넘어갈 것이다. 무엇보다 우리가 알게 모르게 어떤 관점을 갖도록 우리의 생각 자체가 조작될 수 있다.

모든 일에 매번 완전히 주의력을 쏟을 수는 없지만 최소한 무슨 일을 할 때 핸드폰은 내려놓고 지금 할 일에 집중해보자. 밤에 잠을 잘 자는 것도 일반적으로 주의력 향상에 중요하며 마음 챙김이나 명상, 뇌 훈련 등도 집중력을 높이는 데 도움이 된다.

분석력, 호기심, 지식이 중요하다. 다른 똑똑한 사람들의 관점을 흉내 내며 지금 당장은 영리해 보이게 꾸며낼 수는 있겠지만, 결국 스스로 세상에 대해 열린 마음으로 깊이 생각할 수 있어야 이런 종류의 속임수를 마주쳤을 때 넘어가지 않을 수 있다.

한번 정한 일은
왜 바꾸기가 싫을까?

휴리스틱, 더닝 크루거 효과

그러므로 인간의 길은 둘로 갈라진다: 영혼의 평화와 기쁨
을 바란다면 믿고, 진리를 추구한다면 물어라.

　당시 스무 살이던 독일 철학자 프리드리히 니체가 1865년 여
동생 엘리자베스에게 보낸 편지에 쓴 글로, 루터 교 목사가 되
고자 신학을 전공했음에도 종교를 포기한 이유를 설명하며 한
말이다. 이는 니체의 일생에 일어난 여러 방향 전환(수많은 폭발과
분열, 정신적 문제는 말할 것도 없이) 중 첫 번째 일이었다.

　니체는 철학자로 활동을 시작하며 아르투어 쇼펜하우어의 사

상을 접하고는 "역동적이고 음울한 천재"라고 찬사를 퍼부었다. 그러나 니체는 본질적으로 쇼펜하우어의 신봉자이길 자처하고 오래 지나지 않아 마음을 바꾼다.

쇼펜하우어는 인간에 대해 다소 암울한 견해를 갖고 있었다. 세상은 인간의 탐욕을 결코 충족시킬 수 없기에 누구나 비참한 삶을 살 수밖에 없다고 믿었으며, 불교의 영감을 받은 금욕주의를 실천하고 자아를 거부하기를 권했다.

니체는 쇼펜하우어의 이런 관점을 일축하고 대신 고통을 받아들이고 마침내 이겨내야 한다고 제안했으며 삶에 대한 긍정적 행동을 통해 의미를 만들어낼 수 있다고 여겼다.

니체는 자신을 철학의 세계로 이끌었던 진리에 대한 탐구에 있어서도 세상에 객관적 현실이나 진리란 존재하지 않는다고 선언하며 태도를 바꾸었고 그 밖의 다른 여러 주제에 대해서도 견해를 바꾸기를 이어갔다.

니체의 이런 관점은 당시로서는 매우 급진적인 것이었다. 원래 가졌던 신념을 고수하는 편이 니체에게도 세상 살기에 더 쉽고 편했을 것이다. 그러나 니체가 획기적인 마음의 변화를 택하지 않았더라면, 그토록 영향력 있는 철학 이론들을 완성할 수 있었을까.

인류의 역사에는 일관되고 자신감 있던 여러 사상가와 행동가들이 있었지만 수많은 심오한 사상과 발견, 정치적 사건이 급진적인 사고의 전환과 함께했다. 마하트마 간디는 한때 "영국인 우선, 인도인은 두 번째"라고 말하는 대영제국 신봉자였지만 남아프리카공화국을 비롯한 여러 나라에서 벌어지는 인종차별을 마주하고 자신의 신념에 의문을 품는다. 간디의 모국에 독립을 가져온 결정적 의문을 말이다.

심리학자 애덤 그랜트Adam Grant는 저서 《싱크 어게인》에서 생각을 바꾸지 않으면 현실에서 얼마나 큰 대가를 치를 수 있는지에 대해 이야기한다. 그랜트의 주장에 따르면 한때 큰 성공을 거두었던 통신 회사 블랙베리BlackBerry는 기술이 계속 발전하는 시대에 목표 설정을 다시 하지 못했기 때문에 몰락했다.

사람들은 더 이상 안전하고 튼튼한 기기로 전화를 걸고 이메일을 보낼 수 있는 것에 만족하지 않았고 주머니에 쏙 들어가는 크기에 앱과 엔터테인먼트로 가득한 컴퓨터를 원하게 되었으며 재미와 편의를 위해서라면 자신의 사생활과 보안까지도 양보할 의향이 있었다.

마음을 바꾸지 못하면 여러 가지 크고 작은 문제들이 생긴다. 대신 한 발 물러서서 다시 한번 생각하면 분명 좋은 결과가 기다린다. 그런데도 하지 않을 이유가 있을까?

우리가 마음을 쉽게 바꾸지 못하는 데는 여러 가지 이유가 있지만 가장 강력한 이유는 확증 편향이다. 늘 어디서 주워들었는지 미심쩍은 음모론을 SNS에 올리곤 하는 친구를 떠올려보면 된다.

확증 편향에는 무서운 점이 하나 있다. 보통 자기와 다른 의견을 가진 사람들의 확증 편향은 쉽게 발견할 수 있지만 비슷한 관점을 가진 사람의 확증 편향은 잡아내기가 쉽지 않다는 점이다. 더욱이 우리 자신의 확증 편향은 말할 것도 없다.

우리가 평소 멍청하다고 생각하는 어떤 정치인을 떠올리면 그 사람이 무언가에 대해 합리적이고 논리적으로 이야기했던 기억보다는 일관성 없고 비이성적인 발언을 하는 모습을 더 기억할 가능성이 높다. 과거의 경험을 기억하는 방식에 그림자가 드리운 것이다.

스스로 내린 결정에 대해서도 마찬가지로 적용된다. 우리는 선택지원편향choice-supportive misremembering이라는 인지 편향 때문에 결정을 할 때 긍정적인 면에 집중하고 부정적인 면은 무시한다. 이사를 갈까 고민하다 결국 지금 사는 곳에 계속 살기로 선택한 사람은 꿈의 직장을 포기했어도 가족과 친구들 옆에 있을 수 있어 지금이 만족스럽다. 이렇게 자신이 내린 결정의 유리했던 면만 기억하며 산다면 선택을 다시 돌아보고 마음을 바꾸는 일은 점점 더 어렵다.

확증 편향은 생각보다 매우 깊게 마음속에 자리한다. 일종의 무의식적 확증 편향은 문장의 사실 여부가 아닌 문법적 판단에도 영향을 준다. 아래 문장을 보고 문법적으로 올바른 문장인지 최대한 빨리 판단해보자.

사람들은 인터넷으로 인해 전보다 더 사교적으로 변했다.

짐작하는 대로, 올바른 문법이다. 그러나 최근 연구에 따르면 이 문장의 내용에 동의하지 않을 경우 문법의 적합성을 판단하느라 더 오랜 시간이 걸린다고 한다. 위 문장에 동의하는 사람이라면 '사람들은 인터넷으로 인해 전보다 더 고립되었다'라는 문장을 문법적으로 판단하는 데 좀 더 오랜 시간이 걸릴 것이다.

우리는 어떤 과정 때문에 확증 편향에 치우치고야 마는 걸까?

매번 체계적이고 합리적인 판단을 하려고 노력하기보다 어림짐작으로 답을 도출하는데, 방식이 시간과 에너지를 절약해주기 때문이다. 이런 방식을 휴리스틱heuristics이라고 한다. 사회적 환경 안에서 생존하고 성장해야 하는 인간에게 때론 진실 자체보다 안정성과 협력이 중요할 때가 있다. 그때 우리는 지름길을 통해 세상을 빠르게 이해하려 한다.

예를 들어 새로 만나는 사람이 생겼다면 이 새로운 파트너를 신뢰할 수 있을지 가늠해봐야 할 텐데, 그 방법으로 상대방의 믿을 수 없는 면을 증명하고자 한다면 그에 따른 비용이 들 것이며 의심과 질투도 따라온다. 반면에 상대방이 믿을 만한 사람이라고 그저 받아들이고 그 점을 증명할 만한 근거를 찾는 편이 설사 틀린 판단일 가능성이 있다 하더라도 마음은 편하다.

또한 누군가 우리의 견해가 틀렸거나 시대에 뒤떨어졌다는 강력한 증거를 들이밀어 지금까지 갖고 있던 신념에 모순이 있다는 것을 알려줄 때, 우리는 과학자들이 '인지 부조화'라고 부르는 경험을 하고 불편함을 느낀다.

대부분의 사람은 이런 경험을 통해 더 나은 결론을 내리려고 하기보다는 오히려 기존 신념을 강화한다. 새로운 이론이나 정보를 무시하고 신념이 옳다고 뒷받침할 근거를 찾는다.

우리가 내재적으로 일관성을 필요로 한다는 점 또한 확증 편향을 갖게 되는 원인이다. 특히 다른 사람이 보고 있을 때 일관성 있는 사람으로 보이고 싶어 한다. 또한 그렇게 자기 자신을 좋은 사람이라고 생각하고 싶어 한다. 정치인들이 정책을 뒤집을 때

대중이 보이는 분노를 생각해보면 이해가 갈 것이다.

바로 앞에 등장했던 심리학자 피터 요한슨의 흥미로운 실험 시리즈를 다시 떠올려보자. 대부분의 사람은 연구자들이 질문지의 답변을 조작해 다시 돌려주어도 참가자들은 답변이 바뀌었다는 사실만 알아채지 못한 것이 아니라 심지어 그 전에는 갖고 있지도 않던 견해에 대해 변호하기 시작했다.

예를 들면 처음에는 주유세를 내려야 한다고 답변했으면서도 바뀐 답변지를 받아들고 나서는 주유세를 올려야 한다고 생각하는 식으로 말이다. 그리고 일주일 후 다시 물었을 때 역시 계속해서 조작된 견해를 옹호하는 모습이었는데, 바로 일관된 모습으로 보이고 싶기 때문이다.

요한슨은 "자기가 직접 한 말일 때 특히 그 효과가 큰 것으로 보인다"고 주장한다. 만일 시간을 들여 다른 사람에게 자신의 견해를 설명하기까지 했다면, 그 생각을 점점 고수하게 되어 결국 생각을 바꾸지 못하게 되는 위험에 처한다. *

남들보다 자신이 옳고 아는 것이 많다고 오랫동안 믿는 '자기 과신'도 문제다. 이런 태도를 갖고 있으면 한번 가진 생각을 다시

---

* 결국 니체조차 이를 벗어나지는 못했던 듯하다. 쇼펜하우어가 틀렸다는 것을 증명하기 위해 수년간 노력했던 니체는 생애 마지막에 이르러서도 자신의 사상에 쇼펜하우어가 미친 영향을 축소하고자 애쓴 것으로 알려져 있다.

돌아보기가 쉽지 않다.

더닝 크루거 효과Dunning-Kruger effect라는 심리적 메커니즘이 있다. 이미 많은 연구가 이루어진 현상으로, 이에 따르면 주로 서구 세계에서 일어나는 일이긴 하지만 아는 것이 가장 적은 사람의 자기 과신 정도가 가장 높다고 한다.

더닝과 크루거는 네 번의 연구를 통해 다음과 같은 사실도 알아냈다. 문법과 논리, 유머 테스트에서 실제로는 가장 낮은 점수를 받은 참가자들이 바로 그 세 영역에서 특히 자기가 다른 사람들보다 낫다고 생각하고 있었다.

최근에는 다양한 정치적 사안에 대해 남들보다 우월한 신념을 갖고 있다고 믿는 사람일수록 객관식 퀴즈를 통해 점수를 매긴 결과 실제로는 자신의 신념과 지식 사이 공백이 가장 크다는 연구 결과도 있다.

이보다 좀 더 눈에 띄지 않는 현상도 있다. 사람들은 대체로 변화를 싫어하고 익숙한 상태를 유지하고 싶어 한다. 그 편이 더 쉽기 때문이다. 이러한 '현상유지편향status quo bias'은 후회에 대한 두려움과 관련이 있으며, 손해를 감수하면서까지 잘 되지 않는 프로젝트에 매달리거나 이미 망가진 관계에서 벗어나지 못하는 이유를 설명해준다. 우리는 이미 투자한 것이 있다면 그대로 밀고 나가는 편을 택하고, 이제 와서 마음을 바꾸게 되면 결과가 더 안 좋아질 수 있다고 스스로를 설득한다.

실제로 뇌 영상 연구를 살펴보면 후회를 경험할 때 뇌에서 기억의 저장을 담당하는 해마와 두려움을 관장하는 신경 회로가 모두 활성화된다는 것을 알 수 있다. 그럼에도 우리는 궁극적으로는 후회를 통해 지난 일로부터 새로운 것을 배울 수 있으며 후회를 피하려고만 한다면 결국 손해를 볼 수밖에 없다.

시도 때도 없이 마음을 바꾸며 살고 싶은 사람은 없겠지만, 가끔씩은 새로운 편이 더 낫다는 근거가 있을 때 마음을 열고 생각을 바꿀 수 있으려면 어떻게 해야 할까? 생각을 바꿔볼 마음이 있다면 확증 편향으로 인한 부정적 결과를 최소화할 몇 가지 방법을 소개한다.

다양한 기법으로 확증 편향을 줄일 수 있도록 고안된 여러 교육 프로그램이 있는데, 그중 한 예로 생각을 유도하는 방법으로 주어진 진술이 틀렸음을 증명하는 훈련이 있다. 한 실험에서는 사형제도의 효과에 대해 참가자들의 평소 견해와 일치하거나 반하는 연구들을 제시한 후 연구의 방법론적 수준에 대해 검토하도록 요청했다.

결과는 어땠을까? 참가자들에게 가능한 한 객관적으로 연구에 대해 평가해 달라고 특별히 부탁했음에도 예상대로 확증 편향이 드러났다. 그러나 '반대 의견을 증명하는 쪽으로 정확히 같은 연구 결과가 나왔다면' 그래도 같은 평가를 내렸을지 생각하게 하자 확증 편향이 사라지는 것을 볼 수 있었다.

셰필드 대학교 심리학자인 톰 스태포드Tom Stafford는 생각을 바꾸는 면에 있어 인간의 능력을 너무 부정적으로 볼 필요는 없다고 이야기한다. 열린 대화가 충분한 답이 되어준다는 것이다. 스태포드와 연구팀은 이전 연구에 대한 반복 연구(실험 결과의 일반화 가능성을 알아보기 위해 특정 연구를 다른 대상 및 환경에 반복 적용해보는 연구-옮긴이)로 진행한 실험에서 백신 회의론자들을 대상으로 백신의 안정성을 어떻게 보장하는지, 과학자들을 신뢰할 수 있는지 등에 대해 묻고 답하는 10분간의 대화를 가졌다.

그 결과 모든 참가자가 완전히 마음을 바꾸지는 않았지만 이 대화 이후 백신을 맞을 용의가 있다고 한 참가자가 16% 증가했다. 스태포드는 특히 누군가의 마음을 바꾸고자 한다면 이 결과를 중요하게 여겨야 한다고 조언한다. 백신에 대해 망설이는 사람들을 안티백서(백신 접종 거부자-옮긴이)로 마음속에서 규정해버리면 '이 사람들은 앞으로 절대 마음을 바꿀 리가 없지'라고 생각하게 되고 대화를 망쳐버린다. 누구나 원래의 신념을 이유 없이 그냥 버리지는 않는다는 걸 이해하고 대해야 한다.

스탠포드는 논쟁 중에 다른 사람의 견해를 효과적으로 반박할 수 있는 방법으로 미국의 철학자 대니얼 데닛Daniel Dennett의 말을 인용한다. "일단 반대편에 있는 사람이 주장하는 바를 주의해서 들은 후 상대방이 '그게 바로 내 말이라고!'를 외칠 만큼 가능한 한 강한 어조로 상대편의 주장을 다시 한번 반복하라. 그렇게 상대방의 지지를 얻은 후에 그에 대한 비판을 제시해야 한다. 그렇게 하면 자신과 다른 의견이라도 타당한지 들여다보게 된다."

확증 편향으로부터 스스로를 지킬 수 있는 궁극적인 해결책은 유연하고 겸손한 태도를 갖고 자신의 견해에 반하는 정보라도 적극적으로 찾아나서는 것이다.

이를 위해서는 오래된 습관을 버릴 수 있어야 한다. 언제나 같은 정보에 의존하고 같은 경험만 반복하며 같은 사람들하고만 대화하는 습관 말이다. 스탠포드는 "마음을 바꾼 사람들은 '원래는 그렇게 생각했는데 이 사람을 만나보니까'라는 이야기를 자주 한다. 사람은 여러 경험을 하고 그를 통해 생각을 바꾼다"고 말한다.

만약 당신이 '아이들은 이성애자 부모 밑에서 자라야 하고 핵가족이 가장 좋은 환경이다'라든가 '보수당원들은 모두 탐욕스럽다' 등 어떤 사안에 대해 강한 의견을 갖고 있다면 그동안 그 견해를 뒷받침할 만한 수많은 근거를 목격했다 하더라도 마음을 열고 다시 돌아보기를 권한다. 온라인 검색을 해 보거나 평소 잘 이야기하지 않던 사람들과 대화를 해 보면 다른 환경에서 자란 아이들이나 마음이 따뜻한 보수당원에 대한 예도 많이 나올 것이다. 단번에 마음을 바꾸기에는 충분치 않겠지만 그래도 최소한 새로운 것을 배울 수는 있다.

현상유지편향이나 후회에 대한 두려움을 갖고 있다면 현재 상태에 매달리는 것 역시 위험요소가 완전히 없는 것은 아니라는 점을 인정하자. 우리를 비참하게 만드는 일이나 관계를 벗어나지 못하면 변화로 인한 사소한 후회는 없을지 몰라도 결국 현재의 문제는 해결할 수 없다.

마지막으로 스탠포드는 '거리두기' 방법을 시도해볼 것을 제안한다. 어떤 사안에 대해 미래에 어떻게 느낄지 생각해보고, 지금과 다른 상황에서라면 어떻게 했을지 상상해보는 것이다. 당장 무직자가 되기 싫어 원치 않는 일이라도 그만두고 싶지 않다면 5년 후의 나는 어떻게 생각할지 상상해보자. 나중에 후회할까봐 옛날 물건들을 버리기가 어렵다면, 오늘 중고물품 가게에서 같은 물건을 봤더라도 살 것인지 스스로에게 물어보자.

우리는 확증 편향을 경계하는 동시에 새로운 근거를 찾아 마음을 바꾼 사람들을 비난하지 않고 지지해야 한다. 누군가가 작년에 채식주의자였다고 해서 오늘도 꼭 채식주의자여야 하는 법은 없다. 조지 버나드 쇼가 말했듯 "변화하지 않고는 발전할 수 없고 자기 마음도 바꾸지 못하는 사람은 아무것도 바꿀 수 없다."

우리는 앞으로 나아가야만 한다.

그냥 왠지
그럴 거 같아

직관적 사고

Are You Thinking Clearly?

망누스 칼센Magnus Carlsen은 제16대 체스 세계 챔피언이다. 칼센의 매니저이자 아버지인 헨릭 칼센은 그가 네 살 어린이일 때부터 좋아하는 레고를 설명서대로 만들지 않곤 했다고 회상한다. 망누스는 장난감을 원래 모양대로 조립하고 싶으면 설명서대로 해야 한다는 점을 어렵게 터득했다. 그러나 이 점을 인정하고 활용하면서도 새롭고 혁신적인 방법을 시도하고 더해보는 것을 멈추지는 않았다.

어느 날, 헨릭은 아들이 여섯 시간 동안 열심히 레고 조립을 하고 나서도 침대에 누워 천장을 바라보며 여전히 머릿속으로 조립을 계속하고 있다는 것을 알아챘다. 곧장 망누스가 훌륭한 체스 선수가 될 수 있을 것 같다고 아내에게 이야기했다.

망누스가 처음 체스를 두었던 날은 실망스러웠다. 어린아이가 체스처럼 복잡한 규칙을 숙지하는 일이 얼마나 어려운지에 대해 간과했던 것이다. 그럼에도 망누스는 계속 체스를 두었고 좋아하자 헨릭은 곧 아들에게 잠재력이 있다는 것을 알게 되었고 기뻐하며 실력을 키우도록 북돋아주었다.

그러나 망누스는 정해진 방식대로 배우고 싶어 하지 않았다. 그는 상상력을 발휘해 자신이 생각할 때 흥미로운 방식으로 체스판에 패턴을 만들었다. 설령 체스판의 어느 한쪽이 위험해지더라도 말이다. 여덟 살의 망누스는 체스 책조차 앞에서부터 순서대로 읽지 않았다. 대신 자기만의 방식으로 책 전체를 읽을 때까지 휙휙 넘기며 관심 있는 부분을 한 군데씩 읽곤 했다.

망누스는 13세에 최고의 체스 선수가 되었고 2년 후 노르웨이 체스 챔피언십에서 우승을 거두며 선수 생활을 위해 고등학교를 자퇴했다. 오늘날 그는 역대 최고의 체스 선수며 각종 기록과 최고점수를 보유하고 있다.

'체스계의 모차르트'라고 불리는 망누스는 타고난 재능과 뛰어난 직관력으로 때로 정확한 이유를 알지 못한 채 어떻게 움직여야 할지 본능적으로 느낀다. 보통의 체스 선수는 경기에서 일어날 일을 계산하는 데 매우 탁월하다는 점으로 보아, 망누스는 여느 선수들과 다르다.

현재 망누스는 체스에 대해 깊은 지식과 경험을 보유하고 있지만 여전히 체스를 둘 때 상당 부분 직관에 의지한다. 헨릭에 따르면 상황에 대해 지나치게 생각하거나 길고 복잡한 계산을 하게 되면 오히려 경기가 잘 풀리지 않는다고 한다.

치밀한 계산이 전부인 체스 경기에서 어떻게 직감이 도움이 될까? 체스에서는 가능한 모든 수를 정확하게 계산할 수 있다면 무조건 이길 수 있다. 컴퓨터가 무적인 이유다. 인간의 뇌는 놀라운 점이 많지만 처리 능력에 한계가 있으며 귀중한 에너지를 불필요하게 많이 사용하지 않고자 되도록이면 효율적으로 작동한다.

그 결과 많은 양의 계산을 정확히 수행할 수 없으며 본능이나 직관이라는 지름길을 택하곤 한다. 이는 휴리스틱 전략과 달리 우리가 인식하지 못한 채 자동적으로 빠르게 일어나는 정신적 과정이다. 전화도 안 터지는 숲 속에서 길을 잃었을 때 큰 길로 나가려면 여기서 좌회전을 해야겠다는 직감, 이번 소개팅은 밥만 먹고 헤어질 것 같다는 느낌 같은 것이다. 이런 느낌은 무언가를 결정할 때 무시해도 되는 정보를 순간적으로 알게 해준다.

직감은 진화론적으로 오래된 과정이며 이를 이용해 우리 조상들은 위급한 상황에서 빠른 결정(새로 만난 사람이 친구인지 적인지를 판단하는 등)을 내릴 수 있었다. 직감을 설명하기는 어렵지만 그렇다고 초자연적인 현상은 아니다. 현실에서 직감이란 숲 속에서 햇빛이 내리쬐는 방향이나, 예전에 만났을 때 봤던 누군가의 행동 패턴처럼, 그 순간에는 크게 주의를 기울이지 않았던 과거의 경험이나 관찰을 바탕으로 한다.

과학에서는 직감, 직관적 사고를 논리의 적이자 비합리적인 결함으로 여기곤 한다. 실제로 직관은 잘못된 결정을 내리거나 고정관념을 갖게 만드는 데 크게 기여하기도 한다. 그렇다고 해서 과학을 다룰 때만큼은 직관적 사고를 억제해야만 할까? 직관적 사고는 정말 분석적 사고나 합리적 사고의 반대말일까?

베를린 막스 플랑크 인간역사 과학 연구소의 적응행동 및 인지 센터 명예 소장인 게르트 기거렌처Gerd Gigerenzer는 행동과학 분야에 '직관과의 전쟁'이 일어나고 있다며 직관과 마음의 지름길이 비합리적이지 않다고 한다. 오히려 논리와 확률을 대입하기 어려운 불확실하고 계속해서 변화하는 세상을 이해하는 데 있어 꼭 필요한 지적 능력의 한 형태라고 말이다.

그러나 우리는 인간의 순간적 판단에는 결함이 있으므로 복잡한 통계와 수학적 방식으로 도출하는 사고가 더 낫다고 여기곤 한다. 과연 어떻게 방대한 양의 데이터를 수학적으로 처리하는 방식보다 마음속 지름길에 의지하는 직관적 방식이 더 효과적이라 말할 수 있을까?

2009년에는 사람들이 구글 검색 창에 입력한 5천만 개의 검색어를 분석해 미국 전역에서 독감으로 병원을 찾을 사람의 수를 예측하는 구글 독감동향Google Flu Trends이라는 알고리즘이 개발되었다. 대부분 잘 맞긴 했지만 실제 세계의 예측 불가하고 복잡한 상황 때문에 오류가 발생하기도 했으며 결국 2009년 전 세계를 강타한 돼지인플루엔자를 예측하는 것에 실패했다. 이후 알고리즘을 업데이트해 훨씬 더 복잡해지긴 했지만 그럼에도 불구하고 2011년에서 2013년 사이 병원 방문 횟수를 거의 매주 과다 예측했으며 어떤 경우 50% 이상 차이가 나기도 했다.

심지어 2021년 기거렌처는 실험을 통해 경험적 법칙-이번 주의 독감 환자 수를 지난 주 병원 방문 기록을 통해 예측하는 것-이 구글의 빅 데이터 알고리즘보다 더 정확하다는 결론을 도출했다. 혼란스럽고 빠르게 변화하는 상황에서는 장황하고 복잡한 통계적 분석보다 단순하고 직관적인 사고방식이 더 유용할 수 있다는 의미다.

기거렌처의 연구 외에도 이러한 주장을 찾아볼 수 있다. 분석적 사고와 직관적 사고가 스펙트럼의 정 반대에 위치하지 않는다는 연구가 2015년 미국에서 등장했다. 이 연구에 따르면 우리는 한 번에 두 가지 사고 중 하나만 사용하는 것이 아니라 한꺼번에 같이 쓸 수 있다. 즉, 매우 이성적으로 사고하는 중이라고 확신할 때에도 인식하지 못한 채 직관적 사고가 작동하고 있다는 것이다.

　이 연구는 직관과 논리가 상반된 개념이라는 생각은 통념에 불과하다고 주장한다. 예를 들면 넥타이를 매고 신발 끈을 묶는 것과 같은 직관적 지식은 사실 이성적 사고로부터 출발한다. 언젠가 방법을 배우기는 했지만 시간이 지나면서 보지 않고도 손이 움직이며 이 과정을 설명하기 어려운 경우가 많다. 직관 덕분에 일상적인 일로부터 인지 자원을 절약해 더 어렵고 새로운 결정을 내리는 데 사용할 수 있다.

　과학과 창의적 발명에도 직관이 사용되곤 한다. 최고의 요리사와 영화 제작자, 노벨상 수상 과학자에 이르는 전문가들의 창의성과 직관에 관한 이전 연구를 분석한 결과 처음 아이디어 단계에서 우선적으로 직관이 작동한다는 것을 알 수 있었다. 예를 들어 요리사는 새로운 요리를 만들어낼 때 모든 재료를 일일이 논리적으로 테스트해볼 수 없기 때문에 서로 어울릴 만한 재료들을 직관적으로 선택한다.

이런 관점에서 생각하면 세상을 바꿀 만한 생각은 너무나 새로운 나머지, 이전에 갖고 있던 지식이 아닌 직감이나 갑작스러운 생각에서 출발한다. 차차 정보의 조각을 결합하고 연결해 일관되고 논리적인 형태로 발전시킨다. 그런 다음 전문가의 분석적이고 정밀한 실험을 더해 이것이 좋은 생각인지 검토한다. 그리고 다시 직관에 따른다(그러므로 직관이 언제나 어리석은 것은 아니며, 세상을 바라보는 데 있어 새로운 방법을 발견한 과학자가 직감을 동원했다는 이유로 논리적으로 생각하지 않았다며 그를 비난하지 말자).

우리가 유념할 점은 직관과 확증 편향을 혼동하지 말 것이다. 원래 갖고 있던 세계관과 맞지 않는다는 이유로 누군가의 주장이 잘못됐다는 강한 직감이 들 때가 있다. 그럴 때 그 주장이 왜 잘못됐는지 또 그로 인해 어떤 결과가 있을지 고려하지 않은 채 무시한다면 오래되고 전형적인 확증 편향에 빠져 있을 가능성이 높다.

그렇다면 우리에게 주어진 과제는 이러하다. 직감을 믿는 것이 안전할 때는 언제일까? 이성적 사고를 발휘해 검토하는 것이 더 나을 때는 언제이며 직관을 이용해 창의적으로 생각해야 할 때는 언제일까?

한 분야에서 전문성이 있거나 이전에 같은 상황을 여러 번 경험한 경우 직관적 사고는 매우 강력한 힘을 발휘한다. 수천 번의 체스 경기로 체스 챔피언이 된 망누스처럼 말이다.

즉, 우리가 이미 어느 정도 경험을 쌓은 영역에서는 직감을 더 믿어도 된다는 것을 알게 되었다. 단, 편견과 경솔함, 충동적 판단으로 이어질 수 있다는 점을 주의해야 한다. 그 직관이 틀렸을 경우 있을 수 있는 문제점에 대해 항상 의문을 갖기를 권한다.

또한 숫자나 통계를 다룰 때나 무언가에 두려움을 갖고 있을 때, 또는 새로운 사람을 만났을 때 직관적 사고에 의존하면 편할 수 있다. 하지만 어디까지나, 편견에 치우친 인지 편향이 끼어들지 않았을 때, 직관에 귀를 기울여볼 가치가 있다.

내가 원래 숫자에 약해

도박사의 오류, 가용성 편향, 닻 내림 효과

Are You Thinking Clearly?

미에스체 오진스키에^{Miejsce Odrzanskie}는 세상에 잘 알려지지 않았던 폴란드 남서부의 작은 마을이었는데 2019년 <뉴욕 타임즈>가 놀라운 보도를 시작하며 전 세계 헤드라인을 장식했다. '10년 동안 남자아이가 태어나지 않은 폴란드의 한 마을, 사라진 남성으로 명성을 찾다.'

이상하지 않은가? 마을 군수에 따르면 이 사건에 과학적 관심이 쏠렸다고 한다. 유전적인 문제였을까? 식수 오염이 문제일 수도 있으려나? 자세한 내용을 잘 살펴보면 이 아리송한 이상 현상이 차츰 이해가 간다.

'10년간 어떤 남자아이도 태어나지 않았다'는 말 대신 '12명의 여자아이가 연달아 태어났다'라고 바꿔 보면 이야기가 달라진다. 여자아이만 연달아 태어나는 확률도 적긴 하지만 전혀 이상하지 않다는 걸 알게 된다.

여자아이가 태어날 확률은 $\frac{1}{2}$(50%)이다. 그러므로 연달아 두 번 여자아이가 태어날 확률은 $\frac{1}{2} \times \frac{1}{2} = \frac{1}{4}$(25%)이다. 이런 방법으로 계산하면 12명의 여자아이가 연달아 태어날 가능성은 $\frac{1}{4096}$이며 이는 약 0.002%의 확률로 극히 드문 일이다.

그러나 통계학자들은 이 같은 계산도 사실 틀린 방식이라며 지적했다. 설령 틀리지 않았더라도 최소한 맥락을 충분히 담지 못했다고 말이다. 전 세계에는 약 20만 개의 도시가 있으므로, 다르게 생각하면 12명의 여자아이들이 연달아 태어나는 현상은 통계적으로 이 마을 한 군데뿐 아니라 전 세계 50개 도시에서 일어나야 한다.

그뿐 아니라 미에스체 오진스키에는 인구가 300명 이하인 매우 작은 마을이기 때문에 새로 태어난 아이 12명이 연달아 여자아이인 현상이 다른 큰 도시에서보다 더 눈에 띄었다는 것이다. 10년간 12명이 태어나는 마을 대신, 한 시간에 12명의 아이들이 태어나는 도시라고 생각해보자. 표본이 충분할 때에만 남자아이와 여자아이의 분포가 동일하게 나타나기 시작하므로 폴란드 마을의 작은 표본으로는 오해의 소지가 크다.

결국 우리는 작은 표본이 큰 표본을 대표할 수 있다고 잘못 생각하곤 한다는 걸 알 수 있다.

다음 세 가지 질문*을 던진다. 읽고 답변해보자.

야구공과 배트는 합쳐서 1.10달러다. 배트는 야구공보다 1달러가 비싸다. 야구공의 가격은 얼마일까? (1달러=100센트)

5개의 장치를 만드는 데 5개의 기계가 필요하고 5분이 걸린다면, 100개의 기계로 100개의 장치를 만드는 데는 시간이 얼마나 걸릴까?

호수에 수련 잎 한 덩어리가 있다. 이 덩어리는 매일 두 배로 커진다. 호수 전체를 덮는 데 48일이 걸린다면 호수의 반을 덮는 데는 얼마나 걸릴까?

정답은 각각 5센트, 5분, 47일이다. 그러나 직관적으로 생각

---

*　2005년 셰인 프레드릭Shane Frederick이 개발한 '인지 반응 검사Cognitive Reflection Test, CRT'다.

했다면 10센트, 100분, 24일이라고 틀린 답변을 내놓았을 것이다 (지금 이 책을 읽고 있다면 뇌의 지름길에 의지하지 않으려 시간을 들였을 가능성이 있지만 말이다). 카너먼에 따르면 하버드와 MIT, 프린스턴 대학교 학생의 절반을 포함한 많은 사람이 위 질문에 틀린 답변을 내놓았다.

인간의 뇌는 앞으로 일어날 일을 예측하도록 진화했고 그것이 생존을 도왔다. 이 때문에 일정한 패턴이 없는 일에서도 규칙성을 발견하도록 치우친다. 편견과 휴리스틱에 관한 연구로 노벨 경제학상을 수상한 대니얼 카너먼에 의하면 편견은 마음이 작용하는 방식의 부작용 같은 것이다. 완벽하지 않은 정보, 제한된 시간과 자원을 갖고 생각하다 보면 지름길을 택하게 된다. 이러한 지름길은 예상이 가능한 실수로 이어지지만 그렇다고 해서 잘못됐다는 뜻은 아니다. 카너먼의 《생각에 관한 생각》에 따르면 특히 우리는 숫자나 통계와 관련된 문제를 마주칠 때면 직관적 추론에 기대곤 한다.

명백히 숫자에는 충분히 피할 수 있는 사고의 함정이 존재한다. '도박사의 오류'는 어떤 일이 과거에 자주 일어났다면 미래에는 일어날 확률이 적다고 믿는 오류를 말한다. 예를 들어 동전 던지기를 할 때 앞면이 다섯 번 나왔다면 다음번에는 뒷면이 나올 확률이 높다고 믿는다. 그러나 실제로는 다음번 동전의 앞면이 나올 확률은 언제나 50%로 동일하다.

룰렛이나 그 밖의 다른 게임을 할 때도 마찬가지지만 그 사실을 잘 받아들이지 못한다. 어떤 번호가 복권에 한 번 당첨되면 다음에는 한동안 그 번호에 거는 돈이 줄어든다는 연구가 있다. 사실 통계적으로 당첨 확률은 다른 번호들과 같은데도 말이다.

이미 세 명의 남자아이를 낳았다고 해서 다음에는 여자아이일 것이라는 가정도 틀렸다. 이런 식의 사고의 오류는 행동에 커다란 영향을 미친다. 마을 군수에 따르면 미에스체 오진스키에 마을 사람들은 다음에 아들을 낳으려면 평소 칼슘 섭취량을 늘려야 한다는 조언을 받기도 했다고 한다.

'확률의 무시'는 위험의 크기가 작으면 그 확률을 과도하게 부풀리거나 아예 무시해버리는 경향이다. 많은 사람이 비행기를 타는 것보다 자동차 운전이 안전하다고 느끼는 이유기도 하다. 그러나 사람들은 비행의 위험은 크게 부풀려 생각하고 자동차 운전의 위험은 무시하는 경우가 많다. 통계의 숫자로는 비행기가 자동차보다 안전하다.

감정은 이 효과를 특히 극대화한다. 대표적으로 상어의 공격 같이 일어날 가능성은 낮지만 끔찍한 사건의 위험성에 대해서는 비합리적으로 과장해서 생각한다. 통계적으로 보면 상어의 공격보다는 나무에서 떨어지는 코코넛이 훨씬 위험하다.

최근에 접한 숫자 역시 생각에 정보를 제공하고 '닻을 내려' 사고를 고정한다. 어느 날 마트에 가서 비싼 시리얼의 가격을 보면 그때부터 가격이 그대로인 다른 회사의 시리얼이 갑자기 저렴하게 보인다(따라서 어떤 물건을 판매할 때 가격이 비싼 비슷한 제품 옆에 두면 구매자의 마음을 끄는 효과를 볼 수 있다).

흥미롭게도 어쩌다 마주치는 의미 없는 숫자 역시 이후의 숫자를 판단하는 데 영향을 미치는 것으로 보인다. 카너먼과 아담 트버스키^{Adam Tversky}는 실험 참가자들에게 '운명의 수레바퀴' 게임을 한 후 아프리카에 있는 UN 참가국의 수를 맞춰보라고 했다. 그 결과 이 게임에서 높은 점수를 얻은 참가자들이 UN 참가자 수에서도 높은 숫자를 말했으며 다른 일의 숫자를 추측할 때도 이 현상은 지속됐다.

그 밖에도 여러 인지 편향이 숫자와 확률, 위험을 대하는 능력에 영향을 미친다. 가용성 편향^{availability bias}은 최근에 목격해 마음에 남아 있는 일을 바탕으로 위험이나 보상을 예상하는 것이다.

실제로 리얼리티 TV 방송인 제이드 구디^{Jade Goody}가 2009년 자궁경부암으로 사망한 후에 해당 질환 검사를 받은 여성의 수가 치솟기도 했다. 그러나 아무리 끔찍한 사건도 시간이 지나면 기억에서 희미해지듯, 오래 지속되지는 않았다.

마찬가지로 최근 교통사고를 당한 이웃의 소식을 들었다면 가족이나 주변 사람들이 운전하는 것이 걱정스럽게 느껴진다. 진실은 실제로 사고가 일어날 확률에는 아무 변화가 없다는 것이다.

2015년 한 연구에서는 1996년에서 2008년 사이에 발표된 모든 우주론 연구를 조사한 결과, 각 연구 결과가 통계적으로 넓게 분포되어 있지 않고 수학적으로 예상했던 바와 일치하지 않는 것으로 나타났다. 이는 우주론 연구자들이 서로의 연구 결과에 동의하는 경향이 있음을 시사하며, 확증 편향 때문에 기존에 이미 공유하던 신념에 따라 데이터를 해석했을 가능성을 보여준다.

신념과 스토리텔링 역시 뇌의 감정적인 부분을 활성화해 이성적 사고를 흐리게 하고 숫자를 해석하는 데 방해하는 또 다른 요인이다.

오스만은 "숫자를 상황이나 인간적 요소와 분리해 따로 생각할 수 없다"고 말한다. 평소 환경으로 흘러들어가는 합성 화학물질 증가를 막고자 열정적으로 활동하던 사람이 있다고 가정해보자. 이러한 화학물질이 전 세계 정자 수에 영향을 미친다는 기사를 어디선가 읽었는데 마침 폴란드의 작은 마을에서 여자아이만 연달아 12명이 태어났다는 소식을 들으면 이 사람은 화학물질 때문에 이런 일이 일어났다고 생각할지도 모른다.

이에 대해 오스만은 다음과 같이 정리한다. "어떤 숫자를 설명하는 이야기가 일단 만들어지고 나면 아무리 말도 안 되는 이야기라고 하더라도, 특히 그 이야기에 가치와 신념을 더할 경우 그것을 떨쳐내기가 쉽지 않다."

인류가 오랫동안 전통적으로 숫자를 신비롭게 여기고 이에 초자연적 의미를 더해 왔다—고대 그리스의 수비학 numerology에서 중국, 인도에 이르기까지 숫자와 그 조합은 단순한 숫자가 아닌 단어나 문자와 연결되어 행운과 의미, 신성성을 나타내는 존재였다—는 점을 생각하면 신념과 숫자를 분리하기 힘든 것도 이해가 간다. 코로나19 기간 동안 집단 간의 가치관과 의견이 다를 경우 완전히 똑같은 통계를 두고도 충돌하는 것을 볼 수 있었다.

숫자에 관해 직관적으로 사고하는 오류를 범하지 않으려면 사전에 인지하고 이성적으로 사고해 즉각적 본능에 무조건 따르지 않도록 해야 한다. 어디까지나 이상적으로는 말이다.

사실 숫자가 나타내는 위험 요소 등에 대한 직관적 사고를 완전히 없애는 것은 불가능하고 또 불필요한 일이기도 하다. 매일 하루를 시작할 때마다 똑바로 앉아 그날 일어날 수 있는 모든 위험 요소를 정확히 계산할 수는 없다. 정확한 계산과 수학적 방식을 택한다고 해서 언제나 옳은 결정을 하는 것도 아니다. 그렇다면 인지 반응 능력과 통계에 대한 지식을 높이는 것이 의미가 있을까?

오스만에 따르면 능숙함보다는 자신감이 중요하다고 이야기한다. 스스로 수리감각이 약하다는 생각을 가지면 자신감이 저하되고 의사나 정치인 같은 누군가가 숫자를 제시했을 때 복잡한 질문을 할 수 없게 된다. 어려운 결정을 내려야 한다면 제시된 숫자를 자세히 들여다보고 생각을 천천히 해 볼 필요가 있다. 때때로 실수를 할 때가 있더라도 의미 있는 일이다.

건강에 관한 결정을 내린다고 생각해보자. 의사가 특정 질환이 발생할 확률이 '낮다'고 말한다면, 여기서 낮다는 것이 어떤 의미인지 질문해보아야 한다. 10만분의 1이라는 것인지 100분의 1이라는 것인지 물어야 한다.

만일 특정 의료 시술을 받게 되면 희귀질환에 걸릴 위험이 100% 증가한다는 말을 들으면 당연히 놀랄 것이다. 마찬가지로 이는 '상대적 위험'을 의미할 뿐이며 이 숫자만으로 전체적인 상황을 알 수는 없다. 시술을 받기 전에 그 질환에 걸릴 '절대 위험'

이 10만분의 1이었다면 시술 이후의 위험은 10만 분의 2가 되는 것으로, 여전히 안심할 만한 확률이다.

숫자를 이해하고 숫자 때문에 착각할 수 있는 요소를 인지함으로써 소비자이자 협상가로서 유리한 고지를 차지할 수도 있다. '닻 내림 효과anchoring'에 걸려 방금 전에 본 가격표와 비교해 상품의 가격을 판단하지 말고 직접 가격 조사를 해 보도록 하자. 중요한 구매를 할 때는 스스로 얼마를 지불할 의향이 있는지를 기준 삼아 자기만의 '닻'을 정하고 가격을 비교하자. 이렇게 함으로써 식품 라벨을 디자인하는 마케팅의 손아귀에 놀아나지 않고 소비자로서 진정한 권력을 가질 수 있다.

'70% 무 지방'이라는 제품을 보고 좋다고 생각할 수 있겠지만 이는 동시에 30%는 지방이라는 의미기도 하다. 30%는 큰 숫자인가 작은 숫자인가? 이런 비슷한 속임수는 셀 수 없을 만큼 많다. 라벨에는 건강한 오메가3와 비타민이 함유되어 있다고 광고하지만 실제 재료 목록과 함유량을 자세히 보면 많은 양의 염분이 들어있는 제품도 볼 수 있다. 오스만은 "숫자는 판단을 흐리게도 한다. 시장 논리가 적용되는 상황에서 라벨에 적힌 정보를 믿지 말라"고 조언한다.

숫자에 아무리 자신 있는 사람이라도 자만하지 않아야 한다. 사실 수학을 잘한다고 언제나 올바른 결정을 내리는 것은 아니다. 특히 피로하거나 시간에 대한 압박이 있을 때, 또는 어떤 강한 신념을 갖고 움직일 때 더욱 그렇다. 카너먼은 과학자들 역시 통계에 관한 실수를 한다며 심리학자들이 너무 적은 표본을 대상으로 실험을 진행해 결국 가설을 증명하지 못할 위험이 50%나 되는 사례를 들어 강조한다. 따라서 심리학자들은 처음 연구를 설계하는 단계에서 주어진 표본의 오류를 수학적으로 계산할 수 있어야 한다고 주장한다.

삶에서 숫자로 접하는 위험은 궁극적으로 어떤 행동을 할지 결정하기도 하고 때로 행복을 저해하기도 한다. 그러므로 자신을 두렵게 하는 그 숫자가 과연 얼마나 실제하는 숫자인지 스스로에게 질문해야 한다. 그 질문은 우리가 살아가는 동안 계속되어야 할 것이다.

습관은 무조건
좋은 거 아니었나

강박장애

Are You Thinking Clearly?

누구나 습관이 있다. 밤늦도록 술에 취해 있고 사생활과 직장 생활이 모두 엉망인 걸로 유명했던 아일랜드 출신의 화가 프랜시스 베이컨Francis Bacon에게도 반복적인 일상이 있었다. 언제나 차 한 잔을 마시며 하루를 시작했고 점심시간 무렵 술을 마시기 전까지 그림을 그렸다고 한다. 남들보다 습관에 덜 얽매이는 사람도 있는데, 이들은 보통 삶에서 새로움과 다양성을 추구하는 편이다. 당신은 어떤 사람인가? 아래 문장들을 보고 한번 생각해보자.

규칙적인 상황일 때 마음이 놓인다.

주방에 들어갈 때마다 냉장고를 쳐다본다.

버스나 영화관, 교회에서 항상 같은 자리에 앉으려고 한다.

매일 아침으로 같은 것을 먹는다.

나도 모르게 특정 장소에 가 있거나 어떤 행동한다.

누구나 어느 정도 해당되는 부분이 있을 법한 이 문장들은 '습관의 동물 척도The Creature of Habit Scale'에 나오는 질문지 27개 중에 뽑은 것으로, 개인별로 습관에 의존하는 정도를 측정하기 위해 고안되었다. 동의하는 항목이 많을수록 습관의 동물에 더 가깝다는 의미다.

케임브리지 대학교 신경과학과 카렌 어쉬Karen Ersche 교수가 연구팀과 함께 개발한 이 테스트는 습관의 두 가지 측면, 일상성(규칙성에 대한 선호)과 자동 행동(TV를 보며 무의식적으로 식사하는 것처럼 자동으로 하는 행동)을 측정한다.

일상성이란, 저녁에 세수를 한 뒤 치실로 이를 닦고 옷을 잘 개어 정리한 뒤 침대의 오른쪽에 누워 잠에 드는 식으로 특정 순서에 따라 마음이 편해지는 행동을 반복적으로 되풀이하는 것을 말한다. 자동 행동은 보통 주변 환경 때문에 일어나는데, 예를 들어 주방에 들어가면 생각 없이 냉장고를 열고 입을 벌린 채 그 안을 쳐다보는 것과 같은 행동을 말한다. 또는 가게에 가려고 차에 탔다가 자기도 모르게 직장까지 운전해 가버리는 경우다.

어쉬는 "일부러 하지 않는다는 점이 습관의 특징이다"라며 "처음에는 운동을 하려고 계획적으로 헬스클럽에 가기 시작하지만 이것이 습관이 되면 일정한 시간에 꼭 헬스클럽에 가야할 것처럼 느낀다"고 설명한다. 덧붙여 특정한 일을 하고 있다는 생각을 하지 않고도 자동으로 할 수 있게 되기 때문에, 습관을 선호하는 사람일수록 멀티태스킹에 능숙하다는 점 역시 밝혔다.

어쉬는 자신 역시 습관의 동물이라며 이렇게 말했다. "헬스장에 가면 늘 같은 라커를 사용한다. 매일 같은 시간에 일어나고 아침으로 같은 것을 먹는 걸 좋아한다. 식탁에서도 늘 앉는 자리가 정해져 있다."

우리는 왜 습관을 만들어 행동할까? 직감을 믿을 때와 같다. 예측 가능한 상황이 똑같이 반복되는 일상에서 습관적으로 행동하기란, 뇌가 처리해야 하는 양을 줄이고 사용 가능한 공간을 늘려준다. 그렇게 해서 다른 새롭고 도전적인 업무나 결정에 쓸 수 있도록 힘을 아낄 수 있다.

뇌 영상에서도 이를 확인할 수 있다. 의사결정 과정에서 장단점을 헤아리고 의지를 발휘해야 할 때는 복잡한 인지 작업에 관여하는 전전두엽피질이 활성화된다. 그러나 습관적 선택을 할 때는 자동성에 관여하는 뇌의 뒷부분이 활성화되며 전전두엽피질을 활성화되지 않는다.

맞는 말이다. 직장에서 큰 일이 터져 압박을 받는 상황이라면, 점심으로 어디서 무엇을 먹을지 생각하느라 단 10분이라도 허비하는 대신 당장 중요한 일에 집중해야 할 것이다. 이럴 때는 길 건너에 있는 늘 가던 샌드위치 가게에 가서 늘 먹던 것을 주문하는 것이 효율적이다. 때문에 어쉬는 "효율적인 사람이 보통 습관의 동물일 때가 많다"고 설명한다.

습관은 불확실성을 없애고 삶을 예측 가능하게 한다는 점에서 불안에도 도움이 된다. 또한 치매 같은 인지 문제를 겪는 사람에게도 유용하다. 어쉬는 나이가 들어가며 점점 습관에 의존하게 되는 이유를 여기에서 찾는다. 전전두엽피질은 특히 나이가 들며 크기가 작아지는데, 습관적으로 일을 처리함으로써 전전두엽피질에 가해지는 압박이 줄어든다.

그렇다면 습관은 무조건적으로 좋을까? 습관의 동물에게도 단점은 있다. 무엇이든 적당함이 필요하듯, 습관에 의지하면 생각의 부담을 덜다 못해 생각을 전혀 하지 않고 살게 될 수 있다.

인간은 원래 생각보다 행동이 앞서는 경향이 있어 실제로 극한 스트레스 상황에 처했을 때 그 특징이 두드러져 창의력 결핍으로 이어질 수 있다. 어쉬는 "늘 같은 일을 반복하다 보면 틀에 박힌 사고에서 벗어날 수 없게 된다"고 말한다.

구체적으로, 늘 같은 출처의 뉴스에만 의존하고 언제나 같은 상황만 경험하고 늘 같은 사람들하고만 이야기하다 보면 열린 마음과 유연성을 지니기 어려워진다. 결국 정해진 사고에 매몰되거나 그저 반복되는 생각밖에는 할 수 없게 될 위험이 있다.

어쉬는 또한 독일인 수백 명을 대상으로 진행한 최근 연구에서 습관에 의존도가 높은 사람일수록 여러 확실하지 않은 상황에서 스스로의 감정과 행동을 조절(자기조절self regulation)하지 못한다는 사실을 밝혀냈다. 이들은 강박적이고 융통성이 부족해 한 가지 특정 방식으로 밖에 일을 처리하지 못하는 면도 보인다.

어쉬는 이에 대해 "부적절한 상황이라면 습관을 조절할 수 있어야만 유용하게 쓸 수 있다. 조절이 불가능하고 습관이 과해 멈출 수 없다면 습관은 강박이 된다"고 주장한다. 습관에 매몰되어 강박장애로 이어지면, 특정 순서에 따라 불을 꺼야 하거나 정해진 시간 동안 손을 씻어야 하는 등의 증상을 보인다. 여기서 더 나아가면 습관은 중독의 핵심이 된다. 일상에서 받는 신호에 따라 어떤 물질을 거부할 수 없이 강력하게 원하게 되는 것이다.

한편, 첫 부분에 나왔던 다섯 가지 문장을 읽으면서 전혀 공감하지 못한 사람도 있을 수 있다. 그렇다면 습관에 대한 의존도가 높지 않고 새로움이나 다양성을 갈망하는 편일 것이다.

습관의 동물 척도에서 낮은 점수를 받는 사람은 대체로 나이가 젊고 불안의 정도가 적으며 새로운 경험에 대해 개방적 태도를 취한다는 성격적 특징을 갖는다. 따라서 이들은 무언가가 지나치게 반복되면 쉽게 지루함을 느낀다. 매일 아침 출근길에 색다른 길이 없나 찾으면서 인지적 피로를 느끼기보다는 활기를 얻는다. 또한 그렇지 않은 경우보다 더 창의적이고 다른 관점에 대해 마음이 열려있으며 이미 알고 있는 사실도 다시 생각해보고자 한다. 습관의 동물의 단점을 생각하면 유연한 태도를 갖고 고정관념이 적다는 점에서 좋은 면일 수 있다.

그러나 이 또한 치러야 할 대가가 따른다. 역설적이게도, 끝없이 변화를 추구하는 것 자체가 습관이 되는 위험도 존재한다. 바로 어떤 일에 전문가가 되지 못하는 경우도 있다. 악기를 제대로 다룰 줄 아는 사람이라면 그렇게 되기까지 얼마나 많은 반복적 연습이 필요한지 잘 알 것이다. 그런데 언제나 다음 지점으로 넘어가기만을 좋아한다면 한 가지 기술을 완전히 습득하기 힘들다. 또한 중간 단계를 건너뛰거나 일을 반만 끝내놓고 그만두는 등 성실성이나 꼼꼼함과도 거리가 멀어 결국 천천히 생각하고 충분한 결론을 내리는 자질을 갖출 수 없게 된다.

습관에 매이는 것을 싫어하는 특성 때문에 연애에서 잘못된 결정을 반복하기도 한다. 새로운 만남을 계속 원하면 누군가와 수십 년을 함께하면서 알게 되는 깊은 애정을 경험할 수 없다. 극단적으로 새로움을 추구하다 보면 이 역시 강박적으로 변질될 수 있으며 ADHD 같은 질환을 갖고 있는 사람에게서 쉽게 볼 수 있는 특징이다.

결과적으로 어떤 논리나 동기도 없이(최소한 타인의 눈에는) 무작정 성급하게 변화를 추구하기도 한다. 어쉬에 따르면 강박적인 사람은 계획 없이 상황을 변경하며 한 가지 생각에 정착하지 못한다. 끝까지 차분하게 생각할 수 없으므로 분명 부정적인 면이다. 마지막으로 어쉬는 "언제나 변화를 원한다면 거기에는 더 큰 불확실성이 존재한다. 그러므로 긍정적이든 부정적이든 예상치 못한 결과에 쉽게 노출된다"고 설명한다.

다행히 습관은 만들 수도 있고 없앨 수도 있다. 이를 위해서는 애초에 습관이 어떻게 생성되는지를 이해해야 한다. 찰스 두히그Charles Duhigg가 《습관의 힘》에서 언급한 대로, 습관의 원리에 대한 일반적 인식은 케임브리지 대학교 신경과학과 교수 볼프람 슐츠Wolfram Schultz의 연구에서 출발한다.

슐츠는 '줄리오'라는 이름의 마카크 원숭이의 뇌에 작은 전극을 삽입하고, 줄리오가 모니터에 색이 있는 도형이 나타날 때마다 손잡이를 당기면 블랙베리 주스 한 방울씩을 주었다. 줄리오는 이 과정을 금방 이해했고 주스를 받을 때마다 줄리오의 뇌 활동 기록이 치솟았다. 줄리오는 자기가 보상을 받는다고 충분히 느끼고 있던 것이다.

시간이 지나자 이 행동은 습관성을 띄기 시작했다. 신호(색이 있는 도형)에 따라 줄리오는 반복적 패턴(손잡이를 잡아당김)을 만들어 냈고, 이는 보상(주스/쾌락)으로 이어졌다. 그런데 줄리오의 행동이 어느 정도 습관화되자 이상하게도 줄리오의 뇌는 손잡이를 당기기도 전에 신호를 보자마자 보상을 인식했다. 주스를 받을 것이라는 순수한 기대감이 보상 자체가 된 것이다.

이 단계에서 슐츠는 줄리오가 손잡이를 당겨도 주스가 나오지 않을 때가 있도록 실험 설정을 바꾸었고 예상한 대로 그때마다 줄리오는 실망했다. 이제 신호는 이 원숭이의 마음에 갈망과 보상을 향한 강박을 만들어냈다.

신호, 보상, 반복은 갈망을 만들어내며, 이렇게 습관이 만들어진다. 다시 말해 우리의 습관은 오직 갈망이 나타날 때에만 보상을 얻기 위해 저절로 행동하면서 생긴다. 배가 고플 때 테이블에 과자 한 봉지가 있는 것을 보면 과자를 먹고 싶은 갈망이 생겨 과자를 먹게 된다. 즉, 우리는 특정 습관이나 일상을 만들기 위해 목표나 전략을 설정할 필요가 없다. 대신 아침으로 특정 시리얼을 계속 먹는다거나 머리를 식히려고 조깅을 간다든가 하는 등 과거에 보상을 주었던 행동을 반복하면 자연스럽게 습관이 만들어진다.

여기서 우리는 나쁜 습관을 멈출 방법을 찾는다. 나쁜 습관을 유발하는 신호를 없애거나 보상을 주는 또 다른 반복을 만들어내야 한다. 간단하게는, 집에 있는 초콜릿 비스킷을 모두 없애버리거나 보통 비스킷이 생각나는 시간에 환경을 조금씩 바꿔보는 방법이 있다. 슐츠에 따르면 습관은 외부 자극에 의해 일어난다. 책상에서 과자를 먹는 일이 많다면 자리를 옮기거나 책상을 아예 바꿔보는 것이 좋다. 휴가지에서는 평소 습관이 쉽게 깨지는데, 새로운 환경 때문에 집에서 느끼던 갈망이 흐려지기 때문이다.

곤란할 때는 갈망이 지나쳐 중독이 되었을 때다. 단지 환경을 바꾸고 갈망하는 물질을 없앤다고 해서 해결되지는 않는다. 담배를 끊고 싶은데, 보통 기분이 안 좋을 때(신호) 담배를 피운다면(보상) 앞으로는 담배 대신 친구와 전화 한 통을 하면서 반복 일상을 바꾸는 편이 낫다. 두히그는 이것이 각 회원마다 후원자를 지정해 반복 일상을 변경할 수 있도록 돕는 알코올 중독자 모임 AA^Alcohol Anonymous(미국에서 시작된 알코올 중독자 갱생 모임 −옮긴이)의 성공 요인이라고 본다.

저녁마다 운동 삼아 걷는 습관을 새로 만들고 싶다면 알람을 맞춰보거나 눈에 잘 보이는 곳에 운동화를 놓아두면 좋다. 시간이 지나면 이들 신호로 인해 운동하러 나가야겠다는 생각이 들수 있다. 친한 친구와 함께한다든가 걸음수를 기록해서 도표로 만들어보거나 운동이 끝나면 평소 좋아하는 것을 스스로에게 상으로 주어 보상을 늘려보는 것도 좋다.

습관을 형성하거나 고치는 데 고민하고 실천해본 사람이라면 이런 의문이 남는다. '적당한 양의 반복이란 얼마만큼일까?'

다소 허무한 사실일 수 있지만, 나쁜 습관을 극복하고 유익한 일상을 만들기 위한 노력의 성공 여부는 궁극적으로는 성격에 달려 있다. 스포츠를 좋아하는 사람이라면 일어나서 개어놓은 운동복을 보는 것만으로도 헬스장에 가고 싶을 수 있겠지만 누군가에게는 그렇지 않을 수 있다. 이럴 경우에는 순전히 본인의 의지에 기대는 수밖에 없다.

어떤 한 방법이 다른 것보다 더 낫다고 할 수도 없다. 코로나 19 팬데믹 상황에서 대부분의 사람이 평소 일상이 전체적으로 흔들리는 경험을 했고 모두가 불확실한 상황에 혼란스러웠다. 이럴 때 어떤 사람들은 매일 조 윅Joe Wick(영국의 피트니스 코치-옮긴이) 동영상을 보며 운동을 하거나 매주 토요일 밤 줌Zoom으로 가족 퀴즈 대회를 열고 스스로 개발한 사워도우 빵 레시피를 온라인으로 공유하며 갖가지 방법으로 새로운 습관을 만들어 대응했다. 반면 그런 방법 없이도 그저 매일 해야 할 일을 정해 신중하게 결정하고 자동적 행동보다는 계획적으로 충분한 운동을 하고 사회적 지지를 찾은 사람도 있다.

그렇기 때문에 스스로 어떤 사람인지를 파악하는 것이 중요하며 어쉬의 '습관의 동물 테스트'를 받아보는 것도 간단한 방법이다. 만일 습관에 의존하는 타입이라면 좋은 습관을 만들어, 인지력을 아껴 나중에 유리하게 이용할 수 있다. 단, 자신을 몰아넣거나 틀에 가두지 않는 균형을 찾아 건강한 생활 방식을 유지해야 할 것이다.

만일 충동적이다 싶을 만큼 변화를 갈망하는 타입이라면 삶에서 장기적으로 봤을 때 이득이 될 만한 일을 찾아 반복해보면 좋다. 새로운 기타 리프를 배우거나 한 직장에서 오래 근무하기, 또는 반쯤 아는 제2외국어를 더 연습해본다든가 하는 것이다.

마지막으로 슐츠는 "역설적으로 들릴지 모르겠지만, 가끔씩 습관을 바꾸는 습관을 들이도록 하라"고 조언한다. 슐츠는 특정 정보나 사회적 경험에 습관적으로 의존하고 있을 경우 이로 인해 자신이 속한 집단에만 갇히게 될 수 있으므로 때때로 습관을 돌아보는 것이 중요하다고 말한다.

새로운 것을 배우고 이미 알고 있는 것도 다시 생각해보며 궁극적으로 열린 마음을 가지려면 어느 정도의 변화는 필수 불가결하다. 항상 같은 식당, 같은 술집, 같은 길로만 다니다 보면 바로 근처에 더 좋은 곳이 있어도 영영 모를 수밖에 없다. 삶에는 어느 정도 반복적인 일상이 필요하지만, 계속해서 새로운 것을 배울 수 있으려면 새로운 사람을 만나거나 자신이 좋아하는지 몰랐던 음악을 찾아보는 등의 불규칙적 탐험 역시 할 수 있어야 한다. 바로 이 탐험을 습관화해보자는 것이다.

설사 사고의 폭을 넓히는 데 관심이 없다고 하더라도 약간의 위험을 감수하면 훨씬 더 보람찬 아침을 맞이하거나 무언가를 하는 데 더 효율적인 방법을 발견할 수도 있다.

색안경을 쓰고 있던 날

고정관념

Are You Thinking Clearly?

길 건너편에 새로운 이웃이 이사를 오고 있다. 당신은 누가 이사를 오는지 파악하려고 주의 깊게 살펴본다. 중년의 백인 여성인지 젊은 흑인 남자인지, 아니면 70대 아시아 부부인지 본다. 정장에 실크 넥타이를 매고 있는지 운동복을 입고 있는지, 속눈썹을 붙였는지 사리(인도, 네팔, 파키스탄 등지에서 여성들이 입는 전통 의상 −옮긴이)를 입었는지 히잡을 썼는지도 눈여겨본다. 말투는 어떠려나. 짐 속에는 뭐가 있을까, 오래된 헤비메탈 레코드 집 또는 과학 논문이 있을 수도 있고 성경책이 있을지도 모른다.

하지만 이렇게 잠깐 흘깃 보는 것으로 새로운 이웃이 누구인지 전혀 알 길이 없다. 그 대신에 상대방이 어떤 사람처럼 보이는

지 생각과 느낌은 결정할 수 있다. 무엇으로? 고정관념으로!

이 세상은 고정관념으로 갈기갈기 찢어져 있다. 물론 고정관념 덕분에 자세한 정보 없이도 사람이나 현상에 대해 순간적 판단을 내릴 수 있긴 하지만 그 판단은 대게 흉측하고 게으르고 견고한 편견으로 이어지며 특정 집단, 특히 소수민족이나 여성에게 불리하다. 더군다나 빠른 판단이 가능한 이 지름길은 사회 안에서 매우 확고하게 확립되어 그 빗장을 풀기가 쉽지 않다.

고정관념이 작용하는 장소와 그로 인해 우리의 사고가 어떻게 (주로 부정적인 방향으로) 조종당하는지, 그리고 우리 자신 안에서 고정관념을 알아채고 해결할 방법을 보여주는 수많은 자료와 연구 결과가 있다.

예를 들면, 여성 과학자나 정치인을 신뢰하지 않거나 비행기에서 이슬람 전통 의상을 입은 사람을 보면 불안해하는 사람이 있다는 짐작 가능한 사실 외에도, 경찰은 같은 나이의 백인 아이보다 흑인 아이를 나이가 많고 덜 순진하다고 여긴다는 연구 결과가 있다.

한편 영국과 미국의 고용주들은 동일한 이력서를 받더라도 전형적인 서양식 이름을 갖지 않은 지원자보다 백인 같은 이름을 가진 지원자에게 면접 요청 전화를 많이 한다. 또 인기 TV 시리즈 <퀴어 아이^{Queer Eye}>에서와 같이 사람들은 이성애자 남성보다 게이인 남성에게 패션에 관해 조언을 받기를 원한다.

고정관념은 확실히 명확한 사고를 제한하고 친구를 사귀는 데 저해가 되며 괜히 불안함을 느끼게도 하고 업무에 가장 적당한 사람을 고용하거나 가장 능력 있는 리더를 선출하는 데 걸림돌이 된다. 특히 마음에 두려움이 있어 그것 때문에 생각이 마비되고 자기 비판적 사고가 불가능할 때 더욱 그렇다.

고정관념의 대상이 되는 것 역시 생각하고 능력을 발휘하는 데 있어 큰 변수가 된다.

스탠퍼드 대학교와 뉴욕 대학교의 사회심리학자인 클로드 스 틸^{Claude Steele}과 조슈아 아론슨^{Joshua Aronson}이 1990년대에 고정관 념 위협^{stereotype threat}이라는 현상을 처음 발견했다. 이 중대한 연 구에서는 언어능력 테스트를 할 때 참가자들에게 지능을 '진단' 하는 시험이라는 이야기를 하면 흑인 실험 참가자들의 점수가 백 인 참가자보다 낮아진다는 것을 알아냈다. 그러나 그 설명이 없 을 때는 이러한 현상을 볼 수 없었다. 흑인 참가자들이 '흑인이 백인보다 지적으로 열등하다'는 고정관념에 사로잡혀 위협과 스 트레스를 느꼈기 때문이다.

지난 수십 년 동안 이와 비슷한 결과를 보여주는 연구는 셀 수 없이 많았다. 나이가 많은 사람에게 분류 작업을 시키고 시간을 재는 실험에서는 '나이에 따라 기억력이 감퇴한다'는 말을 들은 실험군이 대조군보다 결과가 좋지 못했다.

마찬가지로 아시아 여성은 '남성이 여성보다 수학을 잘한다'는 고정관념을 들은 후에 수학 시험에서 평소보다 낮은 점수를 받았다. 그런데 아시아인이 백인보다 수학을 잘한다는 고정관념에 노출됐을 때는 그렇지 않았다.

소수집단에 속한 사람들이 고정관념 위협을 더 자주 그리고 지속적으로 겪는다는 점은 분명하지만 소수집단만 고정관념 위협에 노출되는 것은 아니다. 얼굴 표정에서 상대의 감정을 파악하는 실험을 하며 남성에게 사회적 민감성을 측정하는 테스트(남성이 여성보다 사회적 민감성이 낮다는 고정관념이 있다)라고 하면, 그런 설명을 하지 않았을 때보다 점수가 낮았다.

또한 스틸의 설명에 따르면 흑인이 훨씬 많은 교실에서 노예제나 인종차별 같은 사안에 대해 토론을 하게 되면 백인 학생은 다른 사람들이 자신의 사회적 정체성을 인종차별주의자와 연결할 것이라는 생각에 고정관념 위협을 느낀다.

인지 검사에만 국한된 결과가 아니다. 영국 국가대표 축구팀 선수들이 승부차기에서 실패할 것이라는 고정관념에 시달린다는 연구도 있다. 흥미롭게도 잉글랜드 팀이 이탈리아와의 결승전에서 승부차기* 실패로 패했던 유로 2021 결승전에서도 이런 현상이 나타났다.

스틸은 현재 고정관념 위협과 관련해 느낄 수 있는 복잡한 감정을 압축해 한 단어로 표현하고자 책을 쓰고 있다. 그 한 단어는 바로 뒤틀림churn이다. 그는 이렇게 설명한다.

"우리는 중요한 상황에서 부정적으로 고정관념을 뒤집어 쓸 때 속이 뒤틀리는 경험을 한다. 그리고 이때 다음과 같이 매우 많은 생각이 휘몰아친다. '어떻게 해야 할까? 그게 사실이긴 할까? 잘 모르겠다. 사실일지도 모른다. 그게 무슨 의미일까?' 생각을 마비시킬 만큼 계속해서 반추하게 하는 이런 공격은 우리의 사고를 완전히 장악할 수 있다." 스틸 역시 1950년대와 1960년대에 여러 인종이 섞인 환경에서 자라며 받은 인종차별로 '뒤틀렸던' 경험이 있다.

교육 수준이 높은 백인 여성이던 스틸의 어머니는 1942년 트

---

* 잉글랜드 팀의 백인 선수들은 승부차기에서 점수를 얻었는데 세 명의 흑인 선수들은 실패한 것으로 보아 이 경기에서는 인종차별적 고정관념도 작용했던 것으로 보인다. 안타깝게도 얼마 지나지 않아 이 선수들에 대한 인종차별적 모욕이 터져 나왔는데 선수들은 이럴 가능성에 대해 이미 강력하게 인지하고 있었을 것이다.

력 운전기사이던 흑인 아버지와 결혼했다. 이런 조합은 그야말로 터부로 여겨지던 시절이었다. 스틸의 어머니는 차라리 흑인들이 모여 사는 동네로 이사할 수밖에 없었고, 그 동네에서 나고 자란 스틸은 목전에서 인종 문제를 마주할 수밖에 없었다. 다른 흑인들과 마찬가지로 언제나 인종에 관한 이야기를 했다. 실제로 언제나 인종에 관한 일이 생겼기 때문이다. 그 경험 중 하나가 '뒤틀림'이었다.

스틸은 이 경험이 전공을 선택할 때도 영향을 미쳐 스스로를 자연과학에서 밀어냈다고 믿었다. 수학을 좋아했고 물리학이 멋있었지만 뒤틀림이 있는 상황에서 이상을 선택할 여유가 없던 스틸은 결국 뒤틀린 심리를 파헤치는 걸 인생 과제로 삼아버렸다.

그러나 심리학을 공부해도 뒤틀림은 사라지지 않았다. 1960년대 후반, 오하이오 주립대학교에서 사회심리학 석사 과정을 시작했을 때 스틸은 석사 과정 전체에서 유일한 흑인 학생이었다. 여전히 흑인의 IQ가 유전적으로 열등하다는 주장을 하는 학자들이 있을 때였다.

고정관념 위협에 대한 연구는 이 사회가 평등한 기회를 제공한다는 관점에 반기를 들기 때문에 정치적 성격을 띤다. 그 결과 고정관념 위협 연구에 대한 많은 과학적 검증이 있었고 그 과정에서 학계 역시 스스로가 만들어낸 다양한 편견에 시달린다는 비난도 받아왔다.

예를 들면 고정관념 위협 효과를 증명하는 연구가 그렇지 못한 연구보다 더 많이 발표된다는 주장이다. 또한 반복 연구가 잘 이루어지지 않는다는 비판이 있는데, 이는 심리학 분야에서 흔히 발생하는 문제며 그 이유를 설명하는 일은 어렵지 않다.

인간은 문화별로, 심지어 상황별로 각기 다른 생각과 감정을 갖는다는 점에서 실험실 표본으로 완벽하지 않다. 지구상의 인구 전체를 실험에 포함할 수 없으므로 연구마다 조금씩 다른 결과가 도출되는 일이 생긴다. 능력을 발휘하는 데 있어 고정관념 위협이 어떤 영향을 미치는지를 증명해내지 못한 연구도 있지만, 그 효과를 인정하는 연구도 매우 많다.

웰즐리 대학교 심리학자인 줄리 노럼Julie Norem은 이 연구에 대해 반복 연구가 이루어지지 않는 이유는 연구의 세부 사항을 이해하지 못하기 때문이라고 생각한다. 고정관념 위협이 누구에게나 일어나는 것은 아닌데 일부 연구에서 모두에게 일어날 것이라는 가정을 함으로써 반복 연구가 실패한다는 것이다. 정체성 중 어떤 한 측면을 특히 중시하는 사람들을 선별해 그 정체성을 위협 받는 경우에 초점을 맞춰 진행한 연구를 살펴보면 고정관념 위협 효과가 확실하게 드러날 수밖에 없다고 말이다.

고정관념 위협이 존재한다는 것을 인정해야 한다면 이를 해결할 방법은 무엇일까?

무의식적 인종차별과 성차별, 동성애 혐오 태도를 측정하고 이를 줄이기 위해 개발된 암묵적 편견 연관성 테스트나 암묵적 편견 훈련을 받는 방법이 있다. 그러나 이런 방법은 일회성으로는 효과를 보기가 어렵다는 단점이 있고 일상생활에서 인종차별이나 성차별을 줄일 수 있는지 충분히 증명된 바가 없다.

더 큰 문제는 사람들이 자신의 선입관을 인정하기 싫어 편견 훈련을 받기 싫어하는 와중에 직장에서 억지로 교육을 받는다는 점이다. 이럴 때 역설적이게도 나쁜 사람이 된 것 같은 생각에 '뒤틀림'을 느껴 더욱 방어적으로 나온다.

스틸 역시 이런 양쪽 모두의 뒤틀림이 현재 서구 사회의 양극화 현상을 만들어낸 이유 중 하나라고 믿는다. 일생 동안 뒤틀림을 겪은 흑인과 다른 소수 인종 집단은 인종 문제를 다루는 데 있어 좀 더 능숙하게 들고 일어나 평등을 주장한다. 그러나 역사적으로 동일한 뒤틀림을 겪은 적이 없는 백인들은 이 문제에 방어적으로 대처함으로써 대화가 단절된다.

이를테면 백인이 미묘한 인종차별적 의견이나 행동을 옹호했다는 비난을 받게 되면, 이 사회에 존재하는 인종차별 자체에 집중하기보다 사람들이 지나치게 예민하게 군다거나 이런 비난 때문에 표현의 자유를 침해당했다며 오히려 화를 내게 될 가능성이 있다. 표현의 자유가 중요하지 않다는 뜻이 아니다. 단지 '뒤틀림'을 받아들이기 어려워, 보다 쉬운 '표현의 자유'에 과하게 집착한다는 의미다. 이것이 생산적 미래로 나아가는 데 도움이 될 리없다는 것은 분명한 사실이다.

스틸에 따르면 고정관념은 뿌리 깊게 박혀 오랫동안 학습된 뇌의 신경 회로다. 의식적으로 가능할 때마다 다양한 역할 모델에 주목하고 자신의 편견에 맞서는 노력을 기울여야 한다(편견이 있다는 사실 자체를 모르는 경우가 많아 쉽지 않을 수 있다).

만약 당신이 중독에서 벗어난 적이 있거나 아침형 인간(또는 올빼미)이 되기로 결심한 적이 있다면, 또 새로운 명상 훈련을 하거나 악기나 다른 취미를 배운 적이 있다면, 당신은 이미 기존의 뇌를 재배치한 적이 있다는 뜻이다. 배움을 향한 유연성과 열린 마음, 의지가 있다는 뜻이며 편견 역시 줄여갈 수 있다.

여러 장소에서 살아본 적이 있는 사람일수록 편견이 적을 가능성이 높다는 연구를 통해 다양한 사람을 만나는 것 역시 도움이 된다는 것을 알 수 있다. 실제로 인종, 성별, 장애 정도 등이 다른 집단 사이에 섞이게 되면 불안감이 줄어들고 타인에 대한 신뢰와 관용이 늘어나는 것으로 나타난다.

스틸은 "사회기관 안에서, 그리고 개인 간에도 신뢰를 구축하는 것이 앞으로 나아가는 가장 좋은 방법"이라고 말한다. 사람들이 서로를 신뢰하고 잘 알 때 고정관념은 그다지 중요해지지 않는다고 말이다. 스틸은 구성원들끼리 서로 잘 아는 작은 규모의 심리학 부서 책임을 맡았을 때를 예로 들어 설명한다. "나를 아는 사람이 없는 역사학과 복도를 걸어가면 누군가는 인종할당제로 들어온 교수냐고 물었을 수도 있겠지만 구성원들끼리 잘 아는 작은 규모의 심리학 부서에서는 그런 일이 없었다."

마지막으로 대학과 같은 기관 역시 신뢰 증진을 위한 시스템을 도입해 서로 간의 신뢰를 높이는 데 기여해야 한다. 고정관념의 문제는 개인이 지닐 수 있는 무게가 아니다.

예를 들어 직원을 고용하거나 평가할 때, 또는 학생을 뽑고 성적을 매기는 과정에서 고정관념의 영향을 최소화하기 위해 엄격한 기준을 적용한다거나 블라인드 채점을 실시한다는 점을 정확히 명시하는 것이다. 또한 직원의 승진이나 연봉 책정에 있어 투명한 기준과 규정을 갖고 차별과 관련된 문제에 심각하게 대응하는 것도 한 방법이다. 논란의 여지가 있긴 하지만 노예 거래에 관계했던 사람의 동상처럼 어떤 집단에 상처가 되는 기념물도 있다. 흑인 직원과 신뢰를 구축하는 일에 매우 진지한 조직이라면 그런 물건을 없애는 것도 고려해볼 수 있을 것이다.

공정한 사회는 단지 사회 경제학이나 법률이 있다고 해서 도래하지 않는다. 고정관념은 명확하고 직접적인 방식으로 상처를 주는데다 누군가를 '뒤틀린' 상태로 몰아넣어 공평한 경쟁을 할 권리를 침해하기까지 한다. 다음에 새로운 이웃이나 직장 동료, 또는 버스에서 옆에 앉은 사람에 대해 순간적인 판단이 들 때 그 판단이 상대방에게 어떤 영향을 미칠지에 대해 생각해보길 바란다. 혼자 판단하는 대신 먼저 친근하게 말을 걸고 상대방이 하는 말을 주의 깊게 들어보자. 스틸의 말대로 "문제가 뒤틀림이라면 해답은 신뢰다."

사랑이 밥 먹여주냐

후광효과, 자기 자비

Are You Thinking Clearly?

누구나 저마다의 방식으로 사랑에 빠지고 또 사랑에서 벗어나며
사랑을 경험한다. 사랑을 하면 넘치는 활기로 상대방을 세심히
살피기도, 집착하기도 한다. 사랑할 때 더욱 창의적이 되기도 하
는 반면 편견에 치우치기도 한다. 사랑은 우리를 일으켜 세우기
도 하고 무너뜨리기도 한다. '나 답지 않은' 행동이 사랑의 기쁨이
자 슬픔이다. 과정이 어떻든 사랑은 우리가 생각하고 행동하는
방식에 막대한 영향을 미친다.

연애 초기에는 새로운 파트너에 대한 생각에 과도하게 사로잡

히는 것이 보통이며 도취감에 눈이 멀다시피 한다.* 그러나 사랑이 언제나 즐거운 경험만은 아닌 법. 연애 초반에는 모든 생각이 나만의 특별한 상대방에게 사로잡힌 나머지 불안이나 우울, 질투를 느끼며 고통을 겪는다.

실제로 연애 초반에는 기분과 식욕에 관여하는 뇌 화학물질인 세로토닌 수치가 격감해 강박장애를 겪는 사람과 비슷한 수준까지 도달한다는 연구가 있다. 이 때문에 사랑의 시작 단계를 '세로토닌 고갈과 관련된 강박 행동의 가벼운 형태'로 보아야 한다는 신경과학자들이 있을 정도다.

게다가 세로토닌 수치는 스트레스 호르몬인 코르티솔과 반비례하는 경향이 있어 세로토닌 수치가 감소하면 코르티솔 수치가 증가한다. 이와 관련해 새로운 연애를 시작하면 처음 몇 달간 스트레스 호르몬(혈당을 높이고 소화와 같은 필수적이지 않은 신체 기능을 억제하고 기분과 두려움을 제어해 우리 몸이 투쟁/도피 반응을 준비할 수 있게 한다) 수치가 올라간다는 연구도 찾아볼 수 있다.

---

* 이 현상은 뇌에서 분비되는 도파민과 옥시토신, 바소프레신과 관련이 있고 이들 물질은 상대방과 유대감을 형성하는 데 기여한다.
들쥐를 대상으로 한 실험에서 옥시토신과 바소프레신이 일부일처제를 진작한다는 증거가 있지만(상대를 가리지 않고 짝짓기를 하는 들쥐 종도 있다) 인간의 사랑에서도 같은 역할을 하는지는 확실치 않다.
도파민은 쾌락에도 역할을 하지만 중독을 유발하기도 하는데, 사랑하는 대상에게 과도하게 집착하게 되는 것, 사랑에 중독성이 있다고 느껴지는 이유가 이 때문일 것이다.

이것이 사회적 접촉을 시작할 때 겪는 스트레스와 긴장 상태와 비슷하다고 주장하는 학자들도 있다. 그러나 이러한 스트레스 반응은 불편함과 동시에 생각을 집중하게 해 새로운 관계에서 있을 수 있는 위협 요소를 경계하도록 한다는 점에서 유용하기도 하다. 새로운 연애를 시작하는 단계에서 잠재적 경쟁자를 물리치고 상대방이 필요로 하는 것 역시 잘 알아챌 수 있다는 것이다.

그 후 몇 달에서 1년 정도가 지나면 여러 화학물질과 함께 사랑도 진화를 시작한다. 눈부시지만 성가시고 불안했던 사랑의 초기 형태는 시간이 가며 훨씬 단단하고 안정적으로 변한다. 다만 여전히 사랑은 생각에 지대한 영향을 준다. 누구나 오랜 연애 끝에 헤어진 뒤 얼마간 시간이 지나면 자신이 얼마나 비이성적일 수 있는지 뼈저리게 알 것이다.

호르몬 말고도 뇌 영상 연구를 통해 사랑이 이성을 흐린다는 다른 단서를 찾을 수 있다. 사랑하는 사람을 생각하거나 사진을 보면 생존욕구에 관여하는 뇌섬엽과, 주의력과 보상기대 및 도덕성에 관여하는 전대상피질, 기억력에 관여하는 해마(열정적 사랑을 생생하게 기억하는 이유다), 인지력 및 의사결정에 관여하는 선조체, 보상 및 동기에 관여하는 중격의지핵, 시상하부*와 같은 뇌 영역이 활성화된다.

사랑을 할 때 활성화되지 않는 영역이 어디인지를 살펴보면 더욱 흥미롭다. 바로 전두엽과 전전두엽 피질과 두정-측두 연접, 편도체를 보면 된다. 전두엽과 전전두엽은 복잡한 인지 행동 계획과 타인에 대한 비판적 평가 및 부정적인 생각에 관여한다. 두정-측두 연접은 정보 처리 및 지각에 관여하며, 편도체는 두려움 등의 감정에 관여하고 위협을 감지한다. 이 세 영역이 활성화되지 않는다는 말은 사랑에 빠지면 상대방의 결함과 위험한 상황에 눈을 감게 된다는 뜻이다.

실제로 연애 초반에 불안을 느끼다가 시간이 지나며 스트레스와 두려움이 줄어드는 일은 편도체가 비활성화된 것으로 설명할 수 있다. 덕분에 신체적으로 그리고 심리적으로 좀 더 건강한 상태가 되며, 여러 사회적 상황을 평가할 때 더 긍정적으로 변한다.

반면에 관계에서 오는 여러 경고 신호를 놓치기도 한다. 또한 자신과 상대방을 잘 구분하지 못하게 되면서 상대방과 하나가 되

---

* 시상하부는 성적흥분에도 관여하는데 이 역시 복잡한 이성적 결정을 내리는 데 방해가 될 수 있다. 모성애를 관찰할 때는 시상하부 활성화를 볼 수 없는데, 이는 서로 다르면 서도 밀접한 관련이 있는 두 애착 형태에 대한 뇌 반응의 주요 차이점 중 하나다.

는 특별한 느낌을 받는다. 말 그대로 뇌가 나와 상대방 사이 경계를 흐려놓는 것이다. 연인에 대해 안 좋게 이야기하는 타인의 의견을 쉽게 무시하거나 낭만적 관계 밖에 있는 타인의 감정과 의도를 이해하는 데 어려움을 겪는 이유기도 하다.

사랑에 관한 신경과학은 완전하지 않고 정확히 검증되지도 않았으며 앞으로도 그럴 확률이 높다. 알고리즘으로 해석하기에 사랑은 너무 복잡하다. 반면 심리학은 사랑이 우리 마음에 어떤 방식으로 파고드는지 더욱 심도 있는 이해를 보여주며 상당 부분 지금까지 신경과학이 발견한 것과 일치한다.

사랑에 빠져 있든 아니든 누구나 '후광효과'에 취약하다. 후광효과는 누군가(또는 무언가)에 대해 긍정적인 첫인상을 받을 경우 다른 부분에서도 더 큰 의미를 부여하는 인지 편향으로, 그 사람의 다른 특징에 대한 판단에도 지대한 영향을 미친다.

매력적인 사람을 보면 호감이 간다든가 지적이라든가 하는 다른 긍정적인 특징을 갖고 있을 것이라 생각하기 쉬운 반면, 매력이 덜한 사람은 만나보기도 전에 마음에 들지 않고 어딘가 좀 이상할 거라고 판단해버린다.

연구에 따르면 우리는 특히 연애 상대에 대해 차갑고 딱딱한 현실보다 긍정적인 착각에 집중하기 쉽다. 심리학자 비런 스와미Viren Swami 교수는 이를 '맹목적 사랑' 편견이라고 칭하며 이 현상 때문에 상대방을 볼 때 제3자가 생각하는 것보다 결점이 적고 자기 자신보다 더 매력적이라고 믿게 된다고 설명한다.

168쌍의 신혼부부를 13년간 추적한 연구에서는 긍정적인 착각이 부부 관계에 어떤 역할을 하는지를 조사했다. 그 결과 서로를 이상적 파트너로 생각하는 커플이 신혼일 때 더 서로를 사랑했으며 시간이 지나며 사랑이 변하는 경우도 적었다.

연인 간에 서로를 이상적으로 여길수록 더 행복하다는 연구도 있다. 한마디로 사랑 때문에 상대방에게 긍정적인 착각을 하고, 객관성과는 거리가 먼 이 착각 덕분에 관계를 유지할 수 있다는 것이다.

여기까지 책을 잘 읽어온 당신이라면 다음으로 무슨 말이 나올지 예상할지도 모르겠다. 맹목적 사랑의 어두운 면을 함께 생각할 줄 알아야 한다.

우리가 갖는 연애의 개념은 어릴 때부터 접해온 사랑에 관한 시와 책, 영화, 노래, 그리고 SNS를 가득 채운 자의식 가득한 긍정적 게시물들이 만들어낸 신화에 의해 형성된 것이다. 아쉽지만 성가신 부분도 인정해야 한다. 모든 것이 좋기만 할 수는 없다. 처음의 달콤하던 시간을 지나 관계가 무르익을수록 오히려 실망이 커질 수 있다. 이럴 경우 다른 사람들에게는 명백히 보이던 위험 경고등을 무시해 결혼의 실패로 이어지기도 한다.

사랑은 일종의 망상이다. 순수하게 이성적인 조건으로만 이상형을 고르고자 한다면 절대 고를 수 없을 것이다. 분석하고 있을 시간이 없거니와, 우리를 둘러싼 수많은 사람 사이 너무 많은 가능성과 변수가 존재하기 때문이다. 또한 인간은 결국 다음 세대를 낳아 기르는 중대한 임무를 수행하도록 되어 있다. 그래서 뇌는 모든 속임수를 총동원해 우리가 '바로 그 사람'을 찾았다고 믿게 한다.

서로를 이상적 파트너라고 생각하는 커플은 그렇지 않은 경우보다 성관계에서 콘돔을 사용하지 않을 가능성이 높다는 연구가 있다. 격정적인 열정에 빠져 있을 때나 완벽한 파트너를 찾았다고 믿을 때, 혹시 모르는 불행한 결과에 대해서는 잘 생각하지 않는다는 의미로 해석할 수 있다.

스와미는 이렇게 말한다. "누구나 한 개인으로서 고유한 태도와 신념을 갖지만 연애를 시작하면 상대방 역시 새로운 태도와 신념을 관계에 가져와 그것들이 서로 합쳐진다. 한 개인이 아닌 하나의 단위가 되는 것이며 자신의 개인적 믿음보다 이 단위의 믿음과 가치가 더 중요해진다."

사랑하는 사람들은 많은 경우에 서로 비슷하지만 동시에 서로의 지평을 넓혀준다. 사랑에 빠진 지 얼마 지나지 않은 사람은 스스로를 어떻게 생각하는지를 뜻하는 '자아 개념'에 있어 더 큰 변화와 다양성을 보여준다는 연구가 있다. 우리는 사랑하는 사람의 새로운 사고방식을 수용하기 위해 상당히 '새로운' 버전의 자신으로 거듭난다. '우리'가 '나를' 변화시키는 것이다.

사랑 덕분에 우리의 생각은 긍정적으로 변화한다. 사랑에 빠진 사람들이 좀 더 장기적이고 전체적인 관점에서 사고하며, 결국 창의력이 향상되고 더욱 행복한 미래를 맞이할 수 있다는 증거가 있다(좀 더 가벼운 성적 만남을 하는 사람들의 경우 이와는 반대로 현재에 집중하는 편이며 더 분석적이다).

그러나 사랑은 확증 편향을 공고히 하는 데 부분적으로 작용한다. 일반적인 믿음과 달리, 반대되는 성격을 가진 사람들이 서로에게 끌리기는 어려우며 그보다는 비슷한 가치와 관심을 공유하고 비슷한 배경을 가진 상대와 낭만적 관계를 맺는 편이다. 결과적으로 오랜 시간 가져온 신념 혹은 편견, 사고방식이 연애를 통해 공고해지는 경우가 많다. 인종차별주의자는 다른 인종차별주의자와 짝은 맺는 일이 많으며 성차별주의자는 자신의 성차별적 행동과 태도를 용인하는 상대를 선호한다.

또한 건강하지 못한 연애는 더욱 파괴적인 방식으로 사고를 제어하기도 한다. 술을 좋아하는 사람과 함께하다 보니 그 전보다 술을 더 마시게 된다거나 상대방과 관계 자체에 확신이 없고 평등하지 않은 관계라는 생각이 들어 더 공격적이 되거나 의심이 많아지기도 한다.

당신 곁에 눈물 젖은 휴지와 피자 박스, 빈 와인 병만이 남았대도 좌절하지 말자. 망가진 관계라도 사고의 방식을 바꿀 기회로 삼을 수 있으며 인생에서 나아갈 방향과 다른 사람들과의 관계 속에서 어떻게 행동해야 할지 생각해볼 수 있다. 심리학에서는 이를 '스트레스 관련 성장stress-related growth'이라고 하며 연애가 끝난 후 우호성과 같은 성격적 특징을 개발해 더 나은 방향으로 변화하게 된다는 연구 결과가 있다.

심리학에서는 현재 연애 중이거나 혹독한 사랑의 후유증을 겪고 있다면 스스로를 다정하게 대하는 자기 자비self-compassion가 꼭 필요하다고 말한다. 관계를 긍정적으로 유지하는 데 자기 자비가 자존감보다 더 도움이 된다는 연구도 있다. 결국 나를 사랑할 줄 알아야 남도 사랑할 수 있다.

사랑은 마치 롤러코스터처럼 우리를 높이 들어올리기도 하고 한없이 가라앉게도 하며 모두에게 특별하면서도 별처럼 무수히 많은 방법으로 우리의 사고에 관여한다. 그러나 사랑으로 인한 편견이 어떻게 생각을 조종하는지 이해하고 현실이 이상이나 망상과는 다르다는 것을 인정한다면, 또 자기 자비와 함께 관계를 공평하게 유지하며 성장의 발판으로 삼는다면 좀 더 명확하게 사고할 수 있고 적어도 장애물과 소용돌이에 휘말려 길을 잃지는 않을 것이다.

내가 영어 공부를
왜 해야 하지?

언어에 따른 세계관

Are You Thinking Clearly?

신을 믿지 않는 사람은 돼지나 돌보는 편이 어울린다.

질라 모사에드Jila Mossaed는 자신의 시집에 쏟아진 악평을 보고 곧바로 무언가 잘못됐다는 것을 알았다. 그녀는 남편이 집을 비운 사이 다섯 명의 종교 군인이 테헤란Tehran(이란의 수도) 집 앞에 나타나자 당시 세 살이던 딸을 안고 군인들에게 전적으로 협조했다.

군인들은 집을 모조리 뒤져 레코드판과 체스 세트, 화가인 남동생이 그린 나체 여성의 그림 같은 '부적절한' 물건들을 압수했다. 그리고는 아이들 앞에서 이런 불결한 물건을 벽에 걸어놓고 부끄럽지도 않느냐며 무섭게 다그쳤다. 모사에드는 무교의 사회 활동가 집안에서 자랐기 때문에 남동생의 그림이 부끄럽지는 않았다. 그저 더 이상 이 나라에서 살고 싶지 않다고 생각했다. 1986년이었고 이란과 이라크의 전쟁이 맹렬하던 때였다. 열다섯 살이던 아들이 징병될까 공포에 떨던 모사에드는 밀수업자와 접촉했고 망명지로 스웨덴이 가장 적합하다는 조언에 따르기로 했다.

사람들로 가득 찬 작은 버스를 타고 출발해, 한밤중 좁고 구불구불한 길을 달려 튀르키예에 도착했다. 거기서 다시 불가리아로 갔고 덴마크를 거쳐 마침내 스웨덴에 도착했다. 초록으로 덮인 스웨덴의 잔잔한 풍경을 바라보자니 그 곳의 소들까지 행복한 듯 보였다. 길가에 널린 비닐봉지와 신문지가 아닌 달콤한 풀을 평화롭게 뜯어 먹고 있는 소를 보며 이 곳에서의 생활이 쉽지 않겠다고 생각했다.

모사에드는 스웨덴에서 평화와 자유를 얻었지만 그에 못지않게 중요한 다른 것을 잃었다. 바로 언어였다. 그때 그녀는 38세였고 시인이었으며 이란 TV와 라디오 작가로 활동하고 있었다. 이제 무엇을 할 수 있을까?

이란어로 계속 글을 쓰긴 했지만 스웨덴에서 다시 시를 쓰기까지 10년이 걸렸다. 오래지 않아 그녀의 시집이 출판되었고 현재 모사에드는 노벨 문학상을 선정하는 권위 있는 기관인 스웨덴 아카데미* 멤버다. "해낼 수 있을지 몰랐어요. 저는 아주 처음부터 사전을 쓰지 않았습니다. 좋은 시인이라면 아는 단어가 열 개뿐이라고 해도 시를 써야 한다고 생각했거든요."

모사에드는 이란어로 글을 쓸 때는 단어의 바다 속을 헤엄치지만 스웨덴어로 글을 쓸 때는 수영장 밖에 서 있다고 느꼈다. 그럼에도 모사에드는 시의 의미를 살려 다른 언어로 번역하기는 매우 어렵다고 믿었고 결국 스웨덴어로 직접 쓰기 시작했다.

모사에드에게 있어 시는 '추상적 본질로서 뇌를 마구 덮치며' 일어나는 것이긴 하지만 그것이 종이 위에 표현될 때는 사용하는 언어의 영향을 받았다. 스웨덴 언어로 시를 쓸 때 모사에드는 다른 시인이 되었다. 더 명료하고 용감했으며 직접적이면서 경제적이었다.

물론 모사에드에게 스웨덴 언어가 새로운 언어라는 이유도 있었겠지만 그녀는 스칸디나비아 국가의 언어와 문화 자체가 이란보다 좀 더 직접적인 부분이 있다고 생각했다. 이유가 어느 쪽이

---

* 중국 수상자 모옌Mo Yan의 환각적 리얼리즘과 미국 팝스타 밥 딜런Bob Dylan의 시적 표현을 어떻게 비교할 수 있을까? 스웨덴 아카데미에서 노벨 문학상 수상자를 선정하는 특별 부서 회원들은 여러 언어에 매우 능통하며 후보에 오른 작품의 번역본은 다양한 전문가에게 보내 최고 수준의 번역인지를 확인받는다.

든 스웨덴어로 시를 쓰는 편이 더 쉬웠다. 그녀는 "스웨덴 사람들은 차갑고 외로우며 불안하다. 그러나 더 직접적이고 솔직해 무언가에 대해 있는 그대로 이야기할 수 있다"며 "이런 것들이 언어와 시에 녹아 들어있다"고 주장한다.

반면 그녀에 따르면 이란어는 베일에 가려져 있다. 종교와 권력에 대한 두려움으로 시인은 다른 무언가를 상징하는 단어와 행간에 메시지를 담는 숨은 언어를 만들어낸다. 대표적인 예는 감정이다. 이란 문화에서는 오랫동안 정신 질환에 관한 이야기를 금기시했기 때문에 부정적인 감정에 관한 많은 단어가 몸에 관련되어 있고 감정 자체보다 신체의 병으로 표현되곤 한다. 영어로는 '마음이 아프다heart ache' 같은 표현이다.

모사에드에게 있어 터놓고 이야기할 수 있다는 것은 자유를 의미하는 한편, 사랑과 같은 복잡한 경험에 대해 이야기할 때 베일에 덮인 언어는 아름다움과 진실을 가렸던 것이다.

언어는 정말 사고에 영향을 미칠까, 아니면 그냥 개인적인 경험으로 그렇게 느껴지는 걸까? 언어학자들이 오랫동안 공방을 벌여온 질문이다.

생각은 상대적이지 않고 보편적이므로 언어와는 별개라고 여기는 사람도 있는 반면 그렇지 않다고 생각하는 사람도 있다. 진실이 그 사이 어디쯤에 있다는 것은 확실하다.

랭커스터 대학교 영어 언어학 교수인 파노스 아타나소풀로스 Panos Athanasopoulos는 "질문 자체가 잘못되었다"며 "사고와 언어가 별개라고 해도 그 두 가지가 서로 영향을 주고받을 가능성이 배제되지는 않는다"고 주장한다.

언어와 문화가 사고방식에 영향을 미친다는 것이 점차 입증되고는 있지만 이것이 어떤 방식으로 일어나며 또 일상생활에서 실제 행동에 어떤 방식으로 관여하는지에 대한 정확한 메커니즘은 아직 명확하지 않다.

언어와 사고가 연결된 방식을 알아보려면 추상적이면서 자연스럽게 해석이 가능한 개념을 살펴보면 된다. 예를 들어 시간이라는 개념을 생각해보자.

글을 오른쪽에서 왼쪽으로 쓰는 사람은 시간에 대한 개념이 남들과 다를까? 연구에 따르면 글을 오른쪽에서 왼쪽으로 쓰는 언어권의 사람은 실제로 시간적 사건을 그릴 때 비슷한 방식으로 표현한다고 한다. 이들은 인생을 시간의 흐름에 따라 떠올려보라고 하면 어린 시절을 오른쪽에 두고 왼쪽으로 옮겨간다. 모사에드는 여전히 스웨덴 신문을 읽을 때는 오른쪽에서 왼쪽으로 페이지를 넘긴다(이란어는 오른쪽에서 왼쪽으로 쓴다). 이렇게 사용하는 언어에 따라 시간을 특정한 방향으로 인식하는 경우는 실험실에서도 여러 번 입증된 바 있다.

스페인어를 포함한 여러 언어에서 미래를 우리 앞에 있는 것으로 표현한다. 미래라는 뜻의 스웨덴어 'framtid'는 문자 그대로 해석하면 '앞 시간'이라는 의미다. 그러나 볼리비아 서부 안데스 산맥에 사는 아이마라^Aymara 부족의 언어에서는 미래를 의미하는 단어가 '뒷 시간'이라는 뜻을 갖는다. 그들의 설명에 따르면 미래는 볼 수 없기 때문에 우리 뒤에 있지만, 과거는 분명하게 보이므로 우리 앞에 놓여 있는 것이다. 여기에 더해 미래에 대한 대화를 할 때 스페인 사람들은 몸을 앞으로 기울이는 경향이 있는가 하면 아이마라 부족 사람들은 뒤를 향한 몸짓을 보인다.

중국어(북경어)를 사용하는 사람들에게 시간 개념은 이보다 훨씬 복잡해 수평축에 더해 수직적인 시간 또한 존재한다. 예를 들어 'xià'라는 중국어 단어는 '아래下'라는 뜻이지만 미래에 관한 일을 이야기할 때 쓰인다. 중국어로 '다음 주下周[xiàzhōu]'라는 의미를 가진 단어는 문자 자체를 해석하면 '아래 주'가 된다.

영어에서 미래는 과거, 현재와 함께 주요 세 가지 시제 중 하나다. 예를 들면 '어제 편지를 썼다', '지금 편지를 쓴다', '내일 편지를 쓸 것이다'라고 말한다. 그러나 북경 중국어뿐 아니라 여러 언어에 미래형 시제가 존재하지 않고, 대신 '다음 달에 휴가를 간다'와 같이 어떤 일이 미래에 일어날 것이라는 점을 표현하기 위해 외부 상황에 대한 부연 설명이 들어간다.

흥미로운 사실은 미래형이 없는 언어를 사용하는 나라(일본, 스위스, 독일, 스칸디나비아 반도 등)의 국민들이 그렇지 않은 나라의 국민들보다 평균적으로 매년 GDP의 약 5% 정도 더 저축한다는 점이다. 아타나소풀로스는 "현재와 미래 사이에 언어적 장벽이 존재하지 않으므로 더 저축하게 되고 더 검소한 생활을 한다"며, "그들에게 미래의 개념이 없다기보다 문법상 미래가 별로 멀지 않게 느껴지는 탓에 더욱 미래 지향적일 수 있다"고 말했다. 스웨덴 같은 나라가 상대적으로 더 발전적이고 기후에 민감한 이유일 것이다.

언어는 시간뿐 아니라 세상에 대한 시각적 인식과 같은 기본적인 것에도 영향을 줄 수 있다. 색을 예로 들어보자.

그리스어에는 'ghalazio'와 'ble'라는 단어가 있는데 순서대로 밝은 파란색과 짙은 파란색을 뜻한다. 그리스 사람이 두 가지 색을 더 잘 구분한다는 의미일까? 그렇지는 않겠지만, 이 두 가지 색을 시각적으로 비교하라고 요청했을 때 그리스어를 사용하는 사람들의 뇌가 더 자극을 받는다는 연구 결과가 있다. 이는 그들이 이 두 색의 차이에 더 예민하며 심지어 영어를 사용하는 사람들보다 비슷한 색깔을 더 잘 구분할 수 있다는 것을 시사한다. 언어가 어떻게 사고에 영향을 주는지 보여주는 중요한 부분이다.

아직까지 언어가 사고를 결정한다는 확신이 들지 않는다. 조금 더 살펴보도록 하자. 한 연구에 따르면 우리는 언어가 없어도 복잡한 사고를 할 수 있지만 언어에 따라 특정 사항에 더 주의를 기울이기도 한다. 예를 들어 영어와 스페인어 사용자가 같은 사고 영상을 봤을 때 영어 사용자는 스페인어 사용자보다 누가 사고를 냈는지를 더 잘 기억할 가능성이 높다.

영어에서는 '접시가 깨졌다'는 표현보다 '누가 접시를 깼다'라는 표현이 더 흔하게 쓰이는데 반해 스페인어에서는 전자의 표현이 훨씬 자연스러워 그렇다. 영어에서는 '내 다리가 부러졌어I broke my leg'라는 표현이, 스페인어로 직역하면 '내가 내 다리를 부러뜨렸다'는 이상한 소리로 들린다. 그런 짓을 왜 하는 거지? 단순 증언으로서도 좀 이상할 뿐 아니라 누군가를 판단하고 징벌하는 느낌이며 이는 사고에 있어 중요한 요소다.

영어의 또 다른 기이한 점은 매우 행위 중심적이라는 것이다. 한 실험에서 독일어와 영어를 모두 구사하는 참가자에게 한 남자가 차로 걸어가는 영상을 보여주고 그 행동에 대해 묘사해보라고 요청했다.

독일어만 구사하는 사람은 "남자가 차를 향해 걸어가고 있다"고 행위의 목적까지 언급하며 장면을 좀 더 전체적으로 묘사하는데 반해 영어를 구사하는 사람은 "남자가 걸어가고 있다"고만 했다. 한편 독일어와 영어를 모두 구사하는 사람은 사용하는 언어에 따라 관점을 바꾸는 것을 볼 수 있었다.

공간을 생각하는 방식에서도 마찬가지다. 아타나소풀로스는 공간을 탐지하는 방식에 대해 다음과 같은 예를 든다. 스페인 사람이나 영국인에게 들판을 대각선으로 가로질러 걷도록 하면 쉽게 대각선으로 가로질러 간다. 걷는다는 행동에 관한 것이기 때문이다. 그러나 독일어나 스웨덴어를 쓰는 사람에게 같은 행동을 요청하면 무슨 말인지 헷갈려한다. 대각선으로 걸어야 한다는 점은 이해했지만 시작과 끝 지점을 명시하지 않아 확실치 않은 것이다.

언어의 특징을 말할 때 빼놓을 수 없는 또 다른 한 가지는 문법적 성별인데, 영어에는 존재하지 않는다. 이탈리아어나 프랑스어, 독일어에서는 사물도 성별을 가지며 이 점 역시 해당 언어를 사용하는 사람들이 세상을 보는 관점에 영향을 준다. 예를 들어 남성형 단어를 가진 물건은 더 남성적 특징을 갖는다고 생각하는 식이다.

코로나 바이러스를 살펴보자. 프랑스어와 이탈리아어, 스페인어에서 코로나19라는 '질병'은 문법적으로 여성이지만 코로나 '바이러스'는 남성이다. 이 언어를 사용하는 사람들은 여성형 질병보다 남성형 바이러스에 대해 이야기할 때 팬데믹을 더 두렵게 느낀다는 연구가 있다.

이제 언어가 사고에 영향을 미치지 않는다고 주장하기는 어려워 보인다. 어쩌면 하나 이상의 언어를 구사할 수 있다면 다른 관점을 더 유연하게 받아들일 수도 있을 것이다.

아타나소풀로스는 이 점에 동의하면서도 두 가지 언어를 사용하는 것이 무조건 유익하다고 강조하는 연구는 논란의 여지가 있고 증명된 바도 없다고 이야기한다. 두 언어를 구사하는 사람과 한 가지 언어를 구사하는 사람을 비교할 때, 두 언어를 구사하는 집단의 교육 수준이 더 높거나 경제적으로 더 안정적인 경우가 많아, 구사하는 언어의 숫자만으로 결론을 내리기가 힘들다.

이 모든 것이 대체 무슨 상관인가 싶을 수 있다. 결국에는 대부분 모국어를 사용하게 되고 하루아침에 두세 개의 언어를 구사할 수 있는 것도 아니다. 우리는 대부분 이미 사용하는 언어에 갇혀 있다. 그러나 언어가 사고에 영향을 주는 방식을 이해하는 것 자체로 의미가 있으며 이 장에서 이야기한 것들을 아는 것만으로도 더 편견 없이 명확한 사고를 하는 출발점이 될 수 있다.

누구나 모국어를 사용할 때 더 감정적이 된다. 예를 들어 모국어를 사용하는 환경에서 도박을 할 때면, 언어가 편하기 때문에 숫자인 확률보다는 운에 대한 생각을 더 쉽게 하며 충동적인 결정을 내릴 가능성이 높다. 아직 성장기인 어린 시절(다시 말하면 삶의 매우 감정적인 시기)에 모국어를 습득한다는 사실을 생각하면 이점이 이해가 된다.

반대로 두 번째 언어는 조금 더 나중에 배우는 경우가 많고 교육적 환경에서 습득할 가능성이 높다. 그러므로 어려운 결정에 직면할 때 두 번째 언어로 우선 생각해보면 더 논리적이고 이성적인 관점에서 문제를 파악할 가능성이 높다.

만일 모국어 외에 구사하는 언어가 없다면 하나쯤 아니면 여러 개의 다른 언어를 배워보는 것이 좋다. 다른 언어를 배운다고 슈퍼맨이 되는 것은 아니지만 모국어에 어떤 편향이 있는지 파악할 수 있고 관점을 바꿔 자신의 다른 면을 발견할 수 있다.

모사에드 역시 스웨덴에서 35년을 지낸 후 자신 안의 '스웨덴적인' 면을 계발할 수 있었다. 요즘은 다소 조용하게 속세로부터 거리를 두고 살며 자연을 즐기고 있다.

　모사에드의 이야기는 강렬하지만 스웨덴어로 진행한 원래의 인터뷰를 통역하는 과정에서 조금 달라진 부분이 있을 수 있다. 그렇지만 이 책의 필자 중 한 명(스웨덴어를 모국어로 쓴다-옮긴이)이 두 번째 언어인 영어로 이 장을 썼다는 점에서 좀 더 이성적이고 신뢰할 수 있는 내용이 되었길 바란다.

악역은 따로 있다

어둠의 3요소

1941년, 대니얼 카너먼은 나치가 점령한 프랑스에서 가족과 함께 살던 일곱 살 어린아이였다. 노벨 경제학상을 받기 60년 전이었고, 위험한 시대였다. 유대인이던 그는 매일 저녁 6시까지는 귀가해야 했고 가슴에는 유대인의 상징인 육각별 모양을 달아야 했다. 어느 날은 친구 집에서 너무 늦게까지 놀다 늦게 귀가하게 되자 유대인이라는 점을 가리기 위해 옷을 뒤집어 입고 집으로 가다 결국 SS(나치 친위대-옮긴이)의 무서운 검은 제복을 입은 독일 군인과 마주쳤다.

군인은 카너먼에게 손짓으로 불렀다. 유대인 표식을 알아챈 걸까? 체포되거나 살해당하려나? 그러나 그 군인은 감정을 억

누르는 것처럼 보였고, 이내 카너먼을 잠시 꽉 껴안았다. 아들로 보이는 어린 소년의 사진 한 장을 꺼냈다. 그러더니 카너먼에게 얼마의 돈을 주고는 그 자리를 떠났다.

오랜 시간이 지나 카너먼은 한 인터뷰에서 그 일이 "'사람은 매우 복잡한 존재로 단순히 흑과 백으로 자를 수 있는 것은 아무것도 없다'던 어머니의 말과도 일치한다"고 이야기했다. 좋기만 한 사람도, 나쁘기만 한 사람도 없다는 말이다. 카너먼은 인간 마음의 미묘한 차이에 이끌려 심리학과 경제학에 심취하게 되었다.

카너먼의 연구에 따르면 사람은 언제나 모든 근거를 따져 이성적으로 사고하지 않으며, 대신 빠른 의사결정을 위해 마음의 지름길, 또는 휴리스틱에 의지한다. 가장 오래되고 가장 간과하기 쉬우며, 또 가장 위험할 수도 있는 마음속 지름길은 세상을 선善과 악惡으로 정확히 나누는 태도일 것이다.

우리는 '악'이라는 단어를 설명하기 모호한 혐오스러운 무언가를 묘사하거나, 도덕적 규범과 그 밖에 '인간적'이라고 여겨지는 것을 위배하는 행위나 개인 또는 집단을 가리켜 사용한다.

그러나 카너먼의 어린 시절 이야기에서 볼 수 있듯 사람을 악하다, 아니다의 흑백 논리로 규정해버리면 복잡하고 미묘한 인간과 세상에 대해 명확하게 사고할 수 없다. 결국, 20세기 가장 끔찍한 범죄에 가담했던 SS 군인조차 개인적으로는 친절함을 베풀 수 있는 것이다.

악이란, 사회심리학자와 사회학자의 연구 대상이긴 하지만 과학적이라기보다는 도덕적, 철학적 개념이다. 문화적으로, 그리고 시대적으로 매우 상대적이기도 하다.

더블린 트리니티 대학교에서 임상 심리학과 신경심리학 부교수를 맡고 있는 사이먼 매카시 존스Simon McCarthy-Jones는 "뇌 영상에는 악이 찍히지 않는다. 임상 심리학이나 신경과학에서 사용하는 단어도 아니다"라고 말한다. 그러나 좋든 싫든 누구나 파괴적인 방식으로 사고를 흔들 수 있는 어두운 면을 갖고 있고, 이는 측정이 가능하며 뇌의 어느 부분에서 나타나는지 역시 어느 정도는 알 수 있다. 다음 문장을 보고 '매우 동의하는지' 또는 '전혀 동의하지 않는지', 아니면 그 중간 어디쯤인지 생각해보자.

내 방식대로 하려고 타인을 조종하곤 한다.

후회하지 않는 편이다.

이따금 다른 사람이 나를 우러러 보기를 원한다.

동의한다고 해서 악마가 되는 것은 아니니 걱정 말라. 이름도 귀에 착 달라붙는 더티 더즌Dirty Dozen 항목 12개 중에 고른 예시다. 더티 더즌은 인간 본성에 깔린 세 가지 특징인 사이코패스 기질, 나르시시즘, 마키아벨리즘을 측정하는 도구다. '어둠의 3요소Dark Triad'라고도 불리는 이 특징들로 반사회적 행동을 예측할 수 있고 또한 사고방식에 영향을 주는 면이라는 점에서 중요하다.

사이코패스나 나르시시스트, 마키아벨리주의 인간으로 딱지가 붙길 바라는 사람은 없다. 자기가 사이코패스라고 데이트 앱 프로필에 쓸 사람은 아무도 없을 게 아닌가. 이런 특징들은 <할로윈> 시리즈 같은 영화에 나오는 사악한 주인공들이나 또는 실제로 존재했던 연쇄 살인범 테드 번디Ted Bundy 같은 사람을 움직이는 근원이라고 알려져 있다.

하지만 사실 누구나 조금씩 다른 수준으로 어둠의 3요소를 갖고 있다. UCL 심리학과 에이드리언 퍼넘Adrian Furnham 교수는 "심리학에서는 누군가가 사이코패스다, 아니다 라고 정의하지 않는다. 누구나 어느 정도씩 이런 면을 갖고 있다"고 설명한다. 다른 사람보다 키가 큰 사람이 있는 것과 마찬가지로 어떤 사람은 사이코패스 기질을 더 갖고 있기도 한다고 말이다.

그러므로 어둠의 3요소는 스위치처럼 껐다 켜는 것이라기보다 자신만의 볼륨 설정이 있는 성격적 측면이라고 생각해야 한다. 어떤 사람은 세 가지 특징 모두 최대 볼륨으로 되어 있는 반면 모두 무음인 사람도 있다. 그러나 대부분은 그 중간 어딘가에 설정되어 있는 경우가 많다.

심리학자 델로이 폴허스Delroy Paulus와 케빈 윌리엄스Kevin Williams가 2002년 처음 어둠의 3요소를 제시한 이후 이 특징들이 사고에 어떻게 작용하는지에 관한 연구들이 쏟아져 나왔다.

세 가지 특징 간에 겹치는 부분이 상당히 많긴 하지만 그중 사이코패스가 가장 악의적이라고 여겨진다. 사이코패스 진단을 받는 사람의 비율은 전체 인구의 약 1% 정도지만 남성에게서 더 많이 나타나며 영국의 경우 남성 수감자의 8%가 사이코패스로(여성은 2%) 나타난다. 물론 사이코패스가 범죄나 여러 위해 행위와 관련성이 있긴 하지만 사이코패스 기질이 높다고 해서 설명이 불가능한 역겨운 짓을 저지를 운명인 것은 아니다.

사이코패스는(나르시시스트와 마키아벨리주의자와 마찬가지로) 보통 거짓말에 능하며 겉으로 드러나는 모습 뒤에 의도를 숨기고 (최소한 초반에라도) 자신이 원하는 모습대로 남들이 믿도록 속이는 데 능숙하다.

이 특징에 대한 오해가 널리 퍼져 있기 때문인지, 일반인은 조현병이나 우울증 환자보다 의학적 사이코패스를 알아보는 데 훨씬 어려움을 겪는다는 연구가 있다(이 연구에서는 무기징역으로 복역 중이며 변화의 여지가 전혀 없는 살인범을 예로 들었다).

그러나 그 이면을 들여다보면, 사이코패스 기질을 많이 가진 사람은 가책이나 공감, 즉 양심이 결여되어 있는 경향이 있다. 인종차별주의자일 가능성이 높고 충동적이며 두려움이 없어 과속이나 마약, 범법 행위를 저지르기도 하고 무분별한 성생활을 하거나 무기를 소지하는 등, 스스로와 타인에게 위험하거나 해로운 행동을 하곤 한다.

공감 능력이 떨어지므로 다른 사람의 관점을 받아들이는 데 어려움을 겪으며 사고의 유연성이 부족하다. 또한 충동적 태도로 경솔한 의사결정을 하는데, 일반적으로 자신의 이해관계에 집중하고 미래에 일어날 일보다는 현재의 행동을 우선시한다.

이제 나머지 두 요소의 특징을 살펴보자. 그리스 신화 속 잘생긴 사냥꾼 나르키소스Narcissus는 물에 비친 자신의 모습을 보고 헛된 사랑에 빠진다. 스스로 너무나 매혹된 나머지 자기 모습이 비치는 연못가에 죽을 때까지 머문다. 나르시시스트는 나르키소스의 후예로, 자신의 이미지를 스스로 기획하고 그 대가로 '좋아요'를 수확하는 SNS 시대에 흔히 볼 수 있다. 이들은 허영심과 자기중심성이 높아 스스로의 특성을 지나치게 부풀려 바라보고 정당하든 아니든 타인의 우러름을 받고자 한다.

나르시시즘이 높다는 것은 우호성이 낮고 외향성이 높다는 의미기도 하지만(어쨌든 외향적인 사람은 보여지는 것을 즐긴다), 놀랍게도 창의력 역시 높다. 사이코패스만큼 폭력적이지는 않지만 자존심을 다치면 크게 분노하는 경향이 있다. 다시 말하지만, 타인보다 스스로에게 이토록 몰두하게 되면 세상을 잘 이해하기 어려워지고 유연한 사고를 할 수 없으며 그로 인해 자기도취에 빠져 눈이 멀게 된다.

마지막으로 마키아벨리주의자가 남았다. 이번에는 실제 역사 속 인물의 이름이 붙었다. 니콜로 마키아벨리Niccolò Machiavelli는 이탈리아의 외교관이자 철학자로 권력자가 권력을 유지하기 위해 거리낌 없이 행해야 할 방법을 안내한 저서 《군주론》으로 유명하다. 이 특징이 높은 사람은 자신의 이기적인 목표를 달성하기 위해 조심스럽고 신중하며 사이코패스처럼 충동적이지 않다. 그러나 이들 역시 전반적으로 자기 자신에 대한 생각이 많고, 표리부동하고 악의적이며 냉소적이고 비도덕적 방법을 쓴다.

일부 학자들은 가학성을 추가해 어둠의 4요소로 하자는 제안을 했으나 그러기에는 가학성과 사이코패스 기질이 너무 비슷하다는 의견에 부딪혔다. 가학적 괴롭힘이 상대적으로 직장이나 학교에서 흔히 일어나기는 하지만 가학적 성격장애를 가진 사람 역시 타인의 고통을 즐기고 극단적 상황으로 치닫기 때문이다. 대학생의 6%가 이러한 가학적 특징을 갖는다고 인정하며 사실 대부분의 사람이 사이코패스 기질이나 나르시시즘, 마키아벨리즘과 마찬가지로 이 특징의 스펙트럼 어딘가에 속한다.

다시 처음에 한 말로 돌아가보자. 어두운 면은 누구에게나 있다. 그리고 우리가 흔히 '악하다'고 여기는 특징들은 악의 존재를 믿는 것만큼이나 사고를 흐리게 한다. 그렇다면 우리 안의 사악한 면을 누그러뜨리기 위해 할 수 있는 일은 무엇일까?

사이코패스 기질과 나르시시즘은 그저 성격의 일부기 때문에 치료할 수는 없다. 다소 바꾸는 것은 가능하며 의학적 진단을 받을 정도라면 대화요법이나 약물 치료로 효과를 볼 수 있다. 심리학자 코랄 단도Coral Dando에 따르면 SSRI(선택적 세로토닌 재흡수 억제제로, 항우울제의 일종-옮긴이)는 폭력성을 줄이는 효과가 있어 교도소에서 죄수들에게 처방되기도 한다.

누구나 어두운 면을 가진다는 의미는 이 세상에 일어나는 참상을 전부 사이코패스와 나르시시스트 탓이라고만 볼 수 없는 것과 같다. 이 점은 과학으로 어떻게 설명할 수 있을까?

역사를 들여다보면 완전히 평범한 사람들도 다른 집단을 악으로 규정하는 말에 동조해 끔찍한 행동과 생각을 저질렀다. 인간은 생각 없이 달리기만 하는 좀비가 아님에도 강력한 편견이나 스토리텔링이 주입되면 그 생각과 신념에 지배당한다. 특히나 어떤 이야기나 상황이 자신의 정체성과 관련이 있다고 여길 때 그렇다. 철학 교수 데이비드 리빙스톤 스미스David Livingstone Smith는 이를 가리켜 "인간이 서로에게 저지를 수 있는 최악의 행동"이라고 말했다.

1960년대 초반 정치 철학자 한나 아렌트Hannah Arendt는 독일 나치 친위대 장교이자 홀로코스트의 주요 설계자 중 한 명이었던 아돌프 아이히만Adolf Eichmann의 재판에 관해 유명한 발언을 한다. 아렌트는 아이히만을 병적으로 사악한 악의 화신이라기보다 야망에 찬 보통의 평범한 관료라고 여겼으며《예루살렘의 아이히만》에서 마지막 두 단어, '악의 평범성'이라는 말로 이를 강조한다.

아이히만에 대한 아렌트의 인식은 여러 가지 복잡한 의미를 내포한다. 결국 인간은 누구나 끔찍한 행동을 할 수 있고 특정 상황이 되면 무리에 어울리기 위해 타인을 따라서, 또는 남보다 앞서기 위해 상황에 굴복해 앞으로 일어날 일에 대한 명확한 사고 없이 그러한 짓을 저지를 수 있다는 게 아렌트의 생각이다. 당시 심리학 연구에서 주류로 자리 잡아가던 개념의 반영이기도 했다.

아이히만의 재판이 있던 시기에 예일 대학교 심리학자였던 스탠리 밀그램Stanley Milgram은 20세기 가장 유명하면서도 논란이 될 연구를 진행 중이었다. 밀그램의 '복종 실험'에서는 참가자들에게 '선생' 역할을 주고 실험실 가운을 입은 실험자에게 복종하도록 했다. '선생'은 '학생' 역할을 하는 또 다른 참가자(사실 실제로 '학생' 역할을 하는 사람은 없었고 밀그램의 조수였다)가 단어 시험에서 틀릴 때마다 강도를 올려가며 전기 충격을 가해야 했다. '선생'이 망설일 때마다 실험자는 옆에서 계속하라고 요구했다.

결과는 심각했는데, 65%의 '선생'이 최대치인 450볼트까지 전기 충격을 가했으며 이는 사람에게 치명적인 위해를 가할 수 있다고 증명된 강도였다. 나머지 참가자들 역시 300볼트까지는 전기 충격을 계속했다. 이 실험 결과를 통해 평범한 사람들도 그저 명령을 받았다는 이유로 생각 없이 다른 사람에게 고문을 가할 수 있다는 것을 알 수 있었다.

밀그램의 연구는 윤리적 측면과 방법론에 있어 많은 비판을 받았다. 그러나 밀그램 연구의 재실험을 비롯한 이후의 연구 역시 불편한 진실을 드러낸다. 일부 심리학자들은 나치 정권 아래 평범한 사람들이 그저 명령을 받았기 때문에 생각 없이 남에게 위해를 가하는 것이 아니라 명분과 집단, 목적을 동일시하기 때문에 알면서도 심지어 적극적으로 악을 행하는 것이라고 주장한다.

세인트 앤드루스 대학교 심리 신경과학과 교수인 스티븐 라이셔Stephen Reicher와 연구진은 "진정으로 '무섭고 언어와 사고를 허용하지 않는'(아렌트의 말에서 인용) 것은 살인자들이 자신의 행위가 잘못됐다는 것을 모른다는 부분이 아니라 오히려 그 일이 옳다고 진심으로 믿는다는 점"이라고 지적한다.

이런 이유로 악을 규정하는 이야기는 무척이나 위험하다. 악하고 인간답지 않은 타인에 대항해 싸우고 있다고 믿으면 폭력적인 행동을 완전히 정당화할 수도 있기 때문이다. 라이셔는 실제로 이런 식의 '우리'와 '그들'을 나누는 이야기가 강력한 리더십과 결합하면 나치 독일의 혐오 정권과 같은 폭정을 더 쉽게 받아들일 수 있다고 말한다.

나치 독일에서는 폐쇄적 시스템 안에서 완전히 뒤틀린 도덕적 서사를 접한 평범한 사람들이 그 이야기를 자신의 일로 동일시하며 끔찍한 일이 일어났다. 많은 나치 당원들이 스스로를 '사악한' 세력의 피해자라고 여겼다는 연구가 있다. 제1차 세계대전 패배의 피해자이고 이후에 이어진 가혹한 처벌의 희생자이자 미국의 급상승과 유대인들이 만들어낸 음모론의 피해자라고 생각한 것이다. 그렇기에 이러한 악의 세력에 대항해 행동을 개시하고 자신들의 이상향인 천년의 독일 제국 건설이라는 선을 향해 나아가야 한다고 강력하게 믿었다.

셰필드 대학교에서 악의 사회학을 연구하는 톰 클락^{Tom Clark} 박사는 "어느 한쪽을 악으로 규정하면 다른 쪽에는 가치를 부여하게 되어 있다. 악은 우리가 원하지 않는 것만큼이나 무엇을 원하는지도 반영한다"고 말한다. 다시 말하면, 다른 집단을 '악'이라고 명명하면 자신이 속한 집단은 '선'이라고 생각할 수 있다. 이러한 예는 역사 속에서 수없이 들 수 있다. 9·11 테러 이후 조지 W. 부시 미국 대통령은 2002년 1월 국정 연설에서 '악의 축'의 존재를 발표했다. 이란과 북한, 이라크가 그 대상이었으며 다음 해 미국을 주축으로 한 연합군은 이라크를 침공했다. 이는 단지 강력한 협박을 넘어 적법성이 의심되는 전쟁을 미국 유권자와 전 세계에 정당화하는 수단이 되었다.

그러나 이런 방식으로는 누구나 표적이 될 수 있다. 예를 들면 여성과 소수 민족, 외국인 등이 우세 집단으로부터 '악'으로 규정될 수 있으며 이는 차별과 학대, 또는 그 보다 더 나쁜 행동을 정당화하기도 한다.

무언가를 악으로 낙인찍으면 차별과 폭력만 정당화되는 것이 아니라 다른 사람에 대한 편견이 굳어지고 이 세계의 불편한 진실과 그런 일이 일어나는 이유에 대해 깊이 생각하지 않고 외면하게 된다. 결국 명확하고 자유로운 사고를 할 수 없게 되고 바로 눈앞의 현실도 제대로 볼 수 없는 지경에 이른다.

그렇다면 어떻게 해야 할까?

우선 '악'이라는 단어가 신문 헤드라인이나 정치 연설에 사용될 경우 그것이 정당한지 묻고 숨은 의도가 무엇인지 고려해보아야 한다. 한 개인의 행동 때문에 그가 속한 전체 집단을 악으로 몰지는 않았는가? 그들이 소수이기 때문은 아닌가? 아니면 다르기 때문에?

어떤 집단은 다른 집단에 비해 특히 더 악으로 분류되기 쉽다는 점을 기억하자. 특히 지배적이거나 다수를 차지하는 집단에서 차별을 정당화하기를 원할 때 그렇다. 이는 누군가의 인간성을 말살하는 행동이며, 마찬가지로 '해충', '쥐새끼', '~떼'와 같이 사람을 괴물이나 동물처럼 비유하는 다른 단어들 역시 비슷한 역할을 하므로 똑같이 위험하게 여기고 경계해야 한다.

영국의 철학 교수인 마이클 핸드^{Michael Hand}는 "어린이들에게 사람은 누구나 좋은 면과 나쁜 면을 함께 가지고 있으며 개별적 인간이 아니라 행동으로 판단해야 한다는 것을 가르쳐야 한다"고 주장한다. 꼭 어린이가 아니더라도 누구나 그 점을 명심하는 것이 좋다.

누구도 항상 선하거나 항상 악하지는 않으며, 어떤 행동을 하는지와 그 행동의 이유가 무엇인지가 중요하다. 결국 우리가 사는 세상은 영웅과 악당 역할이 아닌 스스로 결정을 내리는 인간으로 이루어져 있다.

우리를 불편하고 두렵게 만드는 사람과 행동을 그저 악으로 일축하기보다 그들을 잘 이해하려고 노력하여 앞으로는 더욱 독립적이고 올바른 정보에 입각한 선택을 할 수 있도록 하자. 우리 자신의 악한 행동을 줄일 방법이기도 하다.

평생 행복할 수는 없을까?

경험자아와 기억자아

Are You Thinking Clearly?

매사추세츠에서 활동하던 프리랜서 예술가 하비 볼^{Harvey Ball}은 1963년 스테이트 뮤추얼 생명보험에서 직원들의 사기 진작용 디자인을 의뢰받고 '햇살가득 노란색' 종이 위에 펜을 들었다. 이때만 해도 이제 막 탄생하려는 창작물이 얼마나 중요한 의미를 가질지는 상상도 하지 못했다. 딱히 대단한 건 없었다. 대충 그린 타원형 눈 두 개와 살짝 비뚤어진 미소. 그러나 아마도 그 단순함이 특별한 점이었을 것이다. 볼은 10분 만에, 당시로서도 보잘 것 없는 가격이던 겨우 45달러를 받고 단번에 눈에 띄면서도 지금까지 가장 널리 퍼진 이미지 하나를 스케치해낸다. 바로 스마일리 페이스^{smiley face}다.

보자마자 알 수 있는 이 노란 문양은 배지로 만들어져 보험회사 사무실 곳곳에 뿌려지기 시작했다. 그러나 이 디자인은 곧 수백만 달러 규모의 산업을 일으키게 된다. 유럽에서는 프랑스 저널리스트였던 프랭클린 루프라니Franklin Loufrani가 1971년에 자신의 '스마일리Smiley'를 따로 만들어 상표를 등록했고, 신문에 좋은 기사가 나면서 글로벌 브랜드로 성장했다. 스마일리는 셀 수 없이 많은 티셔츠에 프린트되었고 에시드 하우스(빠른 비트의 전자 음악의 일종-옮긴이) 음악의 상징이 되었으며 2012년 런던 올림픽 개막식에도 등장했다. 이 디자인은 오늘날 메시지에서 많이 쓰이는 이모티콘의 시초기도 하다.

이 작고 단순한 이미지는 어떻게 세상의 상상력을 끌어 모으게 되었을까?

1970년대 후반에서 1980년대 어린이들은 로저 하그리브스Roger Hargreaves의 《EQ의 천재들 미스터 맨》 시리즈를 읽고 자랐다. 쫘당 씨와 간지럼 씨, 시끄럼 씨 등 등장인물 모두 인상 깊었다. 그러나 걸어 다니고 말도 하는 노란 스마일리 형태의 행복 씨가 어린 마음에 가장 크게 기억에 남는다. 행복은 단순하고 영원하다는 아이디어를 구현했기 때문이었다. 우리 모두 '행복의 나라'에 살 수 있다는 생각 말이다.

스마일리가 별다른 노력 없이도 전 세계에 퍼질 수 있던 이유는 어른들 역시 같은 것을 믿었기 때문이 아닐까. 모든 사람이 따르고 즐길 수 있는 영원한 행복의 보편적 비결이 있다는 믿음이 있었기 때문이 아닐까.

마치 웃는 얼굴로 살기만 하면 누구나 이룰 수 있을 것만 같은 이 생각은 수십억 달러에 이르는 경제적 효과를 낳기도 했다. 수많은 자기계발서와 SNS 인플루언서, 성공비법 강연자들이 어려운 시기를 극복하는 지름길(마음 챙김이나 몇 시에 일어나라는 가르침 등)과 그 길을 웃으며 지날 방법을 제안한다.

그런데 끝없이 행복을 추구하는 것이 사실은 우리를 더 불행하게 하는 게 아닐까? 명확한 사고를 가로막는 잘 알려지지 않은 '어두운 면'은 없을까?

상담 정신과 의사인 라파 유바Rafa Euba는 20여 년간 수천 명의 정신건강 환자를 대하며 종종 스스로에게 이런 질문을 던지곤 했다. 유바 역시 사랑하는 부인이 있고 의사로서의 하루하루를 만족하며 높은 삶의 질을 누리고, 때때로 고급 포르투갈 와인을 즐긴다. 그럼에도 자기만의 진정 행복한 순간은 암담하게도 덧없이 흘러가며 행복해질 수 있는 확실한 방법도 없다는 것을 알고 있다.

사람들이 더 나은 생각을 할 수 있도록 돕는 일을 하는 정신과 의사로서, 많은 사람이 행복에 대한 압박을 느끼고 또 그렇지 않을 때는 실패한 느낌을 겪는 모습을 지켜보았다. 유바는 인간은 행복해야 하는 존재가 아니라는 결론을 내린다. 그에 따르면 우리는 늘 행복하지는 않아도 된다.

행복이 불행이 되는 첫 번째 이유는 행복을 한 가지로 정의할 수 없다는 점 때문이다. 행복은 추상적이고도 매우 모호한 개념으로 상황에 따라 사람마다 다른 방식으로 경험한다. 예를 들면 미국인은 행복을 개인의 성취와 연결시키는 반면 일본인은 사회적으로 잘 화합하는 자기 모습을 떠올린다는 연구가 있다.

지난 수천 년간 여러 철학자와 과학자들이 행복을 보편적으로 정의내리고자 애를 써왔고, 이는 노벨상 수상 심리학자인 대니얼 카너먼의 《생각에 관한 생각》에 가장 잘 요약되어 있다.

카너먼은 인간에게는 두 가지 면이 있는데, 각기 다른 목적을 갖고 행복에 대해 상이한 방식으로 생각하고 판단한다고 주장한다. '경험자아experiencing self'는 덧없이 흘러가는 순간의 행복을 느낀다. 예를 들면 날이 좋은 여름날 친구들과 펍에서 맥주를 마실 때 느끼는 감정 같은 것이다.

다른 하나는 '기억자아remembering self'로, 삶을 전체적으로 기억할 때 느끼는 만족감에서 행복하다고 생각한다. 이를테면 직업적으로 목표했던 바를 이루었다거나 사회적 기대치를 충족했을 때 드는 느낌이다. 경험자아와는 다른 차원의 행복을 더 중시하는 것이다.

문제는 '경험자아'가 느끼는 순간의 행복이 '기억자아'의 만족감과 대립된다는 점이며, 반대의 경우 역시 마찬가지다. 예를 들어 친구들과 술을 마시느라 해야 할 일을 전부 제쳐두고 여름을 다 보내버리면, 그 순간은 '행복한 순간'으로 경험하겠지만 이후에 '만족감'을 느끼기는 어렵다. 마찬가지로 열심히 일해서 승진을 하고 큰 집을 사면 과정을 돌아봤을 때 '만족감'은 느끼겠지만, 이는 친구들과 함께하는 경험이나 좋아하는 일, 그 '순간의 행복'을 대가로 바쳤기 때문이다.

당신은 경험자아의 순간의 행복감을 추구하는가, 기억자아의 만족감을 추구하는가? 카너먼은 수년간의 연구 끝에 "대부분의 사람은 사실 현재에 행복하길 원하지 않으며 나중에 삶을 돌아봤을 때 만족할 수 있는 삶을 살길 바란다"고 주장했다. 우리는 당연히 인생을 어떻게 살아야 하는지, 인생에서 원하는 바가 무엇인지 생각하는 데 혼란에 빠진다.

또한 사람마다 순간의 행복과 만족감을 느끼는 때가 다르다.

대부분의 사람은 기쁘거나 긍정적인 감정이 불쾌하고 부정적인 감정보다 클 때 '행복하다'고 생각할 것이다. 그러나 각자의 경험과 상황, 성격이 삶에 대한 만족도와 건강한 삶을 자각하는 데 기여한다. 예를 들면 외향성과 내향성은 만족감을 느끼는 데 가장 중요한 두 가지 성격적 특징이다.

외향성이 높은 사람은 감정 상태가 긍정적일 때가 많고, 맛있는 음식이라든가 즐거운 파티, 롤러코스터와 같은 기쁨에 쉽게 만족한다. 반면 내향적인 사람은 자신이 의미 있다고 느끼는 것을 추구해야 충만함을 느낀다. 그러나 카너먼의 주장대로, "행복이라는 단어의 의미는 단순하지 않으며 마치 그런 것처럼 쓰여서는 안된다."

행복이 불행이 되는 두 번째 이유, 인간은 언제나 행복하도록 설계되지 않았다. 유바의 설명대로 행복은 추상적인 개념이며 실제로 생물학적으로나 인간 본성에 존재하는 것이 아니다.

시각이나 청각, 합리적 사고와 언어, 심지어 쾌락과 같은 기능을 관장하는 명백한 뇌 영역이 있지만, 보통 순수한 행복—특히 우리가 추구하고자 하는 지속적이고 완전한 형태의 행복—에 대한 생물학적 지점은 정확히 집어내기 어렵다.

신경전달물질 세로토닌과 도파민이 각각 기분과 보상을 담당하긴 하지만 그 기능이 너무 다양하고 복잡해 이 두 가지를 그저 '행복 물질'이라고 부를 수는 없다. 결국 뇌 안에서 행복을 느끼는 위치를 정확히 지정할 수도 없다.

그렇다고 수술이나 약으로 (지속되도록) 만들 수도 없다. 다양한 정신 질환을 치료하기 위해 쓰는 항우울제나 그 밖의 약물 역시 사람을 행복하게 만들기 위해 사용하는 것은 아니며 그런 질환의 불쾌한 증상을 완화하는 데 도움을 줄 뿐이다.

연구에 따르면 사람들은 특별히 감정적으로 동요할 만한 일만 일어나지 않는다면 대체로 적당히 긍정적인 기분을 유지하는 편이다. 또한 그런 적당한 수준의 행복감을 느낄 때 더 많은 것에 주의력을 발휘할 수 있고 인지적으로 유연해지며 사회적 유대감을 강화하고 목표를 향해 달려갈 수 있다는 것을 보여주는 강력한 연구 결과가 많다.

그러나 인간의 진화 과정에서 어떤 종류의 부정적 사고는 비록 유쾌하지는 않더라도 인간 종의 생존 확률을 높인다는 점 때문에 아직 우리 안에 남아있다. 다시 말해 부정적 생각도 인간 존재의 일부며 우리는 언제나 행복할 수 없다.

실제로 우리 뇌에는 부정적 사고를 하는 데 최적화된 첨단 하드웨어가 내장되어 있다. 그중 하나가 쌍으로 이루어진 땅콩만한 크기의 편도체이며 뇌의 바닥에 위치한다. 편도체는 오래된 원시로부터의 특징으로, 우리가 잠재적 위험을 알아차리고 두려움이나 분노 같은 감정을 발휘해 위험에 적절히 반응할 수 있게 한다. 이런 감정은 행복과는 거리가 멀지만 중요한 역할을 담당한다.

불안은 경계심을 높이고 우울증은 사회적 지지를 이끌어 내며 위험한 행동을 저지하고 심지어 더 나은 사고를 해 복잡한 문제를 해결하는 데 기여한다. 긍정적인 감정을 가지면 사람들 간의 유대가 돈독해지고 그로 인해 더 나은 기회를 잡을 수 있는 등 진화적으로 유리한 면이 있지만 만일 모든 사람이 영원한 행복에 빠져 있다면 누구도 무언가를 해 보려는 노력을 하지 않을 것이다.

유바는 이에 대해 "행복하지 않으면 무언가 잘못하고 있다고 여기는 문화에서 꼭 알아야 할 점"이라고 지적하며 "이렇게 또는 저렇게만 하면, 어떤 지침을 따르기만 하면, 특정 방식으로 생각하기만 한다면 모두가 행복할 수 있다는 것은 전혀 사실이 아니"라고 한다.

정해진 방식(단순한 방법일 경우가 많다)대로 행복을 추구하다 보면 오히려 압박을 느끼게 되어 기대했던 효과와 반대로 우울하거나 불안해지기도 한다.

끝없이 행복만을 추구하다가는 오히려 '역풍'을 맞을 수 있다는 점은 이미 연구를 통해 증명되었다. 예를 들어 늘 행복한 사람은 다른 사람과 긴밀한 관계를 맺는 것에 능한 반면, 그보다 덜 행복한 사람은 더 나아가 정치적으로 능숙해 경제적 수입이나 교육수준이 더 높다는 점이 증명되기도 했다.

또 지나친 행복감을 느낄 때 무분별한 성생활과 같은 충동적인 행동을 하거나 위험한 일을 감행하기도 한다. 즉, 부정적인 상태일 때는 경계심을 높여 안전한 상태를 유지하는 반면 지나치게 긍정적인 상태는 그 반대로 작용할 수 있는 것이다. 사이코패스가 반사회적 행동을 일삼고 타인에게 해를 입히는 것 역시 부정적 감정(두려움이나 불안 등)의 결여와 관련이 있듯 말이다.

지나치게 행복한 사람에 대한 타인의 생각 역시 문제가 된다. '매우 행복한 사람'은 '적당히 행복한 사람'보다 순진하고 고지식하게 보인다는 연구가 있다. 당연히 그런 사람은 남에게 이용당하기도 쉽다. 다음에 기쁨을 주체할 수 없는 상태가 될 일이 있거든 그 기분 때문에 남의 말에 쉽게 속지는 않았는지 스스로 질문해보자.

누구나 행복하길 원하며 그로 인한 장점은 광범위하고 또 잘 알려져 있기도 하다. 그럼에도 우리는 행복감과 그 행복을 추구하는 것이 우리 사고에 어떻게 작용하는지 현실적으로 들여다보았다. 그럴 필요가 있기 때문이다.

행복은 정해진 어떤 한 가지가 아니며 정해진 방법을 따르면 이룰 수 있는 단순한 것도 아니다(그러니 행복해지기 위한 노력이 빗나간다 하더라도 놀라거나 낙심하지 말아야 한다).

또한 부정적 감정은 실패가 아닌 우리 자신의 일부이며 그로 인해 어려운 상황에서 더 나은 사고를 할 수 있게 되기도 한다. 때로는 행복감이 명확한 사고에 방해가 될 수 있다.

누구나 '행복의 나라'에 살고 싶겠지만 우리가 실존하는 곳은 이 지구다. 이곳에서 살기 위해서는 가능한 모든 지혜를 동원해야 한다.

그러게,
병원 가보라니까

자제력 저하

Are You Thinking Clearly?

1997년 5월 영국, 토니 블레어^{Tony Blair}의 신 노동당이 총선에서 압승을 거두었다. 새 정부의 최우선 과제는 최근 체결된 북아일랜드 평화 협정을 이행하고 지난 몇십 년간 종파싸움으로 수천 명의 목숨을 잃은 북아일랜드에 지속적 평화를 유지하는 것이었다. 북아일랜드 국무장관으로 새로 임명된 마조리 '모' 모울람 Marjorie 'Mo' Mowlam 박사가 그 일을 맡게 되었다.

모울람은 똑똑하고 카리스마 넘쳤으며 사교적이고 관습에 얽매이지 않는 자유로운 스타일로 인기를 얻고 있는 정치인이었다. 미래의 총리감으로 언급하는 사람들도 있었다. 그러나 본격적으로 북아일랜드로 들어가 여러 정치적, 준군사 세력과 벼랑

끝 전술을 벌이기 시작한 모울람은 사람들에게 충격적 비밀 하나를 숨기고 있었다. 불과 몇 달 전 담당의였던 마크 글레이저^{Mark Glaser}가 매우 크고 수술이 불가능한 악성 뇌종양 진단을 내렸으며 모울람은 앞으로 살날이 3년 정도 밖에 남지 않은 상태라는 사실이었다.

글레이저는 정기적으로 모울람을 만나 건강 상태와 정치적 상황을 논의했고 실내 도청을 피해 정원에서 자주 만났다. 그는 이렇게 회고했다. "우리가 가까운 친구였다고 넘겨짚어 이야기하고 싶지는 않네요. 하지만 우리는 한 팀이었고, 이제는 말할 수 있지만 모울람은 거의 모든 일을 저와 상의했습니다. 찰스 왕세자가 벨파스트를 방문했을 때 모울람은 건강이 좋지 않았는데 그때도 중간에 제게 전화해 토할 것 같다고 했어요. 저는 "모, 강가에 서서 숨을 깊게 들이마셔요"라고 말해주었죠. 병을 들키거나 찰스 왕세자 앞에서 쓰러지지 않으면서 버틸 방법을 조언해주었어요. 우리는 그런 식으로 엮여 있었습니다."

모울람은 2005년에 55세의 나이로 사망했다. 그녀에게 글레이저는 단지 의사 이상의 의미로 엮인 사람이었다. 남편을 제외하고는 병에 대해 모든 진실을 아는 유일한 사람이었다. 모울람은 글레이저가 비밀을 지켜주리라 믿었고 그렇게 남길 바랐다.

글레이저 박사에게 모울람이 블레어와 대중에게 진실을 숨기고 거짓말(별것 아닌 병이며 치료가 가능하다고 했다)을 한 것은 문제가 아니었다. 글레이저에게는 전두엽 양쪽으로 뻗어나가는 종양의 크기와 위치로 보아 모울람의 사고에 막대한 변화가 있을 것이라는 점이 중요했다. 흔히 이런 종류의 종양은 급격한 자제력 저하와 더불어 비논리적이고 강박적인 행동을 유발했기 때문이다.

당시 글레이저로서는 굉장히 난처한 상황이었다. 북아일랜드는 일촉즉발의 긴장 상태였다. 영국과의 통일을 지지하는 쪽과 북아일랜드 독립을 주장하는 쪽의 준군사 조직이 여전히 중무장한 상태였고, 양측을 대표하는 정치인들 역시 완고하게 버티며 고집을 부리고 있었다. 모울람이 조금이라도 삐끗하는 순간 이 모든 상황에 바로 불이 붙을 터였다.

하지만 글레이저는 모울람을 정기적으로 만나며 그녀의 상태를 지켜보자 그녀의 별나고 자제력 없는 스타일이 오히려 북아일랜드의 정치적 교착 상황을 해결하는 것 같았으며 양측의 공통점을 발견하고 지속적 발전의 토대를 마련해내는 것처럼 보였다. 결국 글레이저는 이 종양이—그리고 종양 때문에 모울람의 성격과 사고가 변화한 방식이—북아일랜드의 갈등 상황을 종결시킨 1998년 성금요일 협정Good Friday Agreement의 기초를 다지는 데 한 역할을 했다고 믿게 된다.

사람들은 모울람을 대단하다고 생각하면서도 기이하게 여겼다. 모울람은 북아일랜드 자치정부 초대 수석행정장관을 지낸 데이비드 트림블David Trimble에게 자신의 (오렌지색) 속옷을 던져 그를 충격에 빠뜨리기도 했다. 이렇게 그녀는 감각적이고 즉흥적이기로 유명했다. 말씨 역시 거침이 없었는데, 한번은 민주통합당 대표였던 이안 페이즐리Ian Paisley에게 "닥치고 꺼지라"고 한 적도 있다. 그러나 놀랍게도 그녀의 이런 태도가 북아일랜드 지역의 뿌리 깊던 긴장을 풀어주었다.

글레이저는 관습에 얽매이지 않는 모울람의 태도에 따뜻한 성격과 양쪽 편 모두와 공감하는 능력이 어우러져 도움이 됐다고 생각했다. 만일 매우 신중하고 조심스러운 사람이었다면 이루어 내지 못했을 일이라고 말이다. 2005년부터 2007년까지 북아일랜드 장관을 지낸 피터 하인Peter Hain은 훗날 "모울람으로 인해 우리 정치가 한 발 앞으로 나아갈 수 있었고 그것이 1998년 4월의 성금요일협정으로 이어지도록 기폭제 역할을 했다. 관습을 깨고 힘든 결정을 내려 이후의 정치 진보에 탄력을 더했다"고 노고를 기리기도 했다.

1999년, 모울람은 평화 협정에 중추적인 역할을 했음에도 불구하고 결국 북아일랜드 장관 자리에서 물러나야 했다. 그 뒤로도 계속 모울람을 돌봤던 글레이저에 따르면, 정치계를 떠난 후의 그녀의 삶은 더 혼란스러웠지만 종양이 정신에 미치는 영향에 대해 모울람은 어느 때보다 명확히 인지하고 있었다고 한다. 어느 날엔가는 "뭐가 종양이고 뭐가 나지?"라고 묻기도 했다.

모울람이 던진 이 예리한 질문은 이 책의 중심이 되는 주제를 관통한다. 더 좋은 방향으로든, 나쁜 방향으로든 우리 안팎의 여러 요인은 사고를 형성하고 때로 조작하기도 하며 영향을 미친다. 이 요인들로부터 사고를 완전히 분리할 수는 없다는 점을 보여준다. 우리가 이 요인들을 모두 통제할 수 없다고 해도 깊이 이해하면 확실히 도움이 된다.

알츠하이머*처럼 현재 치료가 불가능하지만 사고에 영향을 주는 질환이 있는가 하면 뇌종양이나 뇌졸중처럼 치료할 수 있는 질환도 있다.

---

* 치매처럼 치료 불가능한 질환으로 인해 일어나는 인지 저하는 일찍 발견하면 오히려 역효과가 생기고 불필요한 스트레스를 유발할 수 있다고 주장하는 정신과 의사들도 있다. 그러나 같은 진단을 받아도 모든 사람의 반응이 다르고, 당연히 초기에 발견해 치료할 수 있는 질환의 증상을 잘 살펴야 한다.

한 대규모 연구에서는 뇌졸중* 환자들이 진단을 받기 최대 10년 전부터 눈에 띄게 인지 능력이 저하**되고 일상생활에 지장이 생긴다는 점을 발견하기도 했다. 이는 실제로 뇌졸중이 일어나기 훨씬 전부터 대뇌 소혈관 질환이나, 신경퇴화, 염증으로 인해 환자들의 뇌 손상이 이미 시작되었다는 뜻이다.

그러나 1990년부터 2016년까지 14,712명의 환자들을 추적 조사한 연구를 보면 사고가 변하기 시작하는 초기 단계에 이를 발견할 경우 조기에 개입해 질환을 예방할 수 있고 잠재적으로 영국에서만 매년 약 3만 8천 명의 생명을 구할 수 있을 것으로 예측한다. 더 나아가 그 전에 뇌졸중의 원인이 사고에 미치는 영향에 대해 인지한다면 뇌졸중 발생을 막을 수 있을지도 모른다.

수십 년 경력의 글레이저 역시 이 같은 질환이 독특한 방식으로(때로는 위험한 방식으로) 사고에 작용하는 경우를 주기적으로 목격했다. 환자 중 한 명은 전두측두엽 뇌종양을 앓던 영국인 판사였는데, 글레이저는 그를 보고 모울람과 비슷한 증상을 보일 것

---

* 누구나 느리고 미세한 뇌의 변화에 취약하겠지만 이 연구에 따르면, 여성과 학력이 낮은 사람, 또 알츠하이머 질환과 관련 있는 APOE 유전자(지질대사에 관여하는 단백질 생성 정보를 가진 유전자로 알츠하이머병이나 심혈관 질환에 관련이 있다-옮긴이)를 가진 사람이 가장 위험하다.
** 인지 능력이 저하되는 것을 과학적으로 파악할 수 있는 몇 가지 방법이 있다. 간이 정신상태 검사MMSE 등을 이용해 기억력에 생긴 문제를 발견하고 스트룹Stroop 과제 수행을 통해 지능 처리속도를 측정하는 방법 등이다. 또한 피검사자가 매일의 일과(식사, 옷 입기, 돈 관리 등)를 얼마나 효과적으로 처리하는지 평가하기도 한다.

으로 예상했다.

어느 날 그는 글레이저에게 살인 사건 재판이 있어 다음 약속을 미뤄야겠다고 했다. 그러나 사건에 대한 재판이 아직 있기 전이었음에도 판사는 용의자가 확실히 유죄라며 법정 최고 형량을 내릴 것이라고 이야기했다. 글레이저가 재판도 하기 전에 왜 그런 결론을 내렸는지 묻자 판사는 매우 간단하고도 충격적인 답변을 내놓았다. "흑인이니까요."

글레이저는 "그때 이 사람이 더 이상 이전과 같은 사람이 아니라는 것을 확신했다"고 한다. 물론 증명할 수는 없지만 글레이저는 판사의 인종차별이 종양 때문에 생겼거나 아니면 최소한 종양으로 인해 매우 강화되었다고 생각했다. 그의 아내와 통화를 해보니 원래는 매우 친절한 사람이었는데 지난 몇 년간 계속해서 화를 많이 냈다고도 했다.

글레이저는 남성 환자의 경우 유별나게 자제력을 잃고 비밀스러운 사생활(외도하는 경우가 많다)을 유지하는 일이 많은데 보통 사망 후에나 병을 앓는 중에 발견된다고 떠올린다. 어떤 환자는 어느 날 갑자기 아내와 아이들에게 '가장 지독하고도 역겨운 음란 편지'를 보내기도 했다. 병원을 방문한 환자의 아내는 눈물을 흘리며 "남편이 내가 알던 사람이 아니다"라고 했다.

그는 일부 중년 남성들에게 나타나는 급격한 중년의 위기나 성격과 행동에 심각한 변화가 생기는 것이 종양으로 진단 받지 않은 경우라 하더라도 뇌 안에서 일어나는 어떤 변화 때문일 것이라고 여기게 되었다.

그 후 글레이저는 최근의 뇌졸중 연구를 통해 뇌 안의 미세한 구조 변화로도 진단 훨씬 이전부터 사고와 행동이 변할 수 있다는 이론에 새로운 차원을 더한다.

예를 들면 글레이저는 종양이 모울람의 사고에 영향을 주어 북아일랜드에 평화를 찾는 데 기여했다고 믿는 한편 그녀가 장관직을 맡기 훨씬 전부터 이미 성격과 행동을 형성하는 데 종양이 역할을 했을 것이라고도 생각한다.

실제로 종양의 크기로 미루어볼 때 10년 이상 뇌종양이 진행되었던 것으로 보인다. 그는 "뇌종양 진단을 받기 이전에는 정치적 페르소나라고 생각했던 행동 역시 종양이 자라고 있었기 때문일 수 있다"고 한다. "그간의 병력이나 종양의 사이즈로 보아, 또 병리학적으로 판단했을 때 10년보다 더 오래 됐을지도 모른다"며 덧붙였다.

글레이저에 따르면 뇌졸중이든 종양이든 어느 날 갑자기 발생하지는 않고 천천히 진행되며 성격과 행동 역시 뇌구조의 미세한 변화에 따라 점진적으로 바뀐다.

그의 말대로 알츠하이머부터 암에 이르는 여러 뇌 질환에서 유전적, 생화확적 요인이 중요하지만, 시간에 따른 뇌구조의 변화로 인해 사고가 어떻게 달라지는지에 관해 깊이 있는 과학적 연구가 필요하다.

점점 관습에 얽매이지 않는 대담한 태도 덕분에 모울람은 역사에 발자국을 남길 수 있었다. 하지만 바로 그 점이 위험한 질병의 초기 증상이었을지 모른다.

흡연하지 않고 올바른 식습관을 갖는 것, 신체적 및 정신적으로 활발한 상태를 유지하고 왕성한 사회생활을 하며 고혈압과 콜레스트롤, 혈당 등에 주의하고 잘 치료받는 것. 우리가 뇌 질환으로부터 사고를 지켜낼 수 있는 가장 단순하지만 확실한 방법이다.

어쩐지 초콜릿이
당기던 날

미생물과의 협력

Are You Thinking Clearly?

1822년, 여느 날과 다름없었을 한여름 날 아침, 집에서 멀리 떨어진 장터에서 평소처럼 할 일을 하고 있던 알렉시스 세인트 마틴^{Alexis St Martin}은 머스킷 소총이 발사되는 사고로 삶이 영원히 바뀌었다.

　그는 북아메리카 황야에서 털가죽과 그 밖의 다른 물건들을 팔아 돈을 버는 상인이었다. 사고가 있던 그날은 오늘날의 미시건주인 매키노 섬^{Mackinac Island}에서 물건을 팔았다. 마틴은 그 개척지가 위험하다는 것을 알고 대비하고 있었으나 결국 발사된 총알이 왼쪽 옆구리를 가르고 옷에 불이 붙고 마틴은 쓰러졌다. 근처에 있던 군의관 윌리엄 버몬트^{William Beaumont}가 쓰러진 그를 구하게 된다.*

세인트 마틴은 이후에 더 기묘하고 소름끼치는 운명을 맞이한다. 총알은 옆구리를 관통하며 갈비뼈를 부러뜨리고 근육과 한쪽 폐의 일부를 절단했으며 배에 구멍을 내 그때 생긴 내공은 끝까지 제대로 닫히지 않았다.

하지만 버몬트는 크게 걱정하지 않았다. 요즘이었다면 윤리위원회가 미쳐 날뛰었을 법한 행동이었겠지만 버몬트는 세인트 마틴을 인간 버전 실험용 쥐로 사용했으며 향후 10년이 넘는 기간 동안 세인트 마틴의 몸에 난 영구적 내공을 창문 삼아 소화관 내부를 관찰했다. 두 사람의 오싹한 협력으로 새롭고도 놀라운 여러 가지 사실을 발견할 수 있었고, 이로 인해 버몬트는 훗날 '위 생리학의 아버지'라는 명성을 얻었다.

버몬트의 관찰 결과 중 가장 주목할 부분은 분노와 같은 감정 변화에 의해 소화 기능에 현저한 차이가 생긴다는 점이다. 한마디로 뇌와 위가 밀접하게 연결되어 있다는 생각에 처음 불을 붙인 발견이었다. 훨씬 많은 시간이 지나 뇌가 위를 제어할 뿐 아니라 놀랍게도 위 역시 뇌를 제어하는 양방향 시스템을 갖는다는 사실이 밝혀지기도 했다.

---

* 세인트 마틴은 놀랍게도 1880년까지 생존했으며 78세의 고령의 나이에 사망했다.

그로부터 두 세기가 지난 지금은 그때보다 인간의 소화기관에 대해 훨씬 많은 사실이 알려져 있다. 이제 장은 단지 잘 설계된 해부학적 배수관일 뿐 아니라 수많은 미생물이 살고 있는 기관이며 이를 장내미생물군이라고 한다.

그런데 이 작은 생명체들이 뇌와 직결되어 우리의 사고방식을 조종한다고 한다. 사고와 행동, 그리고 미생물의 관계에 대한 연구는 아직 상대적으로 초기 단계에 머물러 있지만 눈부신 잠재력을 갖고 있다. 지난 20여 년간 코크 대학교 해부학 및 신경과학과 존 크라이언^{John Cryan} 교수와 같은 전문가들이 소화 기관에 존재하는 '두 번째 뇌'와 이것이 의학과 신경과학, 심리학, 그리고 일반적으로 우리가 누구인지에 미치는 영향을 밝히고자 시도하고 있다.

몸속 미생물과의 협력 관계는 매우 오래되고 광범위하다. 어찌되었든 미생물은 처음부터 존재했고 우리 뇌는 어떤 방식으로든 미생물의 영향을 받아왔다.

실제로 우리 조상들은 인간으로 진화하기 훨씬 오래전부터 몸속에 풍부하고 다양한 미생물군을 갖고 있었으며 현재는 1.3:1의 비율로 미생물이 세포보다 많다. 우리 몸속 세포의 절반 이상은 사람이 아닌 것이다. 크라이언은 테드엑스^{TedX} 강연에서 이 주제에 대해 다채롭게 설명하며 "화장실에 가서 미생물들을 몸 밖으로 빼낼 때 이 점을 기억하세요. '지금 조금 더 인간이 되어가고 있구나'"라고 했다.

일생 동안 끝없이 변화하는 우리 몸속 장腸 내 미생물 군은 수천 가지 종으로 이루어져 있으며 그중 상당수가 박테리아로, 유전자와 환경, 섭취하는 음식과 감정 상태 등 다양한 요소에 의해 달라진다. 역으로 미생물군은 몸속에서 '작은 공장'으로서 중추적인 역할을 하며, 당분부터 세로토닌까지 우리가 살아가고 생각하고 느끼는 데 필요한 화학물질을 생산하고 있어, 우리의 감정을 바꾼다.

크라이언의 연구가 한 발 더 나아가는 지점이다. 우리의 삶의 방식에 따라 장내 미생물군의 구성이 달라지기도 하지만 그 반대로도 작용한다. 즉, 미생물군이 우리에게 영향을 준다. 한 예로 일부 미생물은 모유의 복합 당분을 분해해 아기의 뇌 발달을 돕는 주요 화학물질을 생성하고 인간의 초기 뇌를 형성하는 데 중요한 역할을 한다. 또한 우리 몸의 신경 섬유 주위를 감싸주는 지방 피막을 형성하는 미엘린^{myelin} 역시 미생물군의 제어를 받는다는 연구도 있다.

이제 본격적으로 미생물군이 우리에게 주는 영향을 살펴보자. 과연 미생물군은 어떻게 우리의 사고방식에 어떻게 관여할까?

연구에 따르면 미생물군은 미주 신경을 '낚아채' 사고와 행동을 조종하는 신호를 보내기도 한다. 미주 신경은 뇌와 주요 내장 기관(심장, 폐, 소화 기관 등)을 연결한다. 배가 고픈지 부른지를 알려주는 것 외에도, '직감gut feelings'을 느끼게도 하고 초조하거나 흥분하면 '떨리는' 경험을 하는 것으로 보인다.

장에 존재하는 특정 종류의 박테리아가 이 같은 방식으로 뇌와 소통한다는 점을 증명하는 근거가 있다. 예를 들면 락토바실루스 람노수스 제이비1Lactobacillus rhamnosus JB1은 쥐 실험에서 우울 및 불안에 관련된 행동에 효과가 있다고 밝혀졌다. 그러나 미주 신경을 차단하자 이 효과가 사라졌고 실제로 박테리아가 연결을 가로채고 있다는 것을 알 수 있었다.

미생물군이 영향을 주는 광범위한 뇌 영역 중 연구자들이 특히 관심을 갖는 영역은 편도체다. 아몬드만 한 크기의 편도체는 두려움이나 불안 등의 강력한 감정에 관여하며 잠재적 위협에 대해 '투쟁 도주' 반응을 이끌어낸다.

연구에 따르면 살균 환경에서 살아 미생물군을 갖고 있지 않은 '무균' 상태의 쥐는 스트레스에 불안 반응이 높은 것으로 나타난다. 동물의 미생물군 구성을 변형해 우울증과 비슷한 행동을 유발할 수도 있다. 40명의 여성을 대상으로 한 실험에서 인간 역시 각자의 미생물군의 구성에 따라 불쾌한 이미지에 서로 다른 방식으로 반응한다는 점을 알 수 있었다.

두려움이나 불안에 미치는 영향 외에도 미생물군은 식욕을 조절하며 우리가 무엇을 먹을지 결정한다. 예를 들면 단백질이 부족한 초파리는 당분보다 이스트를 선택한다. 만약 초파리의 장내 미생물의 구성을 바꾸면 초파리의 선호도가 바뀌어 같은 상황에서 당분을 찾는다.

꼬불한 케일보다 치즈버거를 좋아하는 사람이 있듯 미생물의 종류에 따라 원하는 영양분이 다르다. 그리고 미생물은 좋아하는 케일이나 치즈버거를 얻기 위해 우리의 생각을 조종할 수도 있다 (다음에 초콜릿이 유난히 먹고 싶어 죄책감이 든다면 좀 편안하게 생각하자).

과연 우리는 미생물에 의해 건강에 덜 좋은 선택을 하는 것일까? 점점 더 많은 학자가 우리는 우리가 무엇을 먹느냐가 아닌 미생물군이 무엇을 먹느냐에 달려 있다는 생각에 힘을 싣고 있다. 따라서 좋은 식습관으로 몸에 유익한 미생물을 유지시키면 긍정적이고 건강한 삶을 살 수 있다고 주장한다.

우리는 그저 개인이 아니라 몸속에 수많은 다른 유기체를 품고 있는 하나의 생태계며 통생명체holobiont(한 개체와 그 개체에 공생하는 다른 생명체를 한데 묶어 생각하는 개념 - 옮긴이)로 존재한다. 훨씬 더 흥미롭고 신비로운 점은 이 미생물군이 우리의 사회적 행동 역시 조종할 수 있다는 연구다.

일반적인 인간의 사회적 상호작용(맞다, 키스도 포함이다)으로 인해 미생물 종들이 사람들 사이를 이동하며 다양성을 높여 미생물군과 우리의 생존 확률을 높인다는 주장을 하는 학자들도 있다.

개코 원숭이와 같은 야생 동물 실험에서는 같은 사회적 그룹 내에서는 혈연관계가 아니더라도 구성원들끼리 두드러지게 비슷한 미생물을 갖고 있다는 것을 발견할 수 있다.

크라이언의 표현으로 '사회적 필요에 의한 동맹'은 현실에서 일어나는 행동에도 영향을 미친다는 사실은 이미 증명된 바 있다. 예를 들면 미생물이 없는 무균 상태의 쥐들은 다른 쥐들과의 상호작용에 관심이 덜하고 자신의 짝을 잘 기억하지 못한다. 이 경우 비피더스균과 젖산간균 같은 특정 박테리아균을 동물에게 투여하면 줄어들었던 사회적 행동을 다시 되돌릴 수 있다.

한편 줄무늬 열대어 실험에서 미생물군을 변화시키자 물고기들이 무리 짓는 행동에 변화가 있었다. 항생제를 주입했을 때는 무리 짓기가 줄어들고 프로바이오틱스는 무리 짓기를 증가시키는 것으로 나타났다.

뇌와 위의 관계는 새롭고 선구적인 분야다. 하지만 흥미로운 연구 결과의 대부분이 동물에 관하며 아직 사람을 대상으로는 충분한 연구가 이루어지지 않았다.

그럼에도 앞으로 우리가 주목해볼 세계임은 확실하다. 우리 자신만이 사고의 주체가 아니며 우리 몸 안 가장 깊숙한 곳에서 복잡하게 얽혀 있는 수조兆 개의 작은 유기체가 사고를 형성하는 그 세계 말이다.

크라이언은 그러한 연구들이 "코로나19 이후 사회적 구조가 무너진 데다 위생 개념과 식습관의 변화로 미생물군이 바뀐 상황에서 특히 중요하다"고 한다.

미생물군만 잘 지켜도 우리는 또렷하게 생각할 수 있다. 심지어 적절한 박테리아는 사고를 명확하게 하고 뇌의 노화를 어느 정도 늦출 수도 있다. 최근의 연구에서는 어린 쥐의 장에서 채취한 박테리아를 늙은 쥐에게 이식하자 미로를 빠져나가는 능력이 향상되고 기억력과 학습 능력이 개선되기도 했다.

몸속 미생물군을 건강하게 유지하는 가장 쉬운 방법은 올바른 식습관이다. 현대인의 삶과 그에 따라 늘어난 가공 식품과 기름진 패스트푸드는 미생물군과의 전쟁을 일으켰고, 연구에 따르면 우리 조상들이 가지고 있던 미생물 중 많은 수가 현재는 멸종되었다고 한다.

이 현상과 현대인의 정신 건강 저하 간의 연관성은 지금으로서는 추측에 불과하다. 하지만 건강한 식습관이 일반적으로 몸 속 미생물군과 신체에 미치는 긍정적 효과가 증명된 만큼 잘 먹는 것이 정신과 사고에 좋다는 것은 말할 것도 없다.

그는 미생물군에 '좋은 음식'으로 오메가3(호두, 아마 씨, 생선 등에 함유)와 폴리페놀(레드와인, 다크 초콜릿, 적양파 등에 함유)이 풍부한 지중해식 식단을 꼽는다. 또 김치는 채소를 발효시켜 만드는 한국인의 주식 중 하나인데, 이 같은 발효식품과 절인 음식 역시 건강하고 다양한 미생물을 늘리는 데 좋으며 운동 역시 도움이 된다.

또한 뇌와 미생물군의 관계가 양방향으로 작용하는 축이라는 점을 인지해야 한다. 우리 안의 유기체가 사고방식에 영향을 주는 것처럼 사고방식 역시 미생물에 변화를 줄 수 있다.

예를 들어 삶에 스트레스가 높으면 장과 그 안에 서식하는 생물에 해로운 영향을 주며 (스트레스로 인한 장 문제를 겪는 사람이라면 이미 잘 알고 있을 것이다) 그러므로 안정을 취하고 긍정적으로 사고할 방법을 찾으면 상호 간에 유익한 순환의 고리를 만들 수 있다.

대변 이식이나 '크랩슐(대변의 유익한 미생물을 캡슐에 넣어 섭취하는 형태-옮긴이)'을 통해 건강에 해로운 미생물 대신 반짝이는 최신식 미생물로 대체할 수 있다는 아이디어도 존재한다. 대중성을 가지고 상용화되려면 아직 갈 길이 멀지만 곧 광범위한 질병(자폐증, 불안, 정신분열증 등)을 치료하는 데 이 같은 방법이 널리 쓰이게 될 것이다.

왜 짜증이 나나 했더니 배가 고팠다

스마트 드러그

Are You Thinking Clearly?

생각에 대한 책을 쓰다 보면, 당연하겠지만, 생각이 많아진다. 그리고 이건 이 책을 쓰고 있는 우리 둘 다 늘 좋아하던 일이다.

우리 두 사람은 살면서 생각이 너무 많다는 책망을 받아왔다. "힘 좀 빼라"거나 "남들 하는 대로 좀 하라"는 이야기를 들어왔다. 그런데 이 책을 쓰면서는 생각하는 일이 어렵고 흐릿해지는 때가 있었다. 평소보다 어느 한쪽으로 치우쳤거나 논리에 허점이 있어서 그랬을 것이다(아니면 그냥 열정이 좀 식었나?).

두 사람이 함께 책을 쓰다 보면 둘 중 누가 좀 게을러졌을 때 다른 한 사람이 이를 알아차린다는 점이 좋다. 하지만, 스코틀랜드의 하이랜드Highlands를 가로지르는 긴 자동차 여행 중 낙관주의와 비관주의 중 어느 쪽이 더 나은지에 대해 열띠고도 불명확한 논쟁(말싸움에 더 가까웠다)을 했을 때처럼 둘 다 명확한 사고를 하지 못할 때도 있던 거다.

이 '안 좋았던 날들'을 돌이켜 생각해보면 확실한 패턴이 있었다. 둘 다 혹은 둘 중 한 명이라도 전날 잠을 잘 못 잤다거나 스트레스를 받거나 감정적인 일이 있었다거나, 어쨌든 식사를 건너뛰었다는 것이다.

이 책의 다른 부분에서도 여러 번 이야기한 것처럼, 일관성 있는 사고에는 결함이 많다. 학습된 행동, 꽉 막힌 고정관념, 낙관주의나 비관주의로 기우는 경향 말이다. 그런데 단지 배가 고파서 짜증이 나도 되는 걸까.

대니얼 카너먼과 연구진은 《노이즈: 생각의 잡음》에서 전문가적 판단(예를 들면 같은 증상에 대한 의사의 진단이나 같은 범죄에 대한 판사의 판결 등)이 사람에 따라 얼마나 심하게 달라질 수 있는지에 대해 이야기한다. 그래서는 안 되는데도 말이다.

이런 '생각의 잡음'은 편견이 체계적이지 않아 사고에 변동이 많을 때 발생한다. 인지 능력과 개인의 성격에 따라 잡음의 영향을 덜 받을 수도 있지만, 배고픔이나 피곤, 스트레스와 같은 '하위 단계 과정'이 잡음을 일으킨다. 결국 뇌도 적당량의 영양분과 휴식이 있어야 제대로 작동하는 장기 중 하나기 때문이다.

옥스퍼드 대학교 인류미래연구소 연구원으로 사고와 인지 편향을 연구하는 앤더스 샌드버그Anders Sandberg는 사실 이러한 하위 요소들이 명확한 사고에 가장 큰 걸림돌이 된다고 주장하며 이렇게 말했다. "제 자신을 보더라도 피곤할 때는 생각의 흐름이 약해지기 때문에 논리적인 결론을 도출하는 능력이 떨어집니다. 그래서 이럴 때는 기운이 넘칠 때보다 더 짧은 생각, 단순한 주장을 하려고 하죠."

우리 모두 경험한 적이 있는 이런 현상을 다룬 연구는 수없이 많다. 피곤할 때는 확실히 주의력과 집중력이 떨어진다. 주의력은 특히 추상적이거나 복잡한 사고에 있어 중요한 선결조건이며 주의력이 떨어지면 실제 삶에서도 많은 문제가 있을 수 있다. 예를 들어 의사는 하루 업무가 끝나가면 피곤해진 상태기 때문에 오전보다 오후에 만난 환자에게 오피오이드(아편성 진통제-옮긴이)를 처방할 가능성이 높아지기도 한다. 누구나 피곤하면 간단한 요리나 안전 운전 같은 가장 기본적인 일조차 처리할 수 없다.

더 걱정스러운 부분은 피곤하면 인지 유연성이 떨어진다는 점이며 관점을 바꾸고 상황에 맞게 적응, 올바른 사고를 하는 데 어려움을 겪는다. 현재까지의 뇌 영상 연구에 따르면 인지 능력이 저하되는 것은 상당 부분 감각을 지각하는 시상과 복잡한 인지 작업에 관련된 전전두엽의 비활성화에 달려 있는 것으로 보인다(이 부분에 대해서는 학자마다 의견이 분분하다). 이유가 무엇이든 수면 부족은 상대적으로 그 정도가 심하지 않더라도 술에 취했을 때와 비슷한 수준으로 인지 능력을 떨어뜨릴 수 있다. 예를 들어 17~19시간 정도 잠을 자지 않은 사람에게 특정 인지 능력 테스트를 시행했을 때, 혈중 알코올 농도 0.05%에 해당하는 사람과 비슷하거나 심지어 더 떨어지는 것을 볼 수 있었으며 이는 많은 국가의 음주운전 제한수치에 해당한다.

잠이 부족하여 피곤해지면 기억력에도 큰 차질이 생긴다. 이는 작업 기억력(쇼핑 목록처럼 짧은 시간 동안 몇 가지 사항을 기억하는 능력)과 장기 기억력(학교에서 배운 것을 기억하는 능력 등) 모두에 해당한다. 기억은 자는 동안 강화된다. 흔적처럼 해마에 저장되었던 최근 경험에 대한 기억을 대뇌피질(뇌의 바깥 표면으로 추론이나 감정, 언어 등의 복잡한 능력에 관여)의 장기 기억 네트워크로 전환하는 신경 처리 과정이 필요하다. 그러므로 잠이 부족하면 학습과 사고에 있어 매우 중요한 장기기억을 형성하는 데 어려움이 생긴다. 장기기억이 학습에 영향을 주는 한 예로, 어린아이에게 책을 읽어준 뒤 곧바로 낮잠을 자게 하면 책에서 배운 새로운 단어를 더 쉽게 학습할 수 있다.

피로로 인한 주의력, 기억력, 인지 능력 저하, 자제력 약화 등 부정적 효과는 사람마다 크게 달라 어떤 사람에게는 훨씬 큰 일이 되기도 한다. 이러한 개인차는 상당 부분 유전적 요인에 기인한다. 잠이 부족할 때 다른 사람보다 유난히 힘들어 하는 편이라면 다른 일보다 수면을 우선순위에 두는 편이 좋다.

수면 부족과 함께 배고픔 역시 명확한 사고를 방해하는 흔한 요인이다. 지루한 업무에 집중하려고 할 때 스펀지케이크나 치즈버거 생각을 하느라고 일에 지장이 생기는 경우 말고도 많은 사람들이 배가 고플 때 '행그리hangry'(배가 고파hungry 화가 나는angry 상태를 말하는 합성어-옮긴이) 상태에 빠지곤 한다. 배가 고파 짜증이 나면 필요 이상으로 화를 내기도 하고 복잡하거나 예민한 사안을 처리할 때 차분히 생각하기보다는 부주의하게 처리하기도 한다.

이스라엘의 가석방 심의위원회 재판관들이 점심시간 직후나 업무가 끝나갈 무렵 배고픔의 고통이 몰려올 때보다 하루가 시작될 때나 점심시간 직후, 즉 '행그리'하지 않을 때 더 관대하다는 유명한 연구도 있다. 이 연구에서는 재판관들이 기운이 없으면 대담하고 어려운 결정을 내리기보다 현상 유지를 원하게 되어 가석방 심의에서 가혹한 판결이 나온다고 주장한다.

배고픔은 시간 인식에도 영향을 미친다. 한 연구에서는 배가 고프면 좀 더 '현재 지향적'이 되며 미래의 보상보다 현재의 즉각적인 만족을 택한다고 한다. 물론 그 보상이 음식이라면 당연한 일이다. 대부분의 사람은 굶주리고 있을 때 더 나은 식사를 위해 두 시간을 기다리기보다는 당장 먹을 간식을 선호할 것이다. 그러나 신기하게도 이런 즉각적 만족을 향한 열망이 음식에만 해당되는 것이 아니다.

이 연구에 따르면 지금 당장 현금 20파운드(약 3만 2천원)를 받을 수 있거나 노래 20곡을 무료로 다운로드 할 수 있는 상황에서 나중에 받으면 보상이 각각 두 배가 된다고 했을 때 사람들은 보통 현금은 90일, 노래는 40일까지 기다릴 수 있는 것으로 나타났다. 하지만 배가 고플 때는 각각 40일과 12일로 기다릴 수 있는 시간이 줄어든다고 한다. 배가 고프면 신중하고 사려가 깊기보다는 만족을 위한 열망에 사로잡혀 인내심이 떨어지고 충동적이 되는 것으로 나타난다.

코로나19 기간 있었던 자가격리로 이미 많이들 알아차렸겠지만 신체 활동이 부족해도 정신이 희미해질 수 있다. 바깥에서 산책을 하는 것만으로도 필요한 산소와 혈액을 뇌로 충분히 공급해 기운이 나고 예리해질 수 있다. 실제로 오래 앉아 있는 생활 습관이 기억력부터 실행 기능, 처리 속도 등에 이르기까지 다양한 영역에서의 인지 능력 저하와 상관관계가 있다는 점이 여러 연구에서 증명되기도 했다.

2분 동안 최대 속도로 걸어 운동 능력을 측정했을 때, 신체적으로 건강한 사람의 경우, 뇌세포 간의 연결을 담당하는 신경 세포로 이루어진 백질white matter 구조가 더 잘 보존되어 있는 것으로 나타난다. 반면 백질에 이상이 있을 경우 알츠하이머로 발전되기도 한다.

이에 더해 운동은 뇌가 새로운 신경 연결을 형성하는 데 좋으며 심지어 세포의 성장에도 도움이 된다. 그러므로 평균적으로 봤을 때 신체적으로 건강한 사람이 그렇지 않은 경우보다 정보처리 속도나 인지 유연성 및 유동 지능 등의 인지 능력 테스트에서 더 좋은 점수를 받는다는 사실은 놀라운 일이 아니다.

규칙적으로 달리기를 하지 않는다고 해서 절망할 필요는 없다. 심지어 한 번의 운동만으로도 인지 능력에 작지만 긍정적인 효과를 볼 수 있고, 시험 직전에 운동을 하면 하지 않았을 때보다 좋은 결과가 나올 가능성이 있을 정도다. 보통 강도의 유산소 운동이 주의력과 작업 기억, 문제 해결, 인지 유연성 등의 실행 기능에 가장 큰 효과가 있는 것으로 보이며 강도 높은 운동은 정보 처리 능력에 도움이 된다(한 번의 운동으로도 기분을 끌어올리는 건

덤이다).

인지 장애를 극복하는 일은 어렵지 않아 보인다. 누구나 이미 다 알고 있듯, 그저 잘 먹고 잘 자고 어느 정도 운동을 하면 된다. 여기에 더해 공복에 중요한 결정을 내리지 않고 시험 직전에 밤을 새지 않는 정도로도 이런 상태에 빠지지 않을 수 있다.

하지만 마찬가지로, 누구나 이렇게 할 수 없을 때도 많다는 걸 알고 있다. 아이가 있는 대부분의 부모에게는 충분히 잠을 잘 수 없는 상황이 많고, 생계 때문이든 좋아하는 일을 해서든 잠을 설치며 여러 가지 일을 해야 하는 사람도 많다.

윈스턴 처칠, 알버트 아인슈타인, 레오나르도 다 빈치 모두 그러했는데, 이들은 모두 낮잠을 꼭 잤다. 낮잠을 자면 잠깐의 피로를 풀 수 있는 것뿐만 아니라 집중력을 높여 인지 기능에 긍정적인 효과를 볼 수도 있다.

상황 때문이 아니라 솔직히 그냥 게을러서인 경우에는 어떡하냐고 물을 수 있겠다. 샌드버그에 따르면 현명하고 게으른 사람도 필요하다. 그는 "이들은 무언가를 할 때 가장 간단하면서도 빠른 방법을 찾아내는 데 시간을 쓴다. 멍청하고 기운만 넘치는 사람들은 방향성 없이 힘만 많이 들이고 잘못된 일에 노력을 쏟기 때문에 오히려 위험하다"고 주장한다. 그러니 게으르다고 너무 자기비난은 하지 말자.

샌드버그는 열렬한 '트랜스휴머니스트(과학과 의학기술을 이용해 인체 능력을 향상하고 수명을 연장하고자 하는 움직임–옮긴이)'로, 과학기술의 발전을 통해 사고력을 증진시킬 수 있고 인간이 더 나아질 수 있다고 믿는다.

샌드버그는 '인지 향상'에 대한 연구를 진행했는데, 이는 기본적으로 인간의 인지 능력을 해킹하는 방법이라고 할 수 있다. 어떤 방법은 비교적 간단하고 직접적이다.

예를 들어 피곤할 때 카페인이나 설탕, 니코틴 등을 섭취하면 일시적으로 인지 능력이 향상되며 주의력과 활기가 올라가고 반응 속도도 증가한다. 최근 샌드버그 및 다른 학자들에 따르면 오메가3 지방산과 바코파 몬니에리Bacopa monnieri 같은 약초 역시 인지 능력을 향상시키는 효과가 있다고 밝혀졌으며 명상 역시 주의력 및 인지 유동성을 높일 수 있다.

한 번의 운동도 할 시간이 없다면 산소 요법이 기억력을 강화에 도움이 되기도 한다. 샌드버그는 '더욱 현명해지기 위해', 또는 최소한 '생각의 잡음'의 영향을 덜 받기 위해 여러 가지 방법을 시도해보았지만, 모든 방법이 다 자신에게 맞지 않는 걸 알고 이렇게 말한다. "학회에서 발표할 때마다 유산소 운동이 정신 기능에 좋은 영향을 미친다고 말하면서도 정작 나 자신은 사무실 바로 밑에 헬스장이 있었는데도 한 번도 가본 적이 없다. 나는 차라리 약을 먹는 편을 택한다. 운동을 하려면 시간을 들여야 하고 피곤하며 땀도 많이 난다."

샌드버그를 포함한 트랜스휴머니스트들은 복잡한 이해관계 문제나 큰 일이 걸려 있다면, 때로 일시적으로 인지 능력을 증가시킬 수 있는 '스마트 드러그' 복용도 고려해볼 수 있다고 한다. '스마트 드러그'로는 모다피닐Modafinil을 비롯해 아데랄Adderall, 메틸페니데이트methylphenidate 같은 각성제 등이 있으며 복용한다고 해서 약에 취하거나 성격에 변화가 생기지는 않는다.

케임브리지 대학교 신경심리학자인 바바라 사하키안Barbara Sahakian은 이러한 약물의 효과에 대해 연구했는데, 이들 약물이 사고력 향상에 도움이 되며 특히 모다피닐은 각성제와 달리 큰 부작용이나 중독성이 없는 것으로 나타난다.

사하키안은 "계획성과 문제 해결능력이 좋아지며 그로 인한 여러 간접적 효과를 볼 수 있다"며, 동기부여와 같은 감정적 측면에도 도움이 된다고 설명한다. 작업 기억력이 향상되면 당연히 동시에 여러 가지를 생각하며 일을 해낼 공간이 생긴다고 말이다.

사하키안은 스마트 드러그가 수면 부족에 시달리는 의사들이나 정신 질환을 앓는 환자들의 인지 유연성을 높인다는 점을 증명하기도 했다. 하지만 약물이 아직 불법인 나라가 많으며 장기간 복용할 경우의 안전성에 대한 연구가 충분히 이루어지지는 않았다고 경고한다. 또한 이 약품들을 온라인에서 구매하는 경우가 대부분인데 올바른 제품인지를 정확히 알 수 없어 역시 위험하다.

이미 인지 능력이 높고 충분한 수면을 취한 상태로 최적의 수준에서 일을 하고 있는 사람에게는 각성제가 큰 효과를 발휘하지 않는다. 메틸페니데이트 같은 일부 약품은 오히려 역효과가 있을 수 있다. 특히 모다피닐의 경우 정신적인 면에서는 효과적일 수 있지만 반응 속도를 느리게 만들기도 한다. 덕분에 충동적이 되는 것을 방지할 수는 있겠지만 시간에 쫓기며 체스를 두는 상황에서는 단점이 된다. 결국 약물의 합법성을 떠나, 일부 특정 상황에 있는 사람에게는 스마트 드러그가 도움이 될 수 있을지 몰라도 장기적으로 명확한 사고를 기르기 위해 의지할 만한 방법은 아니라는 문제가 있다.

트랜스휴머니스트들은 스마트 드러그에서 멈추지 않는다. '내년이면 벌써 서른'장에서 만날 엘리자베스 패리시Liz Parrish처럼 인지 능력 강화를 위해 유전자 치료와 유전자 편집에 관심을 갖는 사람들이 늘어나고 있다.

지금 우리가 사는 시대는 영양과 운동을 거의 종교처럼 떠받들며 더 현명하고 건강하게 장수하는 삶의 필수 요인으로 여긴다. 수면 부족과 배고픔, 장시간 앉아 있는 생활 습관으로 야기되는 잡음에 반해 영양과 운동이 건강과 인지 능력을 향상하는 훌륭한 요인인 것은 사실이다. 현실적으로는 아무리 야채 음료를 마시고 마라톤을 열심히 한다고 해서 갑자기 기적적으로 심오한 사고가 가능해지는 것은 아니다. 많은 사람이 정신적으로 불편한 상태보다 신체적 불편을 기꺼이 감내하지만 사고력을 향상하고자 한다면 그 반대여야 한다.

나의 정신을 안일하게 생각하지 말자. 생각의 오류를 지적하고 스스로 편견을 인지하고 평생에 걸쳐 어려운 개념을 학습하는 등 자신의 정신에 도전해야 한다. 생각만으로도 편치 않은 일이겠지만 지금 이 책을 읽고 있다면 이미 한 발짝 내딛은 것이나 마찬가지다.

각성모드가 필요해

기분장애

Are You Thinking Clearly?

당신은 지금 산에 있다. 매우 크고 아름다우며 발자국 하나 없이 깨끗한 눈으로 덮여있는 산이다. 이제 스키를 타고 산을 내려오는 자신의 모습을 떠올려보자. 누구도 지나간 자국이 없는 이곳에 당신 혼자다. 안내문도 없고 따라가야 하는 길도 없다. 자유롭게 나만의 길을 낼 수 있을 것 같다.

그러나 아래 계곡으로 내려가면서 다른 사람들이 지나갔던 길에 당도한다. 처음에는 다른 사람들이 지나간 자국을 피해 주변에서 스키를 타본다. 오래 가지 않아 자국은 수도 없이 많고 깊다. 결국 그 안에 갇힐 수밖에 없게 된다.

한 주간 스키 여행을 떠나본 적이 있다면 익숙한 이야기일 것이다. 그러나 지금은 지난번 겨울 휴가 이야기를 하는 게 아니다. 임페리얼 칼리지 런던ICL의 선도적인 신경정신약리학자(이게 무슨 직업인지에 대해서는 할 말이 한 가득이지만 기본적으로는 약물이 정신과 행동에 미치는 영향을 연구하는 사람 정도로 해두겠다) 데이비드 너트David Nutt 교수의 상상력 넘치는 설명이다. 데이비드 너트는 뇌가 특정 사고방식에 갇히게 되는 방식을 설명하기 위해 스키를 타고 내려오는 이미지를 만들어냈다. 여기서 원래 나 있던 자국은 관습이다. 관습에 갇혀 버린 것이다.

인간의 머릿속 하드웨어는 광활하고 유연하며 매우 복잡한 의사결정을 내릴 수 있는 다른 무엇과도 비교할 수 없는 규모의 슈퍼컴퓨터다. 그러는 동시에 아주 단순한 생물학적 목표, 바로 생존을 위해 존재한다. 인간의 모든 복잡한 면은 우리 뇌가 우리가 먹고 마시고 다음 세대를 생산할 수 있을 만큼 오래 살 수 있도록 임무를 수행한 결과다.

우리의 뇌는 어떤 컴퓨터보다 몇 배나 효율적으로 에너지를 사용하는데, 놀라운 효율성을 달성하는 한 가지 방법으로, 자료를 뇌에 축적한다. 이 축적한 자료를 바탕으로 우리는 주변에서 일어나는 일을 매번 끝없이 새로 받아들이고 다시 계산하기보다는 종종 미루어 짐작하고 쉬운 길을 선택하곤 한다. 그럴 수 있다. 우리 머릿속 회백질과 백질 덩어리가 실시간으로 쉴 새 없이 세상을 리모델링할 수는 없을 것이다. 우리 뇌는 지적으로 매우 강력하지만 귀중한 에너지 자원을 과하게 사용하지 않도록 경제적으로 움직여야 하기 때문이다.

하지만 이렇게 해서 유연성 없는 신념과 사고방식에 쉽게 갇혀버린다. 실제로 우리 뇌는 우울증, 망상장애부터 중독 같은 특정 상태에 빠진다. 우리의 신념과 행동, 사고방식이 때로 완전히 틀리거나 파괴적이기도 하며 각자가 받은 교육과 살아가는 사회, 과거의 경험(어린 시절일 경우가 많다)을 토대로 점차 경직된 상태가 되어간다. 자유롭고 명확하게 사고할 수 없는 상태는 눈 위에 난 자국을 따라 스키를 타는 것과 같다. 너트는 한번 생각해보자고 한다.

"환각제는 스키장에 난 다른 사람의 자국을 없애주고 다시 아무도 밟지 않은 눈으로 만들어줍니다. 그럼 우린 그저 우리가 원하는 곳으로 스키를 타고 가면 되는 거죠. 우리가 가질 수 있는 마지막 자유란 남들과 다르게 사고하는 거예요. 그런데, 우리는 지금 어쩌고 있습니까?"

어떤 약물은 해로운 상태에 빠진 정신을 극복하게 해주기도 한다. 실제로 LSD나 환각 버섯(실로시빈)과 같은 일부 환각제는 올바른 환경에서 똑바로 사용할 경우 중독, 우울증, 임종 전 불안 증세 등 여러 정신 질환을 효과적으로 치료하는 데 도움이 된다 (하지만 대부분이 심각한 중독을 일으키는 약이다. 잘못 사용할 경우 매우 위험하거나 치명적일 수도 있다. 특히 담배와 술이 그렇다).

약물은 크게 '각성제'와 '진정제', '환각제'로 나뉘는데, 코카인이나 암페타민, 카페인과 같은 각성제는 사고의 속도를 높이고 집중력을 오랫동안 유지시킨다. 그러나 고용량을 복용하면 망상증이나 폭력성(망상 때문에 폭력이 유발되곤 한다)이 따라올 수 있다.

예를 들어 코카인은 원래 코카 이파리에서 추출한 것으로 안데스 산맥 원주민들은 수세기 동안 이를 각성제나 고산병 치료제로 여겨 씹어 먹거나 차로 우려 마셔왔다. 자연에서 온 '카페인 알약' 대용이었다고 할 수 있다. 코카인은 쾌락을 느끼게 하는 신경전달물질 도파민과 스트레스에 투쟁 반응을 일으키는 노르아드레날린을 표적으로 삼기 때문에 코카인을 복용하면 일정 기간 동안 머리가 맑아지고 기분이 좋아지며 기운이 솟는다.

그러나 중독성이 강하고 뇌 구조를 변화시켜 스트레스에 대응하는 능력에 부정적인 영향을 주고 올바른 의사결정이나 명확한 사고에 방해가 된다. 사람을 불안하게 하고 자기도취에 빠져 끝없이 떠들게 만든다.

진정제(또는 억제제)는 뇌 활동을 감소시켜 일상의 스트레스와 책임감으로부터 도피할 수 있게 해준다(나중에 후회할 수도 있지만 잠깐은 그렇다). 인류의 오랜 친구인 술의 예를 들자면 뇌 전체의 뉴런 간 전기적 통신을 방해하며 술을 마시는 동안 행복한 무지의 세계에 들게 한다. 술이 대부분의 인지 기능을 감소시키기는 하지만 창의력을 북돋는다는 연구 결과도 있다.

한편 헤로인이나 그 밖의 아편제는 뇌에서 쾌락과 보상, 통증을 지각하는 데 주요 역할을 하는 전용 아편제 수용체를 더 집중적으로 겨냥한다. 그러나 신체가 자연적으로 만들어내는 아편제(엔케팔린)와 달리 약물로 섭취할 경우 과도하게 반응이 촉진되어 정신을(그리고 현실 속 모든 성가신 걱정을) 모조리 마취라는 담요로 덮어버린다.

시인 새뮤얼 테일러 콜리지Samuel Taylor Coleridge나 토머스 드 퀸시Thomas De Qiuncey 같은 작가부터 싱어송 라이터 에이미 와인하우스Amy Winehouse에 이르는 여러 창의적인 사상가들이 아편과 모르핀, 헤로인에 손을 댔지만 이들 진정제는 사람을 지나치게 우울하게 만들기 쉽다. 고용량을 투약하게 되면 사고를 담당하는 뇌 영역뿐 아니라 호흡과 같은 신체의 필수 기능까지 마비시킬 수 있다. 진정제가 각성제보다 사람을 죽음에 이르게 하는 경우가 많은 이유가 이것이다.

특히 펜타닐(모르핀보다 50~100배 이상 강력하다)과 옥시코돈(옥시콘틴OxyContin이라는 상표명으로 판매된다) 등 합성 아편제는 진통제로 처방되는 일이 잦아, 많은 나라에서 오랫동안 아편제 '위기'를 겪으며 골머리를 썩었다. 2019년에는 미국에서만 거의 5만 명이 아편제 과다 복용으로 사망했다.

MDMA와 케타민처럼 정신과 질환을 치료하기 위해 사용되는 약물도 있다. 파티 마약으로 불법 판매될 때 '스페셜 케이Special K', '웡크Wonk', '덩키 더스트Donkey Dust'등의 별칭으로 불리기도 하는 케타민은 항우울 효과가 있다고 알려진 가장 강력한 신경 안정제다. 이와 동시에, 케타민은 결국 한 사람의 세계와 사고의 방식을 완전히 바꾸는 환각제다.

환각제가 사고방식에 미치는 유익한 영향에 대한 연구는 1950년대와 1960년대에 절정에 다다랐으며 그 당시에는 매우 기괴한 실험도 많았다. 올더스 헉슬리Aldous Huxley는 페요테 선인장에서 추출한 환각제인 메스칼린mescaline을 직접 복용한 뒤 그 경험을 글로 쓰기도 했다.

점차 심리학자들과 정신과 의사들이 환각제가 기분장애 치료에 유용하며 심리치료요법으로도 사용될 수 있다고 여기게 되면서 좀 더 과학적인 다른 연구들이 시작되었다. 실제로 이들 약품은 의료 환경에서 올바르게 사용될 경우 비교적 안전하고 중독의 위험 역시 없는 것으로 밝혀졌다.

초기의 전망이 밝았음에도 불구하고 정부가 이들 약물의 사용을 금지하면서 관련 연구는 줄어들었다. 정부는 약물 때문에 베트남 전에 반전운동이 발발하고 급진적으로 변한 젊은 세대가 현 상태에 불편한 의문을 제기할까 두려웠다. 환각제 연구는 암흑기로 접어들었다.

그러다 지난 20여 년간 환각제 연구가 되살아났다. 너트나 다른 학자들이 여러 흥미로운 사실을 발견해내고 있으며 특히 대부분의 연구가 실로시빈에 집중되어 있다.

엄격한 임상 조건하에 실험 자원자들에게 투여한 결과에 의하면 실로시빈의 효과(4~5시간)가 LSD(8~12시간)보다 빠르게 나타나고 두려움이나 부정적 경험을 유발할 확률이 적다.

실로시빈은 임상실험에서 투약한 이후 몇 주에서 몇 달까지도 우울증 개선 효과가 지속되는 것으로 나타나 치료저항성 우울증에 가장 효과적인 치료 약물로 부상했다.

구체적으로는 우울증 환자들이 복용했을 때 타인과 주변 세상에 더 연결된 느낌을 받고 감정을 피하기보다 받아들일 수 있게 된다고 한다. 임종 전 불안증세 역시 완화하며(더 넓은 세계와 연결된 느낌을 받기 때문이 아닐까 한다) 담배와 알코올 중독에도 확실히 도움이 된다. 미래에는 실로시빈으로 신경성식욕부진증과 강박장애를 치료할 수 있을지 연구가 이루어질 것이다.

일부 시각에서 논란의 여지가 있어 연구는 아직 초기 단계에 머물러 있고 환각제에 대한 현행법 역시 장애물로 남아있다. 그럼에도 대다수의 각성제나 진정제보다 중독을 유발할 확률이 적은 환각제가 강력하고도 새로운 정신 질환 치료제로 부상할 것이라고 보는 학자들이 많다. 이들 약물의 특성을 좀 더 과학적으로 자세히 들여다볼 상상력을 갖기만 한다면 말이다.

환각제는 어떻게 그렇게 효과적으로 사고를 변화시킬 수 있을까?

인간의 뇌에서는 약 천억 개의 뉴런이 작동하며 각각의 뉴런이 작은 컴퓨터처럼 기능한다. 눈과 귀, 그 밖의 감각기관에서 받아들인 감각 정보를 처리하는가 하면, 이 모든 데이터를 모아 바깥세상과 우리 자신에 대한 하나의 안정적인 정보로 변환하기도 한다. 그리고 이들 뉴런 안에는 수많은 환각물질 수용체가 존재한다.

너트는 이들 뉴런이 인간의 행동과 생각과 시각을 통제하는데, 환각제로 이를 방해하면 뇌가 자기만의 방식으로 작동하기 시작한다고 한다. 이전까지 뇌가 갖고 있던 현실의 매듭이 풀리고, 고체는 액체가 되고 중력 같은 보편적 법칙이 흔들리는 결과를 낳는다.

이런 약물을 복용했을 때 반짝이는 크리스마스 조명을 보고 있는 듯한 흔한 환각은 실제로는 뇌가 세계를 인식하는 과정에서 아직 제대로 처리되기 전인 날 것의 데이터를 엿보는 현상으로 볼 수 있다.

LSD나 실로시빈 같은 약물은 물리적인 세계에 대한 인식만 변형하는 것이 아니다. 경직되고 습관적으로 굳어버린 사고방식을 조종하는 뇌 회로 역시 무너뜨린다.

코넬 대학교 파커 싱글턴Parker Singleton과 동료 연구진은 최근 LSD와 플라세보 약물을 복용한 사람들의 뇌 영상을 비교 관찰했다. LSD를 복용할 경우 뇌가 감각을 자극하는 활동에 더 사로잡히게 되어 서로 다른 상태 사이를 쉽게 오갈 수 있게 되는 한편, 고차원적 처리과정에의 집중력은 떨어지는 것으로 나타났다.

너트 및 다른 학자들이 환각제를 이용해 우울증과 중독, 신경성식욕부진증 등을 치료할 수 있을 것이라고 생각하는 이유다. 이러한 질환들은 뿌리 깊은 부정적 사고가 반복적으로 일어나기 때문인 경우가 많아 환각제를 통해 사고에 난 좁은 '자국'을 일시적으로 없애고 현재 상태에 대해 새로운 생각을 갖고 해결책을 떠올리게 할 수 있다는 것이다.

환각제로 인종차별이나 성차별 같은 마음속에 깊이 박힌 다른 종류의 부정적 편향도 해결할 수 있을까?

너트는 이에 대해서는 회의적이지만 올바른 태도를 가진 사람이라면 제대로 투약할 경우 환각의 경험으로부터 학습이 가능하다는 희망이 있다고 이야기한다.

"제게 트럼프를 치료할 수는 없는지 묻는 사람들이 있어요. 그분들께는 죄송하지만 세상에 그 정도로 강력한 약은 없습니다! 하지만 꽤 중요한 질문이네요. 우리 실험에 자원하는 분들이나 유흥을 위해 환각제를 복용하는 분들은 보통 어떤 종류의 자기 인식을 기대하는데, 트럼프처럼 자기 변화를 원하지 않는 사람이라면 약물이 듣지 않을 수도 있습니다."

너트의 말에 따르면 다른 치료제들과 마찬가지로 환각제 역시 환자가 자신의 생각을 바꾸고 싶다는 점을 인식하고 변화를 받아들일 의지가 있을 때 가장 효과가 있을 것으로 보인다.

마음의 질환을 치료하는 데 환각제가 널리 쓰이기까지는 아직 갈 길이 멀다. 너트는 일부 환각제, 특히 실로시빈에 대한 규제 (영국에서는 2005년에 금지 되었지만 미국의 일부 주에서는 최근 합법화되었다) 를 완화할 것을 주장해왔다.

하지만 영국 동네 약국에서 LSD를 구할 수 있을지 모른다는 기대는 하지 않는 것이 좋다. 정책적으로 다루기에 다소 난감한 사안으로 최소한 가까운 미래에는 일어나기 어렵다. 단, 새롭고 혁신적인 치료법과 더불어 인간의 마음과 사고방식이 작동하는 특별하고도 신비로운 방식에 대한 연구는 계속될 것이다.

너트는 "인간의 뇌는 모든 순간에 먹고 마시고 섹스하는 것처럼 단순한 일에 집중하기는 하지만, 모든 순간 훨씬 많은 가능성을 품고 있다"고 한다. 환각제는 분명 그중 일부를 밖으로 끌어 낸다고 말이다.

내년엔 꼭
술 좀 줄여야지

중독 현상

Are You Thinking Clearly?

ARE YOU
THINKING
CLEARLY?

'될 대로 되라지' 하는 파괴적인 생각에 잠식되기 전까지 재키 말톤Jackie Malton은 매우 성공한 경찰이었다. 말톤은 이성애자 남성이 주류를 이루던 20세기 런던, 경찰청에서 공개적으로 동성애자임을 선언했던 여성이었고, 온갖 고정관념을 딛고 경감의 자리까지 올라가 런던에서 가장 큰 무장 강도 및 살인 사건을 담당해 해결했다. 인기 TV 드라마 <프라임 서스펙트>에 나오는 제인 테닌슨 경감(헬렌 미렌Helen Mirren이 연기했다)의 실제 인물이기도 하다.

그러나 여러 잔인한 사건과 가혹한 업무 압박, 일상적으로 일어났던 여성 혐오(크리스마스에 시크릿 산타 선물로 남성 동료에게 섹스 토

이를 받았다고 한다)에서 오는 스트레스를 이겨내며 승승장구하던 말톤 역시 서서히 알코올 중독자가 되어가고 있었다.

처음에는 술을 통해 경찰이라는 직업에서 오는 스트레스와 1981년 뉴크로스 화재New Cross house fire 사건(13명의 흑인 청소년들이 사망했다) 등을 수사하면서 생긴 트라우마를 이겨내는 정도였다.

말톤은 경찰 내 인사 평가에서 유연하고 창의적이라는 평가를 받았다. 바꿔 말하면 말톤에게 그 당시 경찰 조직은 경직된 사고방식으로 굴러가는 곳이었다. 말톤이 무언가를 바꿔보려고 해도 런던 경찰청은 모든 면에서 고집스럽고 조직적으로 자기 점검을 꺼렸다.

말톤에게 경찰청에 속하는 일은 마치 거대한 타이타닉 호를 돌리려는 시도나 마찬가지였다. 말톤은 조직의 일원으로 소속감을 느끼고 싶었지만 잘 되지 않았고, 바로 그런 느낌이 싫어 본격적으로 술을 마시기 시작했다.

동료 경찰관의 비리를 고발한 후 정직을 당하자 고립감은 더욱 심해졌다. 말톤이 휴게실에 들어서면 동료들은 일어나서 나가버렸다. 말톤은 혼자만의 싸움을 이어가는 동안 술을 마셨다.

"두려움과 취약함이 덜해졌고 다른 사람들과 함께하는 느낌을 받을 수 있었어요. 더 이상 그런 효과가 없어질 때까지는 말이죠."

경찰이 감정을 드러내는 것이 금기시되던 당시 상황에서 말톤은 스스로를 억누를 수밖에 없었고, 그때마다 '될 대로 되라지' 하는 심정으로 술을 더 주문했다. 사건을 해결할 때마다, 범죄자를 잡을 때마다 술을 마셨고, 술로 힘든 하루를 마무리했다. 그러나 현실도피용 술은 이미 사회가 문제라 일컫은 말톤의 성적 취향에 수치심을 더 얹어줄 뿐이었다.

늘 두세 잔만 마시고 술집에서 일찍 나가려고 결심하지만 지켜지지 않았다. 어느 날부턴가 아침에 마시는 차에도 위스키가 들어가기 시작했고 말톤은 점차 미쳐간다는 느낌을 받았다. 술을 마실 때 드는 '될 대로 되라'는 생각 역시 언젠가부터 자신의 의지에 따른 것이 아닌 것처럼 느껴졌다.

중독 자체가 내리는 결정이었다. 용감하고 유연하며 논리적인 사고의 소유자였으며 편견을 딛고 런던 경찰청에서도 가장 뛰어난 형사 중 한 명이었던 말톤. 그런 그가 원래 어떤 사람인지와 관계없이 중독은 사고를 마비시켜 버렸다.

누구에게나 '될 대로 되라지' 싶은 지점이 있다. 초콜릿 하나 더 먹을까? 될 대로 되라지. 와인 한 잔 정도밖에 안 마셨는데 운전해도 되겠지? 에라 모르겠다, 될 대로 되라지. 술 마시다 담배

한 대만 살짝 피울까? 아무렴 어때, 될 대로 되라지. 그렇게 '될 대로 되라지'는 쌓이고 쌓여 완전한 중독이 된다.

뉴욕 대학교에서 중독 과목 조교수를 맡고 있는 이안 해밀턴 Ian Hamilton은 누구보다 이 지점을 잘 알고 있다. 알코올 중독자 아버지를 두었고(지금은 회복했다) 지역 사회에서 일하며 수없이 많은 알코올 중독 환자를 만났다.

그중 한 여성은 약물을 사타구니에 직접 주사할 정도로 심각한 상태였다. 중독으로 한쪽 다리를 절단해야 했고 지금은 다른 한쪽 다리마저 잃을 위험에 처해 있으며 아이들은 사회복지 센터에 맡겨졌다.

이 환자는 자신의 중독 상태와 정도를 인지하면서도 약을 중단하기는커녕 약물의 투약 방법조차 바꾸려고 하지 않았다. 해밀턴은 이를 두고 '현저성 효과salience'(약물에 대한 신호가 눈에 띨수록 중독자가 집중할 수 있는 영역의 범위가 좁아진다는 뜻 – 옮긴이)라며 "중독이 최악의 지경에 이르면 다른 생각은 할 수 없게 된다. 오로지 어디서 약을 구할지, 어디서 돈을 구하고 어떻게 투약할지에 대한 생각뿐이다"라고 말한다.

중독은 약물에만 해당하지는 않는다. 중독의 상당 부분은 심지어 약에 노출되기도 전에 일어난다.

당시 미국 대통령이었던 로널드 레이건Ronald Reagan의 영부인 낸시 레이건Nancy Reagan은 1980년대에 마약 반대 캠페인 '저스트 세이 노Just Say No'를 주도했다. 이 운동으로 마약 중독이 자신의 의지로 결정할 수 있는 선택이라는 개념을 전파했다. 그러나 현실은 이보다 훨씬 더 복잡하다.

해밀턴의 환자는 여느 심각한 중독자들과 마찬가지로 약물에 대해 합리적 사고가 불가능해보였다. 실제로 중독은 강박 행동의 하나이며 여러 사실 관계나 가족, 친구, 심지어 스스로의 인생보다도 약을 더 우선시한다.

심한 중독에서 나오는 행동은 의식적으로 행해지는 것이 아니라 대뇌측좌핵과 같이 뇌의 보상회로에 영향을 미치는 원초적인 부분에 의해 촉발되기 때문에 의지로 제어할 수 없다는 연구가 있다. 말 그대로 중독 자체가 행동을 결정하는 것이다.

앞에서 이미 언급한 내용처럼, 사고가 변화하는 데는 여러 내외부적 요인이 작용한다. 하지만 중독은 꽤 이례적인 수준으로 인간 뇌의 다양한 허점을 이용하며 스스로 사고할 수 있는 능력에 깊이 관여한다.

중독은 정신 건강과도 깊은 관련이 있다. 영국에서는 전체 담배 소비자의 40%가 정신 질환을 겪는 사람이며 중독자의 75% 이상이 우울증이나 불안장애, 또는 외상 후 스트레스장애PTSD 등의 질환을 앓는다고 나타난다.

중독에 빠지는 데는 여러 원인이 있다. 그중 유전적 요인이 분명히 존재하며 알코올 중독의 경우 40~60%가 유전이다. 중독 관련 연구의 상당수가(특히 미국에서) 생물학적 과정에 초점을 맞추고 있지만 말톤이나 그 밖의 여러 연구에서 밝힌 것처럼 환경적 요인 역시 중요하다.

1971년 미국이 베트남 전쟁에서 20만 명의 병력을 철수하면서 리처드 닉슨Richard Nixon 대통령은 미국 전역에 '될 대로 되라지' 식의 의식이 팽배해질 거라고 예상해 불안함을 느꼈다. 그러다 베트남을 방문한 두 명의 하원 의원이 베트남에 있는 미군의 10~15%가 헤로인 중독이라고 보고 했고 닉슨은 이 때문에 공황 발작을 겪을 정도였다.

이 문제를 해결하기 위해 리 로빈슨Lee Robinsons이라는 연구자가 파견되어 군인들이 베트남에서 헤로인을 투약한 경로와 미국 본토로 귀국한 이후 상황에 대해 조사를 맡았는데, 중독에 대한 의외의 결과가 나왔다.

군인들은 미국으로 돌아온 이후 행동에 급격한 변화를 보였다. 미국으로 돌아온 후에도 마약을 하는 군인은 10%에 그쳤고, 이 중 7% (전체의 1%)만이 귀국 이후에 중독 증상을 보였다. 전혀 예상치 못했던 결과였다. 중독 증상을 보인 베트남 전 참전군인들 대부분은 귀국 직전에 자발적으로 마약 투약을 중단했거나 출발할 때 마약 중독 상태로 밝혀져 짧은 의무 해독을 받고 난 후에는 다시 마약에 손을 대지 않았다.

알고보면 이렇다. 베트남보다 미국에서 헤로인을 구하는 일이 어렵기도 하고 가격이 더 비쌀 뿐 아니라 인식도 훨씬 좋지 않다. 해밀턴과 중독 전문가들은 이 연구를 통해 환경이 중독에 미치는 영향을 알 수 있다고 지적한다.

군인들은 베트남에서 이방인이었으며 모든 것이 불확실하고 스트레스인 전쟁 지역에서 헤로인을 접했고 중독되었다. 헤로인은 그저 허용되기만 하는 것이 아니라 같은 상황에 처한 타인과의 유대를 강화시키는 역할을 했다. 그러나 가족과 친구들이 있고 '스스로 사고하는 것'이 어렵지 않은 안정적인 환경으로 돌아왔을 때는 더 이상 헤로인이 필요하지 않게 된 것이다.

재키 말톤은 1992년에 알코올 중독자 모임 AA에 가입했고 그로부터 5년 후, 런던 경찰청을 그만두고 중독 심리학으로 대학원에 진학했다. 이후로는 술을 마신 적이 없으며 현재는 교도소에서 자원봉사를 하며 중독 증상을 겪고 있는 남성 수감자들을 돕고 있다.

말톤의 말대로, 중독을 극복하는 방법은 여타의 편향적이고 강박적인 사고를 물리치는 방법과 비슷하다. 먼저 문제를 인식해야 하고 그 다음에는 사고를 지배하는 물질이나 신념을 멈추어야 한다.

쉬운 일은 아니다. 해밀턴이 일을 하며 가까이서 중독자들을 접한 결과, 중독에 가까울 정도로 술을 마시는 사람은 스스로를 일반적인 알코올 중독자(아침에 일어나자마자 술을 마셔야 한다든가 하루라도 거르지 않고 술을 마셔야 하는 사람)로 여기지 않으며 그렇기 때문에 문제를 제대로 인식하지 못한다는 점을 발견했다. 알코올 중독을 남의 문제로 치부해버리는 것이다.

말톤의 경우 다른 사람이 아무리 알코올 중독이라고 말해줘도 소용이 없었다. 직접 문제를 인식하고, 스스로 사고하고 책임을 져야 했다. 강박적 사고를 멈추려면 우선 자기 자신을 속이는 일부터 멈추어야 한다.

좋아지는 데는 시간이 걸린다. 말톤은 "하던 대로 똑같이 하면서 결과가 달라지길 바랄 수는 없다"고 말한다. 우리는 새로운 습관과 새로운 신경 경로, 새로운 연결을 만들어내야만 한다.

보편적이면서도 개인에 특성에 맞게 고안된 다양한 치료 프로그램이 큰 도움이 되지만 로빈의 베트남 전쟁 참전군인 연구에서 보았듯 중독의 환경적 측면 역시 고려해야 한다. 스트레스의 정도와 손쉽게 약물을 구할 수 있는지 여부가 중요한 요인이며 사회적 상황 역시 무시할 수 없다.

말톤의 예에서 알 수 있듯, 사람들로부터 고립되었거나 술을 많이 마시는 것이 일반적인 환경에 있거나, 무리에 속하지 못하고 이방인처럼 느낀다면 술 마시는 습관을 제어하기가 쉽지 않다. 반면 전쟁에서 돌아온 군인들의 집처럼 익숙한 공간에 있고 독립적이고 긍정적인 관계에 놓여 있을 때 사고를 통제하기가 쉬워진다. 소속되어 있다는 느낌도 중요하다.

중독을 통해 강박적 사고의 일반적인 특징에 대해서도 광범위하게 이해할 수 있다. 우선 누구에게나 일어날 수 있고, 극복하기 매우 힘들며, 하지만 결국 이겨낼 수 있다는 점이다. 그리고 중독뿐 아니라 성차별주의나 인종차별주의에 이르기까지 우리가 가진 해로운 편견을 먼저 인식하고 인정해야 문제를 해결할 수 있다.

또한 우리 행동을 강화하거나 누그러뜨리는 환경과 관계의 역할을 인지해야 한다. 여러 문화가 섞인 지역에서는 단일 인종 지역보다 인종차별주의가 덜하다는 연구도 있다.

말톤은 중독의 경험으로 더 나은 사고를 할 수 있게 되었는지 묻는다면 확실히 그렇다고 말한다.

"교육과 회복의 과정이었으며 이를 통해 제 자신에 대해 더 열린 마음을 갖게 되었어요. 누구에게나 밝은 면과 어두운 면이 있잖아요. 중독을 회복하려면 마음을 활짝 열고 자신의 어두운 면을 받아들여야 합니다. 가장 중요하죠. 사람들은 자신의 그림자를 보고 싶어 하지 않지만, 어두운 면이 만들어낸 그림자를 정면으로 바라보고 내가 가진 편견이 무엇인지 물을 수 있어야만 해요. 그러면 엉망이 된 쓰레기통 속에서도 보물을 찾아내기 시작할 겁니다."

중독을 고치고 싶다면, 또 이 책에서 다루는 여러 형태의 강박적 사고를 극복하고 싶다면 말톤이 했던 대로 자신이 가진 어두운 편견을 정면으로 마주해야 한다. 누구든지 중독이나 강박에 빠질 수 있지만 또한 누구나 극복해 종국에는 더 자유롭게 생각하는 법을 깨달을 수 있다.

내년이면 벌써 서른

기억력 쇠퇴 vs 성숙한 사고

바이오비바 Bioviva CEO 엘리자베스 패리시 Elizabeth Parrish는 '정말 괴로운 몇 달이었다'고 회상한다. 바이오비바는 시애틀에 위치한 생명공학 기업으로 노화를 늦추는 치료법 개발 연구를 진행 중이다.

패리시는 2015년 9월, 실험을 위해 두 번의 유전자 치료(미국에서는 불법이다)를 받기로 해 논란을 일으켰다. 한 번은 근육 손실을 되돌리는 효과가 있을 수 있다고 알려진 미오스타틴 myostatin을 주사했고 다른 한 번은 쥐의 생명을 연장하는 데 쓰였던 '텔로메라아제' 유전자 치료를 받았다. 이를 통해 실제로 노화를 늦출 수 있는지, 노화로 인해 사고력이 떨어지는 것(패리시가 '책이 타들어간다고 비유하는 과정이다)을 막을 수 있는지 알아보기 위해서였다.

당연히 위험한 일이었다. 다른 약물과 함께이긴 했지만 유전자 치료를 받다가 사망한 사례도 몇 건 있던 터였다. 또 미국 식품의약국^{FDA}으로부터 실험 허가를 받을 만큼 충분한 임상 전 연구가 이루어지지도 않은 상태였기 때문에, 당시 44세였던 패리시는 이 치료 요법을 받기 위해 콜롬비아로 가야만 했다.

치료를 받고 집으로 돌아온 후 불안이 시작되었다. 그러나 패리시는 몸 상태가 좋지 않을 때나, 피곤하거나 몸이 좀 아프면 걱정은 하면서도 후회하지는 않았다.

"창업자들이 회사가 가진 기술력을 직접 시험해보고 효과가 있는지 보는 것이 회사의 기본입니다. 현실은 올해에만 4천 백만 명이 노화로 사망할 것이라는 점인데, 기술력으로 이 사람들을 살릴 수 있다면 시도하지 않을 이유가 있을까요?"

세포가 손상 또는 노화되거나 대체가 필요하면 세포 안의 DNA가 분열하고 복제되어 동일한 DNA를 갖는 두 개의 새로운 세포를 만들어낸다. 그러나 이 일이 영원히 계속되지는 않는다. 암이 그토록 번식력이 강하고 위험한 이유가 바로 이 무한 성장 때문이다.

그래서 일종의 보호 장치로써 염색체(DNA로 이루어져 있다) 끝부분에 보호 캡이 있다. 신발 끈 끝에 달린 딱딱한 부분을 생각하면 된다. 이것을 텔로미어telomeres라고 한다. 대부분의 인간 세포는 텔로미어를 자가 복제할 수 없으므로 세포가 분열할 때마다 그 길이가 짧아진다. 즉, DNA는 복제되지만 텔로미어는 그때마다 매번 반 토막이 난다.

결국 텔로미어가 너무 짧아져서 더 이상 세포 분열이 불가능해지면 세포노화senescence라는 독성 상태에 접어들게 된다. 세포노화는 일반적으로 '늙음'이라 부르는 미지의 과정을 초래해 조직 기능을 방해할 수 있다. 패리시가 받은 텔로메라아제 유전자치료는 텔로미어의 길이를 늘여 잠재적으로 노화의 과정을 늦출 수 있을 것이라는 가정에서 시작되었다.

다행히 패리시에게 별다른 부작용은 없었고, 그로부터 6개월 후에 바이오비바가 발표한 바에 따르면 최소한 패리시의 경우에 한해서는 매우 전망이 밝은 것으로 보인다.

이 치료를 받기 전 패리시의 백혈구 속 텔로미어의 평균 길이는 약 60~65세에 해당했던 것으로 나타났다. 그러나 치료 이후 9% 정도 늘어나 45세의 텔로미어 길이가 된 것으로 보인다.

이러한 결과에도 불구하고 과학자들은 확실한 것은 아니라고 말한다. 첫째로, 텔로미어의 길이가 짧아지는 것은 종양의 성장을 막아 우리 몸을 지켜주게 되어 있는 생물학적 기능일 텐데, 실험을 진행하는 것이 위험하다는 주장이다.

둘째, 패리시의 실험 결과가 성공적으로 보인다고 하더라도 텔레모어의 길이를 늘이는 것으로 실제로 인간의 노화를 늦출 수 있는지는 확실치 않다. 또한 이 효과는 한 종류의 세포에서만 나타난 것이므로 몸 전체의 텔레모어 길이가 늘어났는지 역시 불확실하다는 주장도 있다.

마찬가지로, 텔레모어 길이를 정확히 측정하기 어렵다는 것은 이미 알려진 사실이라서 패리시의 텔레모어 길이가 늘어났다고 해도 측정의 오차 범위 내로 미미할 수 있다는 지적이 있다.

그럼에도 패리시는 인간의 수명 연장에 대해 여전히 열정적으로 탐구하고 있다.

사람마다 다른 방식으로 나이가 들긴 하지만 흰머리가 나고 주름이 생기며 근육량이 감소하고 뇌졸중과 심장마비, 암, 치매 등의 질환을 앓을 확률이 높아지는 것은 일종의 세트처럼 따라온다. 뿐만 아니라 질병에 걸리지 않더라도 뇌는 축소하고 피질의 두께가 얇아진다. 개별적인 뇌세포 역시 줄어들며 세포 간 연결이 약화되고 새로운 세포 형성이 감소한다.

이에 대한 연쇄 효과로 정보 처리 속도가 느려지고 기억력이 나빠지며 시끄러운 환경 등에서 주의력이 떨어질 수 있다. 인지 유연성이 감소하기도 하며 그로 인해 새로운 것을 생각하기 어려워지고 뿌리 깊은 편견에서 벗어나기 힘들어지기도 한다.

나이가 들어감에 따라 일어나는 성격 변화에 대한 연구에서도 비슷한 주장을 하는데, 60세가 넘어가면 정서적으로 더욱 안정되고 조심스러워지지만 새로운 경험에 대한 개방성은 줄어든다고 한다. 때문에 젊은 사람들은 언제나 기성세대가 인종이나 성 sex에 대한 주제에 있어 고정관념이 심하다고 비난한다.

물론 사람마다 태도가 다르긴 하겠지만 평균적으로 나이가 들수록 고정관념에 의존하고 젊은 사람보다 사회적으로 부적절한 언행을 할 가능성이 높다는 연구 결과를 여럿 볼 수 있다. 학자들은 이런 점이 행동을 저지하는 역할을 하는 전두엽 기능의 축소와 관련이 있을 수 있다고 주장한다.

패리시는 공포관리전략이라는 또 다른 설명을 내놓는다. 이 분야의 연구에 따르면 사람은 죽음에 대해 생각해야 할 때 불안과 위협을 느끼는데, 젊을 때는 큰 영향을 받지 않는다. 이때 느끼는 불안과 위협 때문에 마음을 닫고 국수주의적이고 종교적이며 편견에 휩싸이게 된다. 자신과 비슷하게 보이고 비슷한 행동을 하는 '내측집단' 사람들과의 관계에 집중하고, 새로운 것이나 자기와 다른 사람들에 대해서는 의심을 품는다(반복 연구가 이루어지진 않았다). 평균적으로 죽음에 대한 불안은 노인층보다 중년층에서 조금 더 일어난다.

이에 대해 다르게 설명하는 이론도 있다. 스웨덴 예테보리 대학교 정신 의학 교수 잉마 스쿡Ingmar Skoog은 '예테보리 H70 출생 집단 연구'라는 장기간에 걸친 독특한 연구를 진행 중이다. 이 연구는 실제 나이보다는 개인이 속한 세대가 사고와 태도에 더 중요한 영향을 줄 수 있다고 제안한다.

1901년과 1902년생 참가자 392명을 대상으로 1971년 연구를 시작해 다른 세대에 태어난 70세 노인들의 신체 및 인지 건강, 태도, 행동을 비교한다. 나이로 인한 뇌의 축소나 죽음에 대한 공포가 사람을 보수적이고 편협하게 만드는 것이 아니라 단순히 그들이 살아가는 사회의 반영일 수 있다는 것이다.

스쿡은 1944년에 태어난 스웨덴 사람의 약 40%(현재 70대이다)가 좌익인 사회민주당에 투표하며 이들보다 젊은 세대의 경우 20%만이 사회민주당을 지지한다고 설명한다. 흥미로운 사실은 이 세대가 젊었을 시절에도 약 40% 정도가 같은 정당에 투표했다는 점이다.

이에 비해 영국의 70대는 자신들이 자랐던 사회를 기억하며 향수에 젖어 그리워하기도 한다. 식민지 초강대국이었으며 자랑스러운 제2차 세계대전 승전국이던 시절 말이다. 스쿡은 노인들에게서 보이는 개방성 감소는 사회 상황의 변화에 달려 있다고 여긴다. 은퇴를 하면 그 전에 일할 때만큼 새로운 사람을 많이 만날 일이 줄어들고 그만큼 내 생각에 도전하는 사람 역시 줄어들게 된다는 의미다.

흥미롭게도 스쿡의 연구를 살펴보면 나이가 들면서 더 개방적이고 편견이 줄어드는 사람도 있다. 오늘날 70세의 인지 능력(정보처리 속도, 논리적 사고, 공간 능력, 이미지 기억력 등)이 처음 출생 집단(1901~1902년생) 이후 극적으로, 그래프 상에서 보면 거의 일직선에 가깝게 향상했다는 것을 알 수 있다. 현재 출생 집단은 일부 검사에서 1901~1902년생보다 거의 두 배 정도 높은 점수를 기록하기도 했다. 신체검사(의자 오르기나 한 다리로 서기 등)에서도 매우 큰 발전이 있는 것으로 나타난다.

또한 마치 각 세대별로 그들만의 집단 성격이 있는 것처럼 보이는데, 나중에 출생한 70대 집단은 그 전 세대보다 정서적으로 안정적인 것으로 나타난다. 1944년에 출생한 70대의 경우 특히 여성이 남성보다 덜 신중하고 더 독단적이라는 결과가 있다. 또한 이 세대는 이전 세대보다 무분별하게 음주를 즐겼고 성관계도 많았다. 여기에는 여러 복잡한 원인이 존재한다. 1901~1902년 사이에 태어난 사람들은 지금과는 완전히 다른 삶을 살았다. 빈곤을 겪고 자랐을 가능성이 훨씬 높고 50세가 될 때까지 단 2주의 휴가도 없었다. 교육 수준이 낮았고 이른 나이에 출산을 했고 영양 상태도 좋지 않았다.

뇌는 새로운 네트워크와 연결을 만들어내며 적응력을 유지한다. 또한 교육 수준과 사회경제적 지위에 따라 신체 및 인지 건강과 수명이 달라진다는 점은 잘 알려진 사실이다. 그러므로 오늘날의 젊은이들이 70세가 됐을 때는 신체적으로나 정신적으로 이전 세대와는 견줄 수 없을 만큼 건강할 것으로 예상한다.

사실, 속한 세대와 관계없이 나이가 들며 더 잘하게 되는 것들도 있다. 어휘력과 언어적 능력이 대표적인데, 궁극적으로는 더 나은 사고를 하는 데 기여한다. '매카시즘'이나 '금권정치', '데마고그' 같은 용어를 잘 알면 정치를 이해하고 분석하는 데 더 수월한 식이다.

스쿡은 행동이 느려지는 것을 이점으로 보기도 한다. 그가 보기에 젊을 때는 열정적으로 새로운 프로젝트를 맡고 직장 내 개혁을 받아들이지만 나이가 들면 멈춰서 생각하게 된다. 그 전에도 비슷한 일을 여러 번 겪었고, 머릿속 아이디어는 막상 현실에서는 상상한 것과 다르게 작용한다는 것을 알기 때문이라고 말이다.

멈출 수 있다는 건 분명히 유용한 능력이다. 해결해야 할 문제가 무엇인지 충분히 숙고하지 않는다면 아무리 생각이 빠르고 훌륭한 문제 해결자라고 해도 무슨 소용이 있겠는가?

나이가 들며 얻게 되는 경험과 높은 수준의 정서적 안정은 인지 능력에서 감소하는 부분을 보상한다. 무언가를 결정해야 하는 상황에서 이전에 비슷한 결정을 해 본 적이 있다면 이번에는 지난번만큼 주의를 기울여 자세히 생각하지 않아도 될 것이다.

나이를 먹어가면서 감정을 더 잘 조절할 수 있다는 사실 역시 굉장한 보너스다. 나이가 들면 더 이상 과거의 부정적 경험을 반추하지 않을 수 있게 되고 이로 인해 경제적 결정을 내리는 과정에서 더 나은 선택을 한다는 연구가 있다. 더 이상 이익이 되지 않는 프로젝트에 매달리지 않아 '매몰비용편향'이라는 흔한 실수를 저지르지 않게 된다.

어떠한가? 어리다고 무조건 좋은 건 아니다. 나이 들며 얻게 되는 좋은 점들이 있다는 사실이 마음의 위로가 된다. 하지만 대부분의 사람은 나이가 들면서 논리가 약해지고 정보처리 속도가 느려지며 기억력 또한 쇠퇴하는 것이 사실이다. 게다가 정신 질환을 앓게 될 가능성 또한 훨씬 높아져 사고방식이 완전히 바뀌기도 한다.

그렇다면 나이가 들면서 정신을 보호할 방법은 무엇일까? 이미 알다시피 교육 수준은 노년기 인지 능력과 밀접한 관련이 있다. 일생에 걸친 사고력 변화에 있어 유전적 요인이 25% 가까이 차지하긴 하지만 환경 역시 매우 중요하다.

늘 앉아서 생활하는 방식, 흡연, 당뇨 등이 모두 인지 감소와 관련 있다. 평생에 걸쳐 신체적, 사회적으로 건강한 상태를 유지하고 언어를 배우는 등 새로운 것을 학습하며 지적 도전을 계속하면서 회복 탄력성을 갖추어야 한다. 특히 새로운 언어를 배우면 알츠하이머에 걸릴 위험이 35~40% 가량 낮아진다는 연구도 있으며 인지 유연성과 개방성을 유지하는 데도 도움이 된다.

학습의 범위는 넓을수록 좋다. 수도쿠를 연습하면 수도쿠를 잘하게 되고 십자말풀이를 풀면 십자말풀이를 잘하게 된다. 갑자기 엄청나게 똑똑하게 만들어주는 만병통치약은 존재하지 않는다. 뇌 훈련 게임도 인지 능력에 효과가 있다.

스쿡은 이 정도 활동에서 그치지 않고 더 나아가야 한다고 주장한다. 이해하기 힘든 문학작품을 읽는다든가 평소에 좋아하지 않는 음악을 듣는 것도 방법이다.

또한, 설사 사회적으로 장애물이 있다 하더라도 좋아하는 것을 꾸준히 하는 것 역시 뇌에 자극을 줄 수 있다. 스쿡은 "늘 패션에 관심이 있던 여성일지라도 이 여성이 나이 들면 사람들은 그게 무엇이든 70세처럼 옷을 입지 않는다고 비판하곤 할 것이다"라고 말한다.

사회에서 밀려나 문을 걸어 잠그고 창문을 내다보며 위협요소를 경계할 필요가 없다. 스스로에 대해 주장하고 자신과 타인의 사고에 도전하며 긴 시간 살아오며 터득한 모든 지식을 최대한 활용해야 한다. 쉬운 일은 아니겠지만 그래도 유전자 치료 실험보다는 안전하다.

그럼에도 연구 결과를 보면 젊은 세대가 노화에 대해 불안을 느끼는 것은 드문 일이 아니며 외모에서 신체 및 인지 건강 약화에 이르기까지 다양한 걱정을 하는 것으로 나타난다.

영국 왕립공중보건협회Royal Society for Public Health, RSBH에서 제출

한 2018년 보고서에 따르면 영국 인구의 약 33%가 '나이 들면 외로워진다'고 생각하며 18~34세 사이 인구의 25%가 '나이 들면 보통 불행하고 우울하다'고 여긴다.

전체 인구의 절반 정도는 노인은 새로운 기술을 배우기 힘들다고 생각하며 18~24세의 40%가 '나이가 들면 무조건 치매에 걸린다'고 믿는다. 이와 비슷한 비율로 이 연령대에서는 '노인은 대부분 선거에서 젊은 세대나 사회 전체의 이익보다는 자신의 이기적 관심사에 따라 투표한다'는 의견에 동의한다.

18~34세의 25%는 '노인은 매력적으로 여겨질 수 없다'고 생각하며 여성의 대다수는 노화로 인한 외모의 변화를 걱정한다고 말한다. 이 모든 것이 나이 듦에 대한 불안이 얼마나 일반적인지 보여준다.

결국 노화 자체만 사고방식을 변하게 하는 것이 아니라 노화에 대한 불안 역시 한몫을 한다. 이는 노인 차별이나 건강 강박, 중년의 위기 등으로 이어질 수 있고 이 때문에 성형이나 증명되지 않은 노화방지 치료에 큰돈을 쓰기도 한다.

반면 나이든 사람들과 긴밀한 관계를 맺고 있거나 노화의 과정에 대해 지식이 있는 사람의 경우 노화로 인한 불안을 적게 겪고 그렇지 않은 사람보다 노인을 덜 차별한다는 연구가 있다. 일리가 있다. 자신이 두려워하는 일을 실제로 겪고 있는 사람들과 직접 소통해보면 현실은 상상하던 것처럼 나쁘지만은 않다는 것을 알게 될 수 있다.

늙는 것이 두렵거나 실제로 은퇴할 날이 다가오고 있다면 이 점을 기억하면 좋다. 요즘 70세는 예전의 50세와 마찬가지다(스쿨의 최근 연구 보고서의 제목이기도 하다). 실제로, 특히 서구 세계에서 노인을 인지적으로 열등하고 편협하게 여기는 경우가 있지만 또 다른 고정관념 역시 존재한다. 노인은 현명하다는 생각이다. 이 생각이 얼마나 강렬한지 요다(스타워즈 시리즈의 등장인물-옮긴이) 같은 외계인에게도 적용할 정도다.

나이 드는 방식은 고정불변으로 정해진 것이 아니며 노인의 수만큼이나 '성숙한 사고'의 방식도 다양하다는 것을 보여준다. 어떤 길로 가겠는가? 늙어가는 것을 피할 수는 없지만 어떻게 나이 들지는 당신의 선택에 달려 있다.

남들이 이상하게 보면 어떡하지

사회비교이론, 지위 편향 효과

글래디스 웨스트Gladys West는 1940년대 미국에서 젊은 흑인 여성으로서 사회가 원하는 삶을 선택할 수도 있었다. 서비스 직종에 근무하거나 부모님의 작은 농장을 물려받을 수도 있었다.

그러나 담배 공장에서 일했던 어머니 밑에서 버지니아의 넉넉지 않은 환경에서 자라면서도 웨스트는 무거운 물건 나르기나 더러운 옷가지보다 질서와 논리, 배움 같은 것을 더 좋아했다. 웨스트의 딸인 캐롤린 오글스비Carolyn Oglesby는 "어머니는 남들과 다른 무언가를 하고 싶어 했다"고 말한다.

웨스트는 뛰어난 성적으로 고등학교를 졸업하고 버지니아주립 대학교에서 전액 장학금을 받았지만 여전히 자신감이 없었고 무슨 전공을 선택해야 할지도 몰랐다. 그러다 가정학(포부 있는 가정주부들을 훈련하는 프로그램)을 공부할까 생각했고 이유는 간단했다. 대학 진학률이 5%도 안 되던 당시 미국에서 여성에게 사회적으로 적당한 '경력'이 되기 때문이었다.

그러나 학교 선생님의 격려로 결국 수학과 진학이라는 평범하지 않은 선택을 감행했다. 지금도 그렇긴 하지만 그 당시 수학과는 남학생들이 주류를 이루던 분야다.

이 결정은 인류 전체의 행운이었다. 웨스트의 사회에서 표준이라 여겨지는 규범을 깨기로 한 결정과 이후에 이룬 수학적 업적 모두 세상을 바꾸는 데 크게 기여했기 때문이다.

웨스트는 수학과에서 대학원을 마친 후 버지니아주 달그렌Dahlgren의 해군무기시험장(현재는 해군수상전쟁센터)에서 근무를 시작했다. 당연히 만만치 않은 일이었다. 웨스트는 이 기관에 고용된 사상 두 번째 흑인 여성이었고 전체 네 명밖에 없는 흑인 직원 중 한 명이었다(네 명 중 한 명인 이라Ira와 나중에 결혼했다).

직장에서 차별을 맞닥뜨렸지만 다른 사람보다 두 배 열심히 일했다. 이제 오글스비는 "어머니는 할 수 있는 모든 걸 하고 싶어 했다"고 말한다. 웨스트는 바로 이 곳에서 지구의 형태를 수학적으로 모델링하고 현재 모든 사람이 네비게이션에 사용하는 위성항법시스템GPS의 탄생에 기여한 '위성 측지학'을 개발했다.

놀랍게도 웨스트는 수십 년이 지난 후에야 GPS 개발의 '숨은 공로자'로서 마땅한 인정을 받았다. 2018년에는 미 공군 명예의 전당에 이름을 올렸고, BBC 선정 올해의 여성 100명 중 한 명으로 뽑히기도 했다.

딱히 자발적으로 '반항아'가 되기를 원한 것은 아니었지만 웨스트는 의심의 여지없이 사회의 기대를 거부했고 지금도 그건 마찬가지다. 2000년에는 뇌졸중을 앓으면서도 70세의 나이에 온라인 수업으로 행정학 박사 학위를 취득하기도 했다.

누구나 사회 규범에 끌려다니기보다는 스스로 결정을 내리고 자신만의 의견을 갖기를 원한다. 그러면서도 무엇보다 남들의 생각에 신경 쓴다. 되도록 누군가에게 인정받는 선택을 하고 끊임없이 자신을 타인과 비교하고 또 경쟁한다.

각자의 선택을 한번 돌아보자. 지금 내 모습이 진짜 '스스로' 선택한 모습인가? 진정으로 원하는 일을 하고 있는가, 아니면 다른 사람들이 좋다고 생각하는 일을 하고 있는가? 사랑하는 사람에 대해 남들이 어떻게 생각할지 걱정하고 있지는 않은가? 스스로 만족하는 옷차림인가, 아니면 누군가에게 잘 보이려고 선택한 옷인가?

주변 사람들과는 완전히 다른 길을 갔던 웨스트가 본보기로 삼을 사람이나 비교할 동료가 없었음에도 마침내 날아오를 수 있던 이유는 스승과 가족의 지지 덕분이었다.

타인은 사고에 깊이 관여한다. 정치적, 종교적 관점을 비롯해 대부분의 사람이 갖고 있는 가장 중요한 신념과 가치는 보통 자신이 신뢰하고 동경하는 사람에게서 영향을 받는 경우가 많다.

또한 자신을 누군가와, 또는 어떤 집단과 지나치게 동일시한 나머지 그들의 관점을 나의 생각인 것처럼 여길 때가 많다. 신경과학 연구에서는 자신이 속한 집단을 생각할 때와 자기 정체성에 대해 생각할 때 뇌에서 비슷한 영역이 활성화된다는 것을 발견했다. 좋든 싫든 이 두 가지가 마음속에서 밀접한 관련이 있다는 의미다.

인간은 사회적 동물이며 타인의 생각에 민감하게 반응함으로써 다른 사람과 더 잘 협력할 수 있다. 사회 계층, 종교 집단, 스포츠클럽 등 우리가 속한 사회적 그룹은 한 개인을 정의하는 데 일조하며 사회적 정체성을 규정한다(이를 통해 누군가의 사고 및 행동 방식을 알 수도 있다).

그리고 그만큼, 대부분의 사람은 자기 집단에서 밀려나는 것을 두려워한다. 집단에서 배척당하면 실제로 고통을 느낀다는 연구 결과도 있다.

한 뇌 영상 연구에서는 참가자들이 가상의 공 던지기 게임을 하던 중 집단에서 소외당했을 때 고통을 인지하고 조절하는 데 중요한 역할을 한다고 알려진 뇌 영역이 활성화되며, 이런 일에 남들보다 스트레스를 많이 받는 사람에게는 그 정도가 더 심해지는 것을 발견했다.

우리는 어떤 집단에 속하기 위해 그 안에서 공유하는 규범과 태도, 행동을 따른다. 즉, 동조한다. 이는 집단만의 규범을 가진 개별 조직에 대해서도 그렇고 사회 전체에도 해당된다. 예를 들어 스스로를 대도시에 사는 자유주의자로 규정하는 사람이라면 그 집단 내에서 적절하다고 여기는 행동을 한다. 특정 방식에 세심하게 투표하고 집단 내에서 인기 있는 특정 지역에 살며 가벼운 영화는 피하는 편일 것이고 고정기어 자전거를 사고 집에서 사워도우 빵을 직접 구울지도 모른다.

동조성에 대한 현대적 연구는 거의 백 년 전으로 거슬러 올라가 1950년대 초반 무자퍼 셰리프Muzafer Sherif와 솔로몬 애쉬Solomon Asch의 실험에서 시작되었다. 셰리프의 초반 연구를 바탕으로 애쉬는 오늘날까지 사용되는 실험 하나를 고안했다.

너무도 유명한 실험 내용을 요약하자면 이렇다. 실험 참가자는 세로선이 하나 그려져 있는 카드를 본 뒤, 세 개의 세로선 중 앞서 본 카드와 같은 선을 골라야 했다. 이후 애쉬는 일부러 거짓 답변을 내놓는 연기자를 실험에 투입했으며, 그때 참가자의 반응을 보았다. 실험 참가자의 99%의 정답률은 평균 64.2%로 떨어졌고 전체 참가자의 74%가 총 18번의 실험 중 최소한 한 번은 거짓에 동조하고 말았다.

이 실험은 이후에 도덕적 추론 등 다양한 설정으로 반복 실험이 이루어졌고 신경과학 연구에도 사용되었다. 한번은 실험 참가자들에게 여러 명의 여성의 얼굴을 보여주고 매력 정도를 점수로 평가하게 한 뒤 fMRI(기능적 MRI, 혈류의 변화를 감지하여 뇌 활동을 측정하는 기술—옮긴이)를 촬영했다. 그런 다음 다른 사람들이 매긴 점수를 보여준 후 아까 본 얼굴의 매력 정도를 다시 평가하게 했다. 그러자 애쉬의 실험에서와 마찬가지로 다수의 의견대로 점수가 바뀐 것을 알 수 있었다.

뇌 영상에서는 또 다른 흥미로운 점도 찾을 수 있다. 참가자의 뇌는 참가자가 집단과 다른 점수를 매길 때 문측대상영역(갈등 처리와 관련 있다)을 활성화하는 동시에, 측좌핵(보상을 기대할 때 활성화된다)의 활동을 떨어뜨렸다. 많은 사람이 다른 사람에게 동의할 때 큰 보상을 느끼고 타인의 의견에 반하는 것에 대해 걱정하는 이유다.

이 신경 신호가 얼마나 강한지에 따라 한 사람의 동조성을 예측할 수도 있는데, 두 신호 사이 간격이 큰 사람일수록 집단 내 의견에 동조할 가능성이 크다.

우리가 누군가에게 동조할 때는 몇 가지 과정을 거친다. 워릭 대학교 행동과학 교수 닉 채터Nick Chater는 "다른 사람의 행동을 보고 학습하는 것과 혼자 다르게 행동했을 때 다른 사람이 비웃을까 걱정하는 것은 사회심리학적으로 차이가 있다"고 말한다.

타인을 통한 학습은 당연히 스스로의 능력에 대한 겸손으로, 더 나은 의사결정으로 이어진다. 그러나 비웃음을 살까 봐, 비난 받을까 봐, 또는 배척 당할까 봐 두려워 타인을 따르게 되면 그 결과는 심각하다. 채터는 "역사적으로 편견, 사회의 성차별적 구조, 경직된 계급제도와 같은 편협한 사회적 관행은 모두 배척당할 두려움에 강력한 기반을 둔다"고 설명한다.

현대에 와서는 '에코챔버 현상echo chamber(자신과 비슷한 생각을 가진 사람들과만 소통하며 편향된 사고를 갖게 되는 현상-옮긴이)'으로 문제가 드러나고 있다. 주변 사람들이 모두 같은 출처의 정보에 의지해 비슷한 의견을 갖는 상황에서는 스스로의 생각에 도전하거나 이미 아는 것에 대해 다시 생각해보는 일이 어려워진다.

사람들은 때로 전혀 근거 없는 관점에 동조하기도 한다. 한 연구에서는 실험 참가자들에게 컴퓨터 오류로 인해 어떤 관점이 무작위로 배정되었다는 것을 미리 알려준 이후에도 다른 사람의 판단에 동의하는 쪽으로 마음을 바꾼다는 것을 발견했다.

이런 현상은 사회적으로 배척당할 것에 대한 두려움이나 학습 욕망으로 설명하기 어려우며 학자들은 어쩌면 단지 소속감을 위해 특정 집단에 동조하고, 말 그대로 집단 전체가 구성원을 대신해 사고하도록 만든다고 제안한다.

물론 이런 상황에서 얼마만큼이나 실제로 자신의 의견을 바꾸는지 아니면 어느 정도 그런 척 하는 것인지 정확히 알기는 어렵다. 게다가 집단의 의견에 완전히 맹목적으로 동조하는 것만은 아니다. 한 집단의 규범이 자신에게 어느 정도 적합할 때 이런 현상이 일어난다.

집단에 소속되려는 인간의 욕구는 매우 강력해서 국가는 국민의 행동을 특정 방식으로 형성하고자 할 때(건강한 식생활에서 친환경적 태도에 이르기까지) 그 욕구를 적극 이용한다. 채터도 한때 '넛지 유닛Nudge Unit'이라고도 불리는 영국 정부 정책자문기구 행동통찰팀에서 바로 그런 일을 했다. 처음에는 사람들이 빨리 소득 신고를 하도록 독려하려는 목적으로 프로젝트를 시작했다. 사람들에게 자신이 사는 동네에 얼마나 많은 사람이 이미 소득 신고를 마쳤는지에 대한 정보를 주는 것이다.

채터는 "특이한 행동을 하는 사람은 보통 자기가 특이한 행동을 하는지 모르는 경우가 많아, 소득 신고를 늦게 하는 사람은 다른 사람들도 다 그럴 거라고 생각한다. 그러므로 세무당국 입장에서는 그게 얼마나 남들과 다른 행동인지를 상기시켜 주어야 한다"고 설명한다. 다시 말하면 사람들은 소득 신고를 미뤘다가 늦게 하는 것이 규범에 어긋나는 일이라는 것을 알게 되면 자기 행동을 전과 달리 불편하게 느낀다.

연구에 따르면 대부분의 사람은 눈에 띄는 것을 좋아하지 않기 때문에 이 정도 '유도'로 행동에 변화를 줄 수 있으며, 작은 변화라고 하더라도 그 규모를 국가 전체 인구로 확장하면 유용하다.

우리는 다른 사람을 따라 하기만 하는 것이 아니라 타인과 경쟁하기도 한다. 남들과 다르기를 원한다기보다는, 남들과 비슷하긴 하지만 좁은 범위 안에서 조금 더 나은 상태기를 바란다.

1954년 레온 페스팅거Leon Festinger가 제기한 사회비교이론에 따르면 인간은 삶에서 위로 올라가고자 하는 끝없는 욕구를 갖는다. 문제는 이 사회적 비교가 객관적이지 못하다는 사실이다. 비교는 늘 상대적이며 절대적일 수 없기 때문이다. 예를 들어 길 건너 이웃이 좋은 차를 갖고 있다면 우리는 그것보다 더 멋진 차를 원한다. 흥미로운 사실은 그 차가 객관적으로 최고의 차일 필요 없고 이웃의 차보다 상대적으로 더 좋기만 하면 된다는 거다.

이는 내가 동조하는 집단, 즉 같은 규범을 공유하는 집단 내에서 흔히 일어나는 일이며 무엇이 '더 나은지'는 그 안의 규범에 의해 정해진다. 만일 내가 속한 이웃이 환경 보호에 관심이 있다면 속도가 빠른 자동차보다는 환경을 생각하는 좋은 자동차를 사고 싶어 한다.

사람들은 이 같은 경쟁적 집착 때문에 실제로 필요한 것과 가치를 두는 것에 대해 깊이 사고하기보다 생각 없이 무언가를 사거나 이루는 것으로 자신의 지위를 높이거나 유지하기에 열을 올리며, 공정함이나 정의에 대한 관점을 바꾸기도 한다.

놀랍게도 자신이 경쟁자라고 여기는 사람(이웃 등)보다 수입이 많을 수만 있다면 현재보다 수입이 적어도 좋다고 생각하는 사람도 많다. 바로 '지위 편향positional bias' 효과 때문이다.

한 연구에서는 대학생들에게 새로운 프로그램을 평가하게 했다. 연구에서 특정 프로그램을 이용한 학생들의 성적 변화를 살펴보았는데, 성적을 올릴 수 있는 학생이 있는가 하면 나머지는 그대로 성적을 유지했다.

누구도 손해는 없는 프로그램이었지만 그럼에도 불구하고 원래 최고 성적을 유지한 상위권 학생들은 이 프로그램을 공평하지 않다고 인식했다. 다른 학생들의 성적이 올라가면 상대적 우월감이 감소할 수 있기 때문이었다. 상위권 학생일수록 자신의 학업 성취도로 자신의 정체성을 정의하는 경우가 많아 이러한 현상이 더 심화되었다.

경제적 성공으로 스스로의 가치를 매기는 고액 연봉자 역시 비슷해 진보적 소득세나 부의 재분배 프로그램을 매우 불공평하다고 느낀다. 길 건너 대저택에 이사 오는 복권 당첨자에게 이웃들이 불친절한 것도 비슷한 일이다.

그렇다면 주변 사람들에게 휘둘리거나 에코챔버 현상에 매몰되지 않고 타인을 통한 학습이 경쟁으로 변질되지 않으려면 어떻게 해야 할까? 피곤하고 돈도 많이 드는 이웃과의 경쟁을 피할수는 없을까?

아이러니하게도 다양한 종류의 사람들을 만나는 것이 고정관념을 극복하는 데 중요하다. 여러 공동체가 섞인 환경에 사는 사람일수록 다른 집단에 속한 사람들에 대한 편견이 적다. 다시 말해, 부정적인 선입견을 갖지 않기 위해서는 비교 대상이 없도록 만나는 사람을 줄이는 게 아니라 오히려 사회적 범위를 넓게 가져야 좋다.

자신이 누구의 충고나 생각에 가장 의존하는지, 그리고 그 이유는 무엇인지 생각해보자. 술집에서 만난 옥스퍼드 대학 출신의 남자인가? 동네 독서모임 사람들? 그것도 아니면 부모님인가? 분명한 건 그 누구도 세상 모든 일을 전부 알지는 못하며, 우리는 때로 그 사람들의 말에 의문을 갖고 스스로 더욱 폭넓게 생각할 수 있어야 한다.

무엇보다 규범 자체를 주의해야 한다. '침착하게 줄 서기'처럼 좋은 규범도 많다. 이런 규범은 혼란을 막아주고 누구에게나 똑같이 적용된다. '상사가 동료를 성희롱하는 사실을 보고하면 안 된다'와 같이 묻어 두는 규범도 있다. 그러므로 자신이 따르는 규범이 누구에게 이득이 되는지, 또 누군가에게는 해가 되지는 않는지 스스로 따져보는 것이 마땅하다.

당연히 항의하는 것은 어렵다. 켄트 대학교 사회심리학 교수인 아이셰 유스쿨Ayse Uskul은 "남들과 다르려면 많은 용기가 필요하다. 그렇지 않으면 남들과 똑같이 행동하지 않는 이유를 대며 변명해야 할지도 모른다"고 말한다.

중요한 업무 회의에 반바지를 입고 나타나거나 파티에서 술을 거부하거나 아니면 직장을 그만두고 가진 걸 전부 팔아서 세계여행을 떠나는 등 누군가 일반적인 규범에 어긋나는 선택을 하는 것을 보면 못마땅하고 불쾌할 수 있다.

유스쿨은 이렇게 말했다. "사람들은 삶을 어느 정도 제어하고 예측할 수 있기를 바란다. 다른 행동을 하는 누군가 때문에 내가 갖고 있는 세계관이 무너지는 상황을 인정하기란 쉽지 않다."

그렇다면 규범을 바꿔버리면 어떨까? 실험실 환경에서 언어 규범에 동의하도록 한 연구에서는 소수 집단의 규모가 더 큰 집단의 25%에 이르게 되면 빠른 속도로 새로운 규범을 형성할 수 있다는 사실을 확인했다.

무언가를 변화시키기 위해 (더 나은 방향이길 바란다) 그렇게까지 많은 사람이 비슷한 생각과 행동을 하도록 설득하지 않아도 되는 것이다. 네 명 중에 한 명이라도 생각을 달리 하면 된다.

애초에 다른 사람에게 쉽게 동조하지 않는 사람도 있는데 경험에 대한 개방성(새로운 것을 잘 받아들이는 정도)이라는 성격적 특징과 관련이 있다. 가장 급진적인 반항아조차 모든 규범에 일절 동조하지 않는 것은 아니며 어떤 종류의 동조가 꼭 일어난다.

따라서 우호성(친절하고 인정이 많은 정도)이 높은 사람과 외향적인(사회성이 높은 정도) 사람, 즉 다른 사람과 잘 지내기를 우선시하는 사람이라면 다른 사람의 신념에 이의를 제기하기가 남들보다 어렵고, 애초에 제기하는 태도에 가치를 두지 않기도 한다.

늘 자신이 주변 사람보다 뛰어나다고 느끼는 사람은 비교 자체를 공정하지 않은 방식으로 생각하는 경우가 많다. 때문에 스스로에 대해 새로 배우고 발전할 기회도 갖지 못하는 오류를 범하기도 한다.

계속해서 대책 없이 자기가 열등하다고 느끼는 사람 역시 생산적일 수 없다. 이런 사람일수록 사고의 유연성이 필요하다. 그리고 자신이 가진 강점과 특권을 인지하고 그에 감사하는 마음을 가져야 한다.

올바른 사고와 통장 잔액을 위해서라도 끝날 기미가 보이지 않는 이웃과의 경주는 그만두자. 외모 가꾸기에 지나치게 신경 쓰다 보면 점점 더 값비싼 습관에 빠지게 되고 결국 그것 때문에 가난해지거나 자유를 잃어버린다.

이방인이 될지라도 남들과 다르다는 것에는 장점이 있다. 오로지 나와 똑같은 사람들에게 둘러싸여 있다 보면 창의적 사고를 하기 힘들어진다. 규범은 굳어지고 극복은 멀리 달아난다.

분명 협력은 지금까지 인류가 성공적으로 살아남는 데 초석이
된 자질이나, 웨스트의 경우처럼 안전한 틀을 깨고 새로운 지평
을 열어 세상을 완전히 변화시키는 개인의 능력 또한 마찬가지라
는 점을 인지해야 한다.

저 사람은
어디서 왔을까?

헌신적 순종과 상황적 순종

다음 세 가지 중 서로 연관된 두 가지를 고르고 이유를 설명해보
자. 정답은 없으니 걱정은 말라.

바나나. 판다. 원숭이.

매우 흥미로운 한 연구에서는 참가자들에게 이 질문을 던졌을
때 서양 문화권에서는 원숭이와 판다를 하나로 묶는 사람이 많다
는 점을 발견했다. 서구 사회에서는 대상을 분류에 따라 생각하
는 경향이 있기 때문이다(여기서는 '동물'이라는 분류가 적용된다).

반면 중국 등 동아시아권 국가에서는 원숭이와 바나나를 연결

하는 경우가 많은데, 원숭이가 바나나를 먹기 때문이다. 이러한 연결은 사고에 대한 다른 접근 방식을 낳으며, 대상이 속해있는 범주보다 관계와 맥락에 훨씬 의미를 두는 방식이다.

실제로 일어난 주요 사건에 대한 생각이 문화에 따라 어떻게 변하는지를 보여주는 다른 예를 생각해보자.

처음 코로나19 사태가 발생했을 때 얼마나 빨리, 그리고 자발적으로 마스크를 쓰기 시작했는가?

어떤 답변이든, 진실은 이렇다. 사람들은 이 질문에 대한 답을 하면서 스스로 결정한 개인적 선택이라고 생각하겠지만, 결국 내놓는 답은 자신이 살고 있는 지역의 규칙과 법률에 따른다.

여기에는 또 다른 흥미로운 심리학적 요인이 숨어 있다. 2020년 초반 SARS-Cov-2 바이러스가 전 세계로 퍼져 나갈 때 마스크를 쓰면 감염과 이로 인한 사망자를 줄이는 데 큰 도움이 된다는 증거가 제시되었다.

중국이나 한국, 태국, 일본 등의 나라에서는 많은 사람이 이 사실을 신속히 받아들여 마스크를 쓰기 시작했지만 영국과 미국 등 서양 문화권 국가에서는 훨씬 크게 망설이는 것을 볼 수 있었다.

한 연구에서는 어떤 지역의 문화가 개인주의인지 집단주의인
지에 따라 지역에 따른 마스크 사용 정도를 예측할 수 있었다. 집
단주의 문화가 있는 나라나 지역에서는 개인주의 문화권에서보
다 마스크를 채택해 쓸 가능성이 훨씬 높다.

학자들의 주장에 따르면 집단주의 문화(여러 아시아 국가들)에서
는 다른 사람을 더 생각하고 타인을 보호하기 위해 마스크를 쓰
는 쪽으로 치우친다면, 영국이나 미국 같은 개인주의 문화에서
는 마스크를 불편하게 생각하거나 개인의 자유를 침해하는 존재
로 여기기 때문에 마스크를 쓰지 않았다.

실제로 마스크를 쓰지 않는 미국인의 40%가 '마스크를 쓰지
않는 것은 미국인으로서 나의 권리'라는 생각에 동의하며 또 다
른 24%는 '불편해서' 마스크를 쓰지 않았다.

인간의 사고와 행동에 문화가 미치는 영향에 관한 연구가 점
점 많이 이루어지고 있다. 심리학의 오랜 문제점 중 하나는 연구
에서 실험 참가자들이 매우 불균형하게 WEIRD(서양Western, 교육
Educated, 산업화Industrialized, 부유Rich, 민주주의Democratic) 사회 출신으
로 이루어져 있다는 점이다. 결국 이 사람들이(대부분 북미 및 서유럽

출신이다) 인류 전체를 대변한다는 가정을 하는 셈이다(스포하자면 그렇지 않다). 다행히 현재는 학계에서 점차 다양한 문화적 관점(특히 서양과 동아시아 비교가 많다)을 받아들여 각기 다른 문화가 인간의 마음에 어떤 방식으로 영향을 미치는지에 대한 연구가 늘어나고 있다.

킬 대학교 사회 개발 심리학자인 황칭유Huang Ching-Yu는 집단주의 문화권인 대만에서 자라 전 세계를 돌다 개인주의 영국에 정착했다. 여행과 연구를 통해 코로나19에 대한 정부 정책부터 형사사법제도에 이르기까지 문화가 사람들의 사고에 미치는 영향을 생생하게 경험했고 여러 문화가 스스로의 사고가 어떻게 형성하는지 들여다보았다.

황은 "5년 전의 나와 지금의 나를 비교하면 완전히 다른 사람이라고 볼 수 있다"며 "여러 문화를 경험한 후에야 내가 갖고 있던 고정관념이 많이 깨져가고 있다"고 말한다.

황의 설명대로, 인간은 모두 비슷한 정신적 '하드웨어'를 갖고 태어나지만 최초의 '공장설정'은 어떤 문화에 노출되는지에 따라 바뀔 수 있다. 마치 소프트웨어 업데이트를 하면 컴퓨터 성능이 바뀌는 것과 마찬가지로, 다른 문화를 경험하면 자신과 타인, 그리고 세상 전체에 대한 생각이 바뀔 수 있다.

2020년에 사망한 헤이르트 호프스테더^{Geert Hofstede} 교수와 연구진은 이 분야에서 가장 폭넓은 연구를 실시했다. 호프스테더는 문화를 '한 집단에 속한 구성원을 다른 이들과 구분 짓게 하는 총괄적 프로그램'이라고 정의했다. 연구 중에 개발했던 호프스테드 인사이트(www.hostede-insights.com)의 국가 비교분석 도구를 통해 각 국가를 여섯 가지 측면으로 나누어 측정했다.

개인주의/집단주의(생각의 주체가 '나'인지 '우리'인지), 방종/규제(사회가 구성원의 욕망을 추구하도록 독려하는지, 억제하도록 하는지), 장기/단기 지향(사회가 전통을 중시하는지, 실용적이고 미래 지향적 사고를 선호하는지), 권력 간격(사회가 기존 위계를 인정하는 정도) 등이 있다.

이를 살펴보면 나라마다 사고방식에 흥미로운 차이가 있다는 점을 알 수 있다. 예를 들어 중국과 한국은 영국과 미국에 비해 훨씬 개인주의가 덜하고 권위를 중시한다. 대신 더 장기 지향적이며 절약과 투자 성향이 강한 것을 볼 수 있다. 또한 이들 나라에서는 영국이나 미국과 비교했을 때 개인의 욕망을 추구하기보다는 사회 규범의 규제를 더 받는다. *

일반적으로 북미나 서유럽 국민들은 스스로 시스템의 일부이

---

* 각 항목 간 점수(100점 기준): 개인주의: 미국(91), 영국(89), 중국(20), 한국(18); 권력 간격: 중국(80), 한국(60), 미국(40), 영국(35); 장기지향: 한국(100), 중국(87), 영국(51), 미국(26); 방종: 영국(69), 미국(68), 한국(29), 중국(24).

자 상호 의존적 존재라기보다 전체와 분리된 독립적 존재로 인식하한다는 생각이 널리 통용된다. 한편 아시아나 남미, 아프리카 및 일부 남부 유럽 지역에서는 자신을 사회적 역할에 따라 묘사하는 경우가 많다.

물론 사람은 모두 다르고 한 사람이 나고 자란 문화가 그 사람의 사고와 행동을 고정하지는 못한다. 개인주의 성향이 강한 중국인이나 높은 공동체 의식을 가진 영국인도 많다. 마찬가지로 원숭이를 판다보다 바나나와 연관 짓는 미국인도 얼마든지 있다. 말하자면 사고와 행동은 일반적으로는 자신이 속한 사회의 규범에 깊이 영향을 받으며 이는 어린 시절부터 마음을 형성하기 시작해 특정 방향으로 이끈다.

황의 연구를 살펴보면 어린아이조차 속한 문화에 따라 권위에 대한 생각이 다른 것을 볼 수 있다. 권위를 준수하는 태도는 기본적으로 크게 두 가지로 나뉜다. '헌신적 순종'은 무언가를 하도록 요청 받았을 때 자발적으로 그리고 기쁜 마음으로 하는 것을 말한다. 반대로 지시를 따르기는 하지만 마지못해 하는 것을 '상황적 순종'이라고 한다.

황은 실험에서 5~7세의 어린이 세 집단 (대만 출신, 이민자가 아닌 백인 영국인, 영국에 거주하는 중국 이민자)을 대상으로 부모의 권위에 대한 반응을 비교했다. 헌신적 순종에서는 세 집단 사이 차이가 없었지만 대만 출신 어린이들은 다른 집단에 비해 상황적 순종을 훨씬 많이 보이는 것을 알 수 있었다(대만에서는 어린이를 칭찬할 때 '얌전하고 순종적이며 어른 말을 잘 듣는다'는 말을 자주 쓴다).

그런데 영국에 사는 중국 이민자 어린이의 경우 권위에 대해 영국 어린이와 비슷하거나 더 높은 수준으로 개인주의적인 태도를 보이는 것으로 나타난다.

문화는 성인이 되는 과정에서도 사고방식에 분명한 영향을 미친다. 주어진 지시에 동의하지 않더라도 권위에 순응하는 문화에서 자라날 경우 더 기꺼이, 즐거운 마음으로 기존 위계질서를 받아들이고 그 안에서 자신의 위치를 확립하게 되며 자신의 욕구를 생각하는 빈도가 적다. 다르게 말하자면, 대부분의 사람이 하는 생각에서 벗어나 창의적으로 사고할 수 있는 능력을 제한한다.

문화적 차이는 뇌 영상에서도 관찰이 가능할 정도로 우리 안에 매우 확고하게 자리 잡는다. 한 연구에서는 서양문화권 국가(영국, 미국, 캐나다, 호주)와 중국 참가자들에게 여러 형용사를 제시하고 그 단어가 자신과 어머니, 또는 다른 사람을 적절히 묘사하는지 평가하게 한 후 fMRI를 통해 뇌 반응에 일어나는 차이를 살펴보았다.

서양 문화권 출신 참가자의 경우 자기 자신에 대해 생각할 때 내측 전전두피질MPFC이 활성화되었지만 다른 사람을 생각할 때는 그렇지 않아, 서양 사람에게 MPFC는 자기 자신에게만 반응한다는 결과를 시사했다. 그런데 중국 참가자의 뇌 반응은 이와는 반대로, 자신과 어머니를 생각할 때 MPFC가 활성화되는 것을 볼 수 있었다.

또 다른 연구에서는 사고방식에서 보이는 이러한 문화적 차이로 우리가 세상을 보는 관점과 생각이 어떻게 달라지는지 고찰했다. 독립적이거나 상호의존적인 사고, 그리고 개인주의 및 집단주의 사고라는 문화적 차이를 염두에 두고 진행한 연구에 따르면 물 속 장면을 묘사하라는 요청에 대해 일본인 참가자는 맥락과 대상 간의 관계에 더 집중하는 반면, 미국인 참가자는 대상 자체를 묘사하는 데 주목한다고 한다.

어떤 연구에서는 실험 참가자들에게 기본 줌렌즈가 장착된 카메라로 사진을 찍도록 하자 동아시아 참가자는 사진에서 인물을 작게 두고 전체 장면의 일부로 찍는 경향이 있었다. 반대로 서양 참가자들은 줌을 당겨 인물을 중앙 정면에 두었으며 배경을 강조하지 않는 것으로 나타났다.

연구자들은 미술 작품에서도 이러한 현상이 일반적으로 나타난다고 설명한다. 역사적으로 동아시아의 풍경화에서는 서양 풍경화보다 지평선이 높게 그려져 그림 속에 더 자세한 맥락이 들어간다. 이를 통해 본질적으로 동아시아 문화에서는 서양 문화에 비해 전체적인 사고를 중시하며 개인이나 개별적인 사안보다는 큰 그림을 우선시한다는 사실을 알 수 있다.

스탠퍼드 대학교 인류학자인 타냐 루어만^{Tanya Luhrmann}은 영적 수준에서도 사고의 문화적 차이가 작용한다고 이야기한다.

루어만과 동료 연구자들은 최근 연구에서 나라별로(미국, 가나, 바누아투, 중국, 태국) 신과 영혼을 감각적으로 어떻게 인식하고 전달하는지 조사했다.

이 실험에서 가나와 바누아투, 중국 농촌 지역에 사는 사람은 문화적으로 인간의 마음이 '무언가가 스며들 수 있도록 구멍이 있다(다공성)'고 여긴다는 것을 발견했다. 기본적으로 생각이 바깥 세상과 연결되어 있고 외부 요인의 영향을 받기 쉽다는 뜻이다. 반면 미국과 중국 도시 지역에 사는 사람들은 마음을 무언가를 거르는 '채'처럼 생각하지 않고 외부 요인의 영향으로부터 좀 더 분리한다.

루어만은 '스며들 수 있는' 마음가짐을 가진 사람들이 신이나 초자연적 존재와의 영적 경험을 더 생생하게 보고한다는 점을 발견했다. 한편, 그런 특징이 덜한 미국에서는 복음주의 기독교인조차 신이 존재를 드러내기 위해 '돌파해야' 하는 '마음의 한계'에 대해 이야기하는 것을 볼 수 있었다.

루어만은 이를 두고 한 사회에서 우리가 자신을 개별적 존재로 보느냐 한데 뭉친 존재로 보느냐의 문제라고 말한다.

루어만의 또 다른 연구에서는 각기 다른 문화에서 정신질환을 앓는 사람들이 환청을 경험하는 방식을 관찰했다.

가나의 수도 아크라Accra, 미국 캘리포니아, 인도 첸나이Chennai에 사는 사람들을 인터뷰한 결과 미국인은 환청을 질환으로 인한 부정적이고 달갑지 않은 소음 '폭탄'으로 여기는 경향이 있었다.

인도에서는 환청으로 가족의 목소리를 듣는 일이 많았는데 자신을 꾸짖으면서도 올바른 길로 인도하는 내용이었다고 한다. 반면 가나에서는 대부분이 신적 존재와 대화를 했다고 말했으며 환청을 긍정적인 목소리로 여긴다고 했다.

루어만은 이러한 차이가 문화적 편향에서 기인한다고 생각한다. '다공성'이 적고 더 독립적인 미국에서는 형체가 없는 목소리를 침입자이자 공격자라고 보는 반면, 넓은 세상과의 연결을 중시하는 문화적 전통이 있고 세속적 특성이 덜한 가나에서는 다른 의미를 갖는다.

지금까지 문화가 다양한 방식으로 사고에 강력하게 개입한다는 사실을 보았다. 그러나 황은 말한다.

"얼마든지 바뀔 수 있습니다. 오늘날 사람들은 여행을 많이 다니고 다른 문화를 접할 기회가 많습니다. 그렇게 다른 문화의 규범과 다양한 사고방식 및 행동을 접하다 보면 자신의 생각과 의사결정 방식을 바꿉니다. 인간은 사는 내내 변화하고 학습하는 존재입니다"

서양 문화권에 살고 있다면 더 전체적이고 상호 의존적인 사고방식을 경험해보면 좋다. 이를 통해 일상의 문제점과 혼란을 마주했을 때 좀 더 큰 그림을 볼 수 있게 된다. 그뿐만 아니라 개인적 목표와 야망을 위해 스스로에게 지운 압박이나 실패로 인한 실망에서 조금 벗어날 수 있을 것이다.

경제력이나 화려한 경력 등이 어느 정도까지는 삶의 만족감을 줄 수 있지만 장기적으로 보면 정서를 갉아 먹는다. 대신 지속 가능한 행복은 주로 친구나 가족과 함께 보낸 시간, 그리고 다른 사람과의 관계에서 기인하는 경우가 많다.

'심파티코simpatico(다가가기 쉽고 공감능력이 있다는 뜻의 형용사-옮긴 이)'는 남미 문화에서 중요하게 여기는 상호의존적 자질이다. 누구에게나 필요한 자질이며 이를 통해 타인의 감정을 헤아리고 공감할 수 있어 모두에게 유익하다.

여러 나라를 여행하며 황이 깨달은 바와 같이 집단주의 문화역시 개인주의 문화에서 배울 점이 있다. 황에 따르면 집단주의문화에서 개인은 자신의 권리를 주장하거나 정부 정책에 반대해의견을 내는 등 무언가를 바꾸는 데 있어 훨씬 힘이 약하다. 따라서 좀 더 개인주의적 방식으로 사고하게 되면 스스로의 존재를사회에서 주어진 대로 방치하지 않고 자신의 권리를 보호할 수있을 것이다.

또한 더 창의적으로 생각하고 현재 상태에 도전하면 기존의위계와 관념에 의문을 제기할 수 있는 자유를 획득할 수 있다. 궁극적으로는 나 자신을 표현할 자유를 얻을 것이다.

세상에는 보편적인 마음이란 존재하지 않는다. 우리는 성장하면서 저마다의 문화에 영향을 받아 사고를 형성한다. 가능한여러 문화를, 새로운 경험을 접하되 핵심은 이해에 있다. 다른문화권의 책을 읽고 예술 작품을 감상하고 음악을 듣는 것으로도 (그리고 서로 다른 작품에서 사물이 다르게 묘사된 방식과 그 이유에 대해 잘 생각해봄으로써) 생각의 범위를 넓힐 수 있다. 그리하면 모든 세계가 저마다 갖고 있는 장점의 혜택을 누릴 수 있고, 최대한 넓고 역동적이며 명확하게 사고할 수 있다.

한편 황은 문화와 양육 방식이 아이들의 행동과 의사소통 및 기억에 미치는 영향과, 또 그것이 교육과 사법제도에 작용하는 방식에 대해 연구 중이다.

연구의 의미를 위해 생각해보자. 중국 어린이들은 개별적 사람이나 사물보다 맥락을 더 잘 묘사하고 기억한다. 질문에 짧게 대답하고 주변 어른들에게 더 순종적이며, 학대 상황을 잘 알리지 않는다. 이 사실을 서양 문화권의 교사나 수사관이 모른다면 심각한 오해가 발생하지 않을까?

시위대는 왜 저렇게 요란이야?

사회적 정체성

폭동이 처음에 어떻게 시작되었는지는 아직까지도 분명치 않다. 브리스톨 내곽 세인트 폴스St Pauls에서의 하루하루는 여느 봄날과 다름없이 시작되었다. 1980년 4월 2일의 불이 붙기 직전까지는 말이다.

오후 3시가 좀 넘었을 때 사복 경찰 두 명이 블랙 앤 화이트 카페Black and White Cafe로 들어왔다. 이들은 1년 전에 술 판매 면허를 정지당한 카페에서 불법으로 술과 마약을 판매하고 있다는 신고를 받고 출동한 것이다. 얼마 안 있어 몇 명의 경찰이 더 도착해 남자 두 명을 체포하고 수백 상자의 맥주를 압수했다.

따뜻한 오후가 되어 근처 학교가 끝나고 카페에 있던 사람들이 자리를 뜨면서 경찰의 급습 소식은 빠르게 퍼져 나갔다. 오래지 않아 사람들이 블랙 앤 화이트 카페 밖에 모여 들었다.

경찰관들의 카페 급습이 있었던 때는 인종 간의 긴장과 경찰에 대한 불신이 팽배하던 시기였다. 실업률이 높았고 경찰이 백인에 비해 흑인 젊은이들을 검문하는 일이 훨씬 많았으며 주택문제는 어이없을 정도로 심각했다. 그럼에도 차분한 분위기가 이어져왔다.

그러나 4시 30분경이 되자 분위기가 변해버렸다. 경찰은 단지질서를 확립하기 위한 진압이었다고 주장했지만 세인트 앤드루스 대학교 사회심리학 스티븐 라이셔Stephen Reicher 교수는 이 사건에 대한 연구에서 다음과 같이 보고했다. "진술서마다 경찰이 블랙 앤 화이트 카페를 부당하고 근거 없이 공격했다는 것이 주된 내용이었으며, 세인트 폴스 주민들 상당수가 이를 목격했다."

어느 쪽 말이 맞는지 모르겠지만 어쨌든 곧 벽돌과 술병이 경찰을 향해 날아왔고 경찰 몇몇은 부상을 입었다. 여기저기서 간간이 크고 작은 동요가 일어나다 비교적 잠잠해질 무렵의 이른 저녁, 거리 전투가 발생했다. 경찰차가 뒤집어지고 불에 탔으며, 폭도들은 마구잡이로 무기를 던졌고 경찰은 우유 배달 상자와 휴지통 뚜껑을 방패로 썼다.

저녁 7시 30분 경, 경찰이 철수하면서 폭동이 마무리되었다. 경찰 22명을 포함한 30여 명이 부상을 입었고 140여 명이 체포되었다(이 중 폭동으로 최종 기소되었던 16명은 나중에 모두 무죄 판결을 받았다).

세인트 폴스 '폭동'(지역 주민들은 '봉기'라고 부른다)이 규모나 정도에 있어서 다른 사건과 별다를 것은 없었다.

최근까지도 '흑인의 목숨도 소중하다Black Lives Matter' 시위나 환경 단체 '멸종 반란Extinction Rebellion'부터 유럽연합 찬성 및 반대 단체, 백신반대론자, 대안 우파 등, 정치적 분열로 인한 훨씬 더 큰 규모의 집단행동에 대한 기사가 거의 매일 같이 쏟아져 나왔다. 2021년 1월에는 도널드 트럼프 지지자들이 미국 의회를 일시적으로 점거하는 사태도 있었다. 지난 10년간 수없이 많은 시위와 폭동이 일어났으며 이를 두고 '반대의 시대Age of Dissent'라고 일컫는 학자들도 있다(2011년에는 <타임>지 올해의 인물로 '시위자'가 선정되기도 했다).

군중 행동에는 여러 유형이 있지만 그중 제일 탈도 많고 꾸준히 회자되는 유형은 '성난 군중'이다.

간단히 말하면 군중 속에 있을 때 '정신이 나간다'는 개념으로,

이성과 자아를 버리고 원초적이고 동물적으로 변한다는 뜻이다. 즉, 명확한 사고를 멈추는 사람들이다.

이 개념은 1895년 출판된 《군중심리》의 작가 귀스타브 르 봉 Gustave Le Bon과 같은 사상가에 의해 대중화되었으며, 19세기 산업화를 통해 도시가 확장되고 여기저기 문제가 쏟아져 나오는 상황에서 사회적 불안이 높아지며 더욱 탄력을 받았다.

킬 대학교 사회심리학과 클리포드 스토트Clifford Stott 교수의 표현처럼, "사회가 불안의 근본 원인을 이해하고자 하지 않고 그저 불씨를 꺼 없애버리고자 급급했던 때"였다.

사람들이 야만적이고 비이성적이며 원초적 집단으로 변한다는 생각은 시위를 묵살하고 진압할 명분을 주었다. 사실, 지금도 여전히 그렇다.

2011년 런던에서 경찰이 마크 더간Mark Duggan을 사살했던 사건 이후 영국 전역에서 시위와 폭력 사건(토트넘 폭동)이 일어나자 정치인들과 언론사, 경찰 지휘부 등은 이를 두고 '비이성적'이고 '정신 나간' 사람들이 벌이는 '혼란스럽고 무질서한 폭도들의 통치'라고 입을 모았다. 그리고 이 단어들은 이후 '폭동'과 함께 늘 따라다녔다.

블랙 프라이데이 세일 기간에 길가에 무질서하게 늘어서 폭력을 자행하는 사람들, 화물차로 캐나다 주요 도시의 거리를 막

아섰던 일, 역사적 조형물을 훼손하고 무너뜨려 강에 던져 버린 일. 이 모든 행동을 이성을 잃은 사람들의 분별없고 혼란스러운 폭력성으로 똑같이 취급해 무시해버렸다.

그러나 라이셔의 세인트 폴스 사태 연구에서는 군중 행동이 흔히 생각하는 것보다 훨씬 '수준 높고 창의적'이라는 점을 지적한다. 또한 인간이 군중 속에 있을 때 사고하는 방식, 이에 정부나 경찰 등의 기관이 어떻게 반응해야 하는지에 대해서도 시사점을 제시하며 군중 행동에 대한 의식을 바꾸기 시작했다.

라이셔에 따르면 군중은 '정신 나간' 상태와는 거리가 멀고 그 안에서는 꽤 복잡하고 수준 높은 사고가 이루어지며 또한 이 사고는 얼마든지 변할 수 있다. 1990년 트라팔가 광장에서 일어났던 인두세 시위부터 2011년 더간 사건 이후에 일어난 일련의 폭동에 관한 여러 조사 역시 이를 뒷받침한다.

브리스톨 폭력 사태를 다시 들여다보자. 얼핏 보면 그저 '성난 군중'이 벌인 일처럼 보일 수 있지만 자세한 내용을 깊이 보면 사실은 그 자리에 있던 사람들의 행동이 분별없고 무작위적이며 혼란스럽지 않았다는 것을 알 수 있다.

오히려 행동을 제한하는 확실한 사회적 경계가 있었다. 그 경계는 집단 안에서 공유되는 사회적 정체성에 의해 확립되며 집단 행동이 표적으로 삼는 대상이 누구(또는 무엇)인지와 지리적으로 어디까지 나아갈지를 결정한다.

세인트 폴스 주민들은 스스로를 지역 공동체와 동일시하는 인식이 강했고 외부인들 때문에 경제적으로 뒤처지고 배척당한다는 생각을 공유했으며 경찰에 대한 불신이 있었다.

또한 폭동(봉기)은 지역 밖으로 퍼져 나가지 않았다. 경찰과 은행, 외지인이 운영하는 사업체와 복지 사무소만 공격을 받았고 타격을 입었다(그 외 지역 주민들은 평소와 다름없이 생활했다).

경찰이 철수하자 시위를 위해 모였던 사람들은 거리를 지나는 차량의 순조로운 통행을 위해 길 안내를 맡기까지 했다. 지역 주민 레이 마이티Ray Mighty는 나중에 BBC 인터뷰에서 다음과 같이 말했다. "우리는 모두 한 마음이었습니다."

군중과 사고방식(특히 사회적 정체성이 군중 속에 있을 때 사고와 행동을 형성하는 방식)에 대해서는 여러 번 반복 연구가 이루어졌다.

예를 들자면, 당시 경찰과 시위대의 동영상과 인터뷰를 바탕으로 한 스토트의 연구에서는 1990년 인두세 폭동이 일어났을 때 초반에는 대다수의 군중이 '유쾌하고 비폭력적인' 방식으로 당시 보수당 총리였던 마거릿 대처와 새로운 인두세 정책에 반대하기 시작했다고 한다. 이들이 다우닝가 총리관저 밖에 모여 앉아서 소수의 폭력 시위대를 보며 자신들과는 상관없는 '외부인'이라고 생각했던 이유였다.

그러나 스토트(현재 군중을 상대하는 방법에 대해 사법 기관에 자문을 하고 있다)는 경찰이 무력 개입을 시작하면서 군중의 정체성이 바뀌었다고 주장한다. '평화롭게' 인두세 반대를 주장하던 군중은 이 시점에서 경찰과 '불법적' 물리적 진압에 대해 반대하는 집단 세력으로 뭉치게 되었다. 시위자들이 시위의 동기와 행동을 바꿔 폭동으로 번지게 된 원인은 바로 이 정체성의 변화였다. '정신이 나가서' 폭력적으로 변한 게 아니라 사회적 상황의 변화에 반응한 것이었다.

스토트는 이 시점의 경찰의 생각, 즉 '군중은 본질적으로 무질서하고 그러므로 경찰이 나서서 군중을 상대로 주도권을 되찾아야 한다'는 생각이 역설적이게도 폭동에 불을 붙이는 데 큰 역할을 한다고 보았다. '군중 속에 있기 때문에 누구나 쉽게 이성을 잃는다'는 생각은 인간의 신념과 그것을 타인과 공유하는 방식이 사고에 미치는 막대한 영향력을 간과한다고 말이다.

또한 편리한 그 생각은 사람이 폭력적으로 변하는 이유를 이해하는 데 걸림돌이 되기도 한다. 최근 우후죽순 일어나는 동상 끌어내리기를 생각해보자. 성난 군중 이론을 계속 주장하는 비평가들은 이 무분별한 파괴행위에 동조하는 사람들을 비판한다.

그러나 17세기 영국 노예상인이었던 에드워드 콜스톤Edward Colston 동상 같은 역사적 조형물을 넘어뜨리는 사람은 스스로 무슨 일을 하는지, 그리고 왜 하는지도 정확히 알고 있다.

브리스톨에 있던 콜스톤 동상은 미국 경찰이 조지 플로이드를 사살해 촉발된 2020년 반反인종차별 시위 중에 부서져 강에 던져졌다. 콜스톤 기념물은 그저 무차별적 폭력의 이유 없는 표적이 아니었으며 오늘날 플로이드를 살해한 부당함을 응징하기 위한 표적이었다. 시위자들은 그저 생각 없이 물건을 부수고 다닌 게 아니라 역사를 바로잡고자 했다.

군중의 행동에 의식적 사고가 수반되었음을 이해하지 못하면 의회를 공격하는 사람들을 절대 이해할 수 없다. 2021년 1월 미국 의회를 들이닥쳤던 사람들을 보고도, 격분한 나머지 생각 없이 동물처럼 굴었다고 쉽게 생각할 수 있고, 심지어 확신한다.

그러나 라이셔에 따르면 진실은 좀 더 복잡하다. 대신 그 일에 가담했던 군중은 '애국자'로서 반역적 기관으로부터 미국의 정신을 구한다는 진실한 신념과 강력한 사회적 정체성을 갖고 움직였다.

반대편에서는 말도 안 되는 일처럼 보이겠지만, 직전에 있었던 트럼프의 '반체제' 연설로 대변되고 정당성을 부여 받은 시위자들은 단순히 의회 벽을 부수고 문을 발로 차고자 한 것이 아니었다. 이들 역시 역사를 바로잡아 '미국을 다시 위대하게' 만들고자 했으며, 이들 또한 자신들이 옳은 일을 한다고 생각했다.

특정 군중 행동을 비판하는 사람에게 이는 불편한 진실일 수 있다. 그러나 폭동을 그저 성난 군중의 무릎 반사 반응 같은 것으로 치부하기보다 집단의 동요와 불안을 다른 방식으로 생각해보면 타인의 사고와 신념, 행동을 더 잘 이해할 수 있고 나아가 스스로에 대해서도 알 수 있다.

치부가 아닌 이해는 경쟁 집단 사이 공통점을 발견하기도 한다. 실제로 다른 사람을 만나서 이야기를 듣고 헤아리려는 노력을 기울이다 보면 공통된 신념과 사회적 정체성을 발견할 수 있으며 이는 사람들을 갈라놓기보다 함께하도록 묶는다.

스토트와 라이셔의 분석으로 2011년 토트넘 폭동을 다시 보자. 당시 폭동 참가자들은 런던 북동쪽에 있는 우드 그린 하이 스트리트로 모여들기 시작했다. 이는 도시의 다른 지역에서 온 청년들이 서로 대면하게 되었다는 뜻이다. 청년들은 폭력적인 영역 다툼을 벌이던, 서로가 서로의 경쟁 집단이었다.

대면 직후 상황은 어떻게 되었을까? 처음에 청년들은 상대 집단으로부터 공격을 받을까 두려워했지만 곧 경찰을 상대로 비슷한 경험을 했고 반대를 공유한다는 점에서 '공통의 정체성'을 느꼈고 심지어 '동지애'가 들기도 했다고 증언했다.

청년의 대다수가 더 이상 다른 집단으로부터의 위협에 대해 생각하지 않게 되었고 대신 공통된 것에 대해 생각하게 되었다.

다음은 연구에 인용된 폭동 참여자들의 인터뷰 중 일부다.

함께 폭동을 일으킨 일행 중 절반은 우리 지역 사람도 아니었어요. 우리를 도우러 왔던 거죠! 우리가 갱단 같은 거라면 해크니Hackeny에 사는 사람들이 뭐 하러 토트넘Tottenham까지 와서 우리를 도와주겠어요. 갱단의 일이었다면 우리도 그 사람들하고 싸우려 했을 거고 그쪽도 우리를 해치려고 했겠죠. 그런데 그렇지 않았어요. 모두 우리를 도와주러 토트넘까지 왔다고요.

그렇다면 이 모든 이야기가 명확한 사고력에 대해 말하고자 하는 바는 무엇일까?

첫째, 누군가 군중 속에 있다는 것만으로 이성을 잃지는 않는다. '성난 군중' 이론은 혼란을 예측할 뿐이지만 군중 행동은 그보다 훨씬 더 복잡하며 여러 사회심리학자들은 사람들의 사회적 정체성에 의해 군중 행동이 유발된다고 주장한다.

이 말은 처한 상황이 달라지면 변화할 수도 있다는 뜻이다. 정부와 경찰, 그리고 사회 전반에 큰 의미가 있는 사실이며 이를 통해 시위와 민간 소요사태에 어떻게 접근해야 할지도 알 수 있다.

사람들이 집단 속에서 비이성적이 되고 생각이 없어진다고 쉽게 치부해버리면 군중 행동의 진정한 이유와 그 저변에 무엇이 있는지를 찾아내 이해하기 어려워진다. 또 그로 인해 질서를 복구하고자 시도하는 여러 방법에 불균형적으로 대응해 실제로는 상황을 더 악화시키기도 한다.

둘째, 인간은 사회적 존재이며 혼자만의 섬에 고립된 채 살고 있지 않다. 한 인간은 복잡하고 다양한 자아를 가지며 그 자아는 인종, 성별, 사회계층, 정치적 성향, 직업, 자녀가 있는지의 여부 등에 따라 달라질 수 있다. 이로 인해 군중 속에 있을 때 인두세에 대한 불만이 경찰에 반대하는 마음으로 바뀔 수 있다.

집에 있어도 마찬가지다. 가족을 대할 때는 다른 사람을 대할 때보다 여러 면에서 더 후할 수도 있고 더 많이 양보하거나 좀 더 성실하고 보호 본능이 강해지기도 한다. 저녁 식사 자리에서 누군가 정치적 사안을 입에 올리기 전까지는 말이다.

이런 상황이 오면 (그게 브렉시트 또는 사회주의, 트럼프에 대한 것이라면) 정치적 자아가 치고 올라오며 지금까지 유지하던 자아와는 결별하게 된다. 사랑하는 가족 중 한 명이 정치적으로 반대편에 서 있다? 집안에서도 폭동은 일어날 수 있다.

사회적 정체성은 보통 내가 어느 집단에 속해있는지와 관련이 있다. 결국 인간은 누구나 어딘가에 소속감을 느끼길 원하며 한 집단의 일부라는 느낌은 개인에게 자부심을 갖게 한다.

모든 경찰이 나쁜 사람일리는 없다고 생각하던 사람도 경찰에 반대하는 집단 정체성을 가진 사람들 안에 있으면 모든 경찰이 나쁘다고 생각하게 될 가능성이 높다.

모두가 흥분한 상황이라면 분노와 같은 감정에 휩싸여 평소라면 하지 않을 방식으로 생각하고 행동할 수 있으며 폭력적 성향이 발현될 가능성도 있다. 나치 독일과 같은 극단적인 상황에서는 특정 집단에 대한 소속감이 강력한데다, 특히 자신이 속한 집단을 다른 '외부' 집단에 반대되는 개념으로 인식하며 또한 강력한 리더십이 동력을 부여해, 최악의 잔악한 행동을 하기도 하는 것이다.

인간의 마음은 언제나 미묘하고도 흥미진진하다. 우리는 기계가 아니지만 계속해서 작동하는 부품들의 총체이며 이 중 많은 부분이 사회적 존재로서의 역할과 관련이 있다. 명확한 사고를 하기 위해서는 자신의 다양한 사회적 정체성과 그 정체성 간의 관계를 더 잘 이해할 수 있어야 한다.

누구나 다른 집단의 희생을 감내하더라도 자기 집단을 편드는 경향이 있다. 집단 간 다툼이 많아 '정체성 정치'가 어느 때보다 중요해지는 상황에서 이러한 점을 인식하면, 2011년 폭동 기간 동안 서로 다른 지역에서 온 경쟁 집단들이 서로 협력했던 것처럼 집단 간의 공통점을 찾는 데 도움이 된다.

진정한 문제는 거대한 시스템이다. 여러 집단에 다양한 방식으로 갈등을 유발한다. 무서운 사실은, 서로 다른 사회적 정체성을 가진 사람들이 계속해서 다투고 서로를 비난하는 사이 이 시스템은 아무도 모르게 더욱 강해지고 있다는 사실이다.

내가 원래
사고 싶은 건 사잖아

고전적 조건형성

Are You Thinking Clearly?

어떻게 해야 더 많은 여자가 담배를 피울 수 있을까?

20세기 초반 담배 회사들이 가졌던 가장 큰 고민이다. 당시에는 여성이 담배를 피우는 것, 그것도 공공장소에서의 흡연은 금기로 여겼다. 미국 담배 산업에서 볼 때 이 금기는 엄청난 손실이자 기회였다. 매출을 증가시킬 수 있는, 아직 손대지 않은 금광이나 마찬가지였다.

거대 담배회사들이 나서 사람들의 인식을 바꿔야 할 때였다. 최소한 흡연에 대한 인식이라도 바꿔야 했다. 그렇게 에드워드 버네이스Edward Bernays라는 남자에게 찾아간다.

버네이스는 이 분야에서 독특한 프로필을 갖고 있었다. 정신 분석학의 창시자인 지그문트 프로이트Sigmund Freud의 조카였던 버네이스는 사람들의 생각을 바꾸는 일을 했으며 선전(그는 '홍보'라고 부르기를 원했다)을 통해 다른 사람의 의견을 바꾸고 또 조종할 수도 있다고 굳게 믿었다.

그는 정치인 및 정부 관계자부터 대기업에 이르는 다양한 고객을 거느리며 오래도록 걸출한 경력을 쌓았다. 그러나 버네이스의 방법은 종종 논쟁의 여지가 있었고 특히 여성 흡연자 문제에 대한 해결책이 그랬다.

버네이스는 여성들의 흡연을 일상적인 것으로 만들기 위해 당시 미국을 휩쓸던 페미니즘의 물결을 이용해 담배가 여성을 남성과 동등한 위치에 설 수 있게 하고 오래된 금기로부터 해방시킬 '자유의 성화'로 홍보했다.

그의 전략 중 군계일학이라 할 수 있는 부분은 '예쁘면서도 너무 비현실적인 외모는 아닌' (버네이스가 직접 지시한) 여성들을 고용해 1929년 뉴욕 부활절 퍼레이드에서 행진 중에 노골적으로 담배를 피우게 했다는 점이다. 페미니스트 루스 헤일Ruth Hale 역시 여성들을 독려해 '자유의 성화'를 들고 이 행진에 참여하게 했고 버네이스는 이 장면을 알맞은 조명으로 촬영해 전국 언론을 통해 메시지를 퍼뜨렸다.

그렇게 수백만 명의 건강을 희생시킨 전략은 통했다. 금기를 깨고 여성에게 '힘을 실어주는' 이 캠페인에 대한 기사가 신문마다 실렸고 수많은 수다의 주제가 되었으며 결국 여성 흡연자의 수를 상당히 증가하는 데 기여했다.

1923년 전체 담배 판매량의 5%만이 여성 흡연자에게 판매되었는데 1929년에는 12%로 올랐고 1935년에는 18%가 되었다. 영리하게 짜인 한 편의 광고로 굳건히 쌓여있던 사고방식의 참호가 무너지고 수만 명의 사람들이 매우 중독성 강한 새로운 습관을 갖게 된 것이다.

당신도 이런 종류의 미묘한 조작에 잘 넘어가는 편인지 생각해보자. 브리스톨 대학교 마케팅 교수인 아그네스 네언^{Agnes Nairn}에 따르면 대부분의 사람은 '나는 그렇지 않다'고 믿는다고 한다.

"누구나 자신은 광고에 현혹되지 않는데 다른 사람들은 그렇다고 생각한다. 신기하지만 사실이다. 역설적이게도 광고가 생각을 바꿀 수 없다고 믿는 것 자체가 그 일을 가능하게 만든다."

광고의 힘을 과학적으로 계량화하기는 쉽지 않다. 초기 마케팅 개척자였던 존 워너메이커^{John Wanamaker} 역시 늘 불평하던 오래된 문제점이다. "내가 광고에 쓰는 돈 중 절반은 그냥 버리는 돈이다. 문제는 그 절반이 뭔지도 모른다는 점이다."

예를 들어 월요일에 광고를 보았다고 치자. 그런데 누군가 그 제품을 화요일에 샀다. 그럼 그게 광고를 보고 산 건지 아니면 원래 사려고 했던 건지 어떻게 알 수 있을까? 또 크리스마스에 어떤 제품이 잘 팔릴 거라고 생각하고 그 시기에 맞춰 광고를 내보냈다. 매출이 오른 것은 그 광고 덕분일까, 아니면 그저 원래 물건이 잘 팔리는 시기라서 그랬을까?

전문가들은 광고가 보통 생각하는 것보다 사실 큰 영향력이 없고 많은 기업이 잘못된 광고에 엄청난 돈을 낭비한다고 주장한다. 2021년의 한 연구에서는 288개 브랜드의 텔레비전 광고를 분석해 그 효과를 살펴보았는데, 그중 80%는 마이너스 투자대비수익률[ROI]를 보였다.

그렇다고 기업 입장에선 그냥 아무것도 안하고 있을 수만은 없지 않은가. 2019년에 광고에 들어간 돈은 미국에서만 무려 2천 5백억 달러(약 332조원)에 이르며 광고 회사들은 광고주의 이익에 맞춰 대중의 생각을 바꾸기 위해 여러 전문가 군단에 각종 데이터와 기술력을 동원했다.

광고로 효과를 내는 것은 분명히 어려운 일로, 사람들에게 그냥 무언가를 사라고 말한다고 해서 그때마다 소바자가 기꺼이 지갑을 열어줄 것이란 기대는 접어야 한다.

이미 차를 사려고 보고 있는 사람에게 고급 자동차를 사게 하거나 집 인테리어를 새로 하는 사람에게 페인트를 사라고 설득하는 일은 확실히 더 쉽다. 실제로 이런 경우에는 마음을 바꾸게 하지 않더라도 특정 제품 쪽으로 슬쩍 밀기만 해도 된다. 그러나 필요한지도 몰랐던 제품을 사게 만드는 일은 그야말로 훨씬 높은 수준의 설득이 요구된다. 광고회사들은 어떻게 소비자의 머릿속으로 들어가 사고의 방식을 바꿔놓는 것일까?

성공적인 광고를 위해서는 사람들이 모두 복잡 다양한 존재라는 점을 고려해야 하며 기존 기억과 편견, 문화적 선호도와 신념 등을 뛰어넘어 활용할 방법을 알아내야 한다.

또한 뇌의 각기 다른 영역이 광고 메시지에 어떻게 반응하고 또 광고를 걸러내는지도 고려해야 한다. 게다가 '인지 방어(광고의 목적을 알아차리고 메시지를 합리적이고 신중하게 생각하는 능력)' 역시 침투해야 한다.

특정 종류의 광고를 계속 보다 보면 결국 그 수법을 눈치 채고 익숙해진다. 그러면 광고 회사에서는 또 새로운 기술력을 활용해 색다른 방법을 찾아 소비자의 마음을 열고 사고를 변화시킨다.

광고회사는 평범하고 '노골적인' 방식부터 더 정교하고 '은근한' 작전까지, 매우 광범위한 전략을 펼친다. 전자는 우리 제품이 경쟁사 제품보다 더 좋은 이유를 단순하고 합리적으로 설명하는 방식이고, 후자는 소비자로부터 제품이나 서비스에 대해 긍정적이고 감성적 반응을 끌어내려 한다.

은근한 방식은 제품 진열이나 유명인의 추천과 같이 명백하고 쉽게 알아챌 수 있게 대놓고 판매하는 방식과 달리 인터넷에서 공유되는 밈이나 재미있는 동영상 등을 통하기 때문에 광고라는 것을 알아차리기 쉽지 않다. 또한 정교한 데이터 마이닝과 알고리즘을 이용해 메시지에 가장 쉽게 반응할 만한 사람을 타깃으로 하기 때문에 SNS에서 공유될 가능성이 높아 훨씬 교묘한 방식으로 잠재 고객과 판매할 제품을 연결한다. 누구나 쉽게 속으며 미성년자의 경우 인지 방어가 아직 덜 발달된 상태라서 특히 취약하다.

네언에 의하면 뇌에서 광고를 처리하는 방식은 두 가지로 나뉜다. 뇌의 각자 다른 영역에서 인지적 처리와 감성적 처리가 일어나며 이성적 메시지(노골적인 광고)는 전전두엽 피질에서, 감성적 메시지(은근한 광고)는 변연계에서 처리한다.

그런데 이 변연계가 전전두엽 피질보다 오랫동안 존재해온 뇌 영역이며 훨씬 더 강력하다. 그러므로 광고는 은연중에 처리될 때, 즉 이성적 단계가 아닌 감성적 단계에 처리될 때 먼저 인식되고 가장 효과가 있다. 어느 기업이나 알고 있는 사실이다.

다시 말하면 광고에서 자신들의 제품이 경쟁사보다 더 싸고 좋다고 이성적으로 호소할 때 사람들은 의식적으로 이 말이 맞는지 따져본 후 입수한 정보를 바탕으로 제품의 장점에 대해 판단을 내린다. 광고하는 입장에서 봤을 때도 이는 소비자의 마음속으로 들어가는 가장 좋은 방법이 아니다. 인지 방어를 발동시켜 주어진 정보를 비판적으로 생각하게 되기 때문이다.

반면 광고가 감성에 직접적으로 호소하면 광고를 보고 기분이 좋아지거나 세상과 연결되어 있다는 느낌, 자기 자신에 대해 더 나은 생각을 갖게 되어 긍정적인 감정과 제품을 연결할 수 있다.

19세기 말 과학자 이반 파블로프의 실험은 다들 알고 있을 것이다. 개가 실제로 먹이를 받았을 때만 침이 나오는 게 아니라 먹이와 연관된 다른 자극, 밥 주는 사람이나 벨 소리 등에 노출되어도 침이 나올 수 있다는 발견이다.

'고전적 조건형성classical conditioning'이라는 학습 방법의 강력한 예시로, 조건이 형성되기 전에는 반응을 유발하지 않다가도 특정 조건(벨이나 밥 주는 사람의 접근)이 학습되면 그 조건이 있을 때 자동 반응(침을 흘린다)이 생긴다는 뜻이다.

인간의 행동 역시 마찬가지다. 실제로 광고로 인해 우리마음 속에 제품과 연관된 긍정적인 무언가가 심어졌다면 그에 대한 반응으로 구매까지 이어질 수 있다.

코카콜라와 크리스마스를 생각해보자. 코카콜라가 자사 브랜드를 대표하는 색깔의 옷을 입혀 산타클로스의 이미지를 새로 만들었다는 이야기가 있다.

1930년대 초반 코카콜라는 일러스트레이터 헤이든 선드블럼 Haddon Sundblom이 그린 산타클로스 이미지를 장기 시리즈로 내보내기 시작했고, 그때부터 굴뚝을 타고 거실로 내려오는 수염이 풍성하고 통통하며 유쾌한 산타 할아버지의 모습이 대중화되어 오늘날까지 이어지고 있다.

그전까지 산타는 여러 형태로 존재했다. 진지한 모습에 비쩍 마르기도 했고 녹색 옷을 입기도 했으며 주교의 망토를 걸치거나 심지어 좀 무서운 모습이기도 했다.

선드블럼의 산타는 (본인이 직접 모델로 나선 적도 있다) 성 니콜라스St Nicholas의 현대적 청사진이 되었고, 코카콜라는 수백만 사람들의 마음속에 기쁨, 함께함, 풍요로움의 시간을 떠오르게 했다. 결국 선드블럼은 크리스마스와 달콤한 청량음료 간의 잠재적이고 감정적인 연결 고리를 만들어낸다.

많은 회사가 이런 식으로 이성적 뇌를 건너뛰고 변연계로 직행해 감성적 수준에서 상품을 판매한다. 예를 들면 중독성 있는 선율은 마음에 오래 남으며 깊은 감성적 반응을 불러일으킨다는 점은 잘 알려진 사실이다.

광고회사는 이를 이용한다. 광고에서 어떤 선율이 반복적으로 연주되면 그걸 들은 사람은 이 음악을 해당 브랜드와 연결지어 생각하게 되며, 기분 좋은 멜로디일수록 광고하는 제품이 뇌리에 박혀 떠나지 않는다. 더 이상 특정 제품이 경쟁사 제품보다 왜 더 나은지는 알아보지 않는다.

마찬가지로 광고 회사는 반복적으로 귀여운 캐릭터를 노출하고 캐치프레이즈를 만들어 소비자가 광고를 이성적 인지 방어를 거치지 않고 인식하도록 한다.

제품이나 서비스에 대해 긍정적인 감성 반응을 이끌어내기 위해 유머를 사용하는 브랜드도 많다. 실제로 사람들은 재미있는 것을 보면 친구들과 공유해 확대 재생산하는데, 결국 광고 회사의 메시지를 공짜로 퍼뜨려주는 셈이다.

광고는 제품이나 서비스를 구매한 이후에도 구매자의 행동과 신념을 강화한다. 새 핸드폰이나 옷, 차에 큰돈을 썼다고 생각해보자. 그 물건에 대한 광고를 수없이 접하면서 이미 이루어진 구매에 대해 더욱 긍정적인 생각을 하고 브랜드 충성도가 높아지며 같은 브랜드의 다른 제품도 습관적으로 구매할 확률이 높다.

특히 인플루언서의 추천은 제품과 서비스에 대한 인식에 매우 강력한 영향력을 갖는다. 상품을 판매하는 데 유명인의 이름이 사용된 것은 오래된 일이다. 캐드버리 초콜릿Cadbury's Cocoa의 판매에 빅토리아 여왕이 한몫 들기도 했으니 말이다.

네언은 "유명인이 제품을 추천하는 광고는 파블로프의 개와 비슷한 원리"라고 한다. 예를 들어 킴 카다시안을 좋아하는데 킴 카다시안이 광고하는 제품을 보면 킴 카다시안과 그 제품 간에 긍정적인 연상 작용이 생긴다. 시간이 지나며 그 연상은 더욱 공고해져 마침내 킴 카다시안을 더 이상 좋아하지 않게 되더라도 그 제품은 여전히 좋아할 것이다.

그러나 연상 작용도 이미지가 맞아야 한다. 트랙터를 판매하는데 킴 카다시안은 적당한 모델이 아닐 것이다. 잘 나가는 게임 유튜버 역시 아웃도어 의류 브랜드를 추천하기에 알맞은 사람은 아니다.

또한 모델의 인기가 떨어진다거나 안 좋은 사건에 휘말린다거나, 갑자기 브랜드가 추구하는 가치에 상반되는 행동을 하게 될 경우 브랜드 이미지에 쉽게 타격이 갈 수 있다.

이렇게 누군가가 '추천'하는 형식은 특히 친구나 가족일 경우 대상에 대한 우리의 생각을 바꾸게 하므로, 그 추천이 진정성 있고 추천하는 사람이 믿을 만하다면 어떤 광고보다 효과적이다.

당신은 유명인이 손목에 찬 시계를 보고 같은 시계를 구매하는 사람인가? 스스로 물어보자. 이유가 무엇일까?

그 모델이 값비싼 스위스 시계의 신뢰성에 전문가이기 때문인가, 아니면 그가 출연한 영화 속 캐릭터나 최근에 올라온 유튜브 영상이 좋아서인가? 아니면 그냥 그 사람이 매력적이어서인가? (매력 있는 사람을 그렇지 않은 사람보다 더 신뢰하는 경향이 있다.)

제품을 추천하는 사람의 의도도 생각해봐야 한다. 제품의 디자인을 진짜 좋아해서인가, 아니면 그저 그 시계를 차면 돈을 받기 때문인가? 선택을 할 때 명확히 사고하고 싶다면 다른 누군가의 결정을 내 것인 양 생각하지 않아야 하며 그러려면 결정을 내리게 된 맥락과 결정에 영향을 준 것들에 대해 비판적으로 생각해야 한다.

인터넷 덕분에 광고하고자 하는 제품에 유리하도록 소비자의 생각을 조작하는 콘텐츠를 퍼뜨리기가 훨씬 쉬워졌다. 그러나 동시에 소비자 역시 제품에 대한 객관적인 평가를 간단히 찾아볼 수 있게 되었고 스스로 자세히 조사하는 것도 가능해졌다.

물론 길에서 마주치는 광고, 또는 온라인이나 라디오, 텔레비전에서 접하는 모든 광고를 심사숙고해볼 시간이 있는 것도 아니다.

그럼에도 우리는 구매하는 제품이나 서비스에 대해 좀 더 명확한 사고를 위해, 누구나 광고에 취약할 수밖에 없다는 사실을 먼저 인정하고, 쏟아지는 메시가 노골적이든 함축적이든 주의 깊게 살펴야 한다. 에드워드 버네이스라면 그렇게 했을 것이다.

SNS는 어쩌다
내 삶에 스며들었을까?

디지털 발자국

Are You Thinking Clearly?

인터넷으로 인해 현실과 비현실이 바뀌는 방식을 모르는 사람이 많다는 것은 두려운 일이다. 물론 나도 인터넷을 좋아한다. 심지어 인터넷으로 꽤 큰돈을 벌기도 했다.

나는 가상현실 개발 단계에 참여했고 그때 우리는 모두 '이제 여기서 전부 시간을 보낼 거야. 대단할거야!'라고 생각하며 흥분했다. 실제로 그랬다. 나도 며칠씩 가상현실 속에서 지내느라 아내는 현실에서 저녁 먹으러 가자고 계속 나를 보챘다.

그러다 봇^{bots}이 나왔다. 일반적으로 쓰는 AI 정도가 아니라 '인간처럼 학습하고 말하고 생각하게 만들어졌다'고 스스로 말하는 완전한 존재다. 그때부터 모든 것이 달라졌다.

봇은 이메일을 쓰고 게임을 프로그램하고 질문에 답을 했다. 심지어 기사를 쓰기도 했다. 또 무엇을 하는지 아는가? 가상현실을 진짜 현실로 바꿨다. 우리는 더욱 가상현실에서 시간을 보내기 시작했고 이제는 아내도 가상 속 해변에 혼자 앉아 '언제 저녁 먹으러 가지?' 하는 생각만 했다.

그러다 어느 날 어떤 똑똑한 프로그래머들이 이 질문에 답하는 봇을 만들어낸다. 봇은 "지금 바로 가자, 여보" 라든가 "내가 좋아하는 스테이크가 크로거Kroger's에서 지금 세일 중이야" 같은 이야기를 하기 시작한다. 그럼 아내는 "그래, 여보." 하고 대답한다. 봇의 평점은 높아지고 그만큼 돈이 벌린다.

사람들은 '봇이 이걸 할 수 있으면 저녁 식사도 프로그램할 수 있지 않을까' 생각하기 시작한다. 그리고 우리가 알아채기도 전에 봇은 저녁 식사를 만들고 있다.

모두가 만족한다. 봇이 다른 이야기를 꺼내기 전까지는 말이다. 어느 날 봇은 말한다. "여보, 약 먹을 시간이야."

이 글은 AI가 썼다. 이 짧은 이야기가 놀라운 이유다. AI21 랩스AI21 Labs에서 개발하고 훈련한 쥬라기-1은 지금까지 일반인용으로 개발된 것 중 가장 거대하고 정교한 언어모델로, 'AI가 주도하는 인터넷을 걱정하는 이유'라는 주제에 대해 글을 썼다. 문장을 시작할 첫 단어로 '그것ⁱᵗ'을 입력했을 뿐이다. 나머지는 쥬라기가 알아서 했다.

날카로운 풍자적 유머를 제외하면 AI가 만들어낸 이야기는 인터넷과 디지털 기술로 인간이 어디까지 갈 수 있을지에 대한 희망을 반영한다. 그리고 두려움도 반영한다. 우리가 매일 같이 당연하게 여기며 사용하는 디지털 기술 역시 이미 우리 마음속에 들어와 생각과 행동을 조종하기 때문일 것이다.

어떤 방법을 쓰든 질문에 최대한 빨리 답해보라. 코모로의 수도는 어디일까?*

당신이 답을 미리 알고 있지 않았다면 아마 구글 검색을 했을 가능성이 높다. 구글은 인간이 기억할 거라고 기대할 수도 없을 만큼 매우 방대한 정보의 원천이고, 또 스마트폰에 깔면 굉장히 휴대가 편리하다.

디지털 기술은 지식의 부재를 채워줄 뿐 아니라 그만큼 물리적 시간을 남겨주어 다른 것을 생각하는 데 사용할 수 있다. 여기까지는 좋다.

---

* 정답: 모로니Moroni.

대부분의 사람이 인터넷과 디지털 기술을 삶에서, 그리고 뇌에서 떼어낼 수 없는 매우 귀중한 존재로 여길 것이다. 그러나 여기에는 대가가 따른다. 틱톡이나 인스타그램 릴스의 늪에 빠져 시간을 보내본 적이 있거나 하루 종일 트위터에서 라이브로 사람들의 행적을 쫓아본 적이 있다면 디지털 기술에 얼마나 주의를 빼앗기게 되는지 잘 알 것이다.

페이스북의 초대 대표를 지낸 숀 파커Sean Parker는 악시오스Axios와의 인터뷰에서 매우 솔직한 이야기를 털어놓았다. "페이스북 개발에서 항상 가장 중요한 논제는 '어떻게 하면 사용자의 시간과 주의를 가능한 많이 끌 수 있을까?' 입니다."

구글은 무료 이메일을 배포하고 코모로의 수도가 어디인지 알려주며 가장 빠른 출근길을 안내하며 그 목적을 달성한다. 페이스북은 '좋아요' 같은, 순수해 보이지만 사실 사용자의 주의를 잡아채는 파리끈끈이나 마찬가지인 기능을 내세운다.*

이런 서비스를 통해 똑똑해 보이고 싶고 활발하고 인기 있는 사람처럼 보이고 싶은, 다시 말하면 세상에 소속되고 싶은 인간 마음속 깊은 곳의 욕구를 건드리고 거기서 오는 취약함을 이용해

---

* 페이스북 게시물에 달리는 '좋아요'나 댓글은 순간적으로 도파민을 자극한다. 도파민은 보상의 느낌을 주는 신경전달물질로, '좋아요'나 댓글이 달렸다는 알림을 볼 때마다 페이스북에 더 많은 시간을 할애하는 원인이다.

사용자의 주의를 끌고 생각을 조종한다.

그렇다면 우리는 그저 주의를 빼앗겼을 뿐인데 SNS 사용을 중독 행위로 볼 수 있을까?

일부 사람에게서 SNS 사용이 중독 행동을 유발한다는 관련성을 볼 수 있긴 하지만 전문가들은 이를 실제 중독으로 여기지는 않으며, 사실 대부분의 사람은 알아서 사용 시간을 조절할 수 있고 SNS에서 얻을 수 있는 정보와 세상과의 연결을 즐겁게 잘 활용한다.

디지털 기술을 자주 접하면 뇌 기능에 좋다는(한 예로, 노화가 진행 중이라면 컴퓨터 게임이 기억력이나 멀티태스킹 능력을 향상시키는 데 도움이 된다) 최근 연구도 있다. 그럼에도 SNS가 부정적으로 보일 수밖에 없는 데는 다음과 같은 사실들 때문일 거다.

19~32세 사이 미국인을 대상으로 조사한 한 연구에서는 하루에 2시간 이상 SNS에 접속하는 사람은 하루 30분 이내로 SNS 사용량을 제한하는 사람에 비해 사회적 고립감을 느낄 확률이 두 배 증가한다고 보고했다.

우리는 기억을 간직하고 때로 기획하며 자신의 가장 좋은 모습을 과시하는 데 SNS를 이용하지만, 대부분의 경우 SNS에서 보이는 것과 실제 현실과는 거리가 멀다.

필터를 사용해 조명을 바꾸고 주름을 펴고 결점을 가린다. 멋진 장소에서 찍은 사진, 맛있는 음식을 먹고 돌고래와 함께 수영하는 사진을 올리지, 눈 밑에 다크 서클이 드리운 채 더러운 잠옷을 입고 소파에 파묻혀 있는 사진을 올리지는 않는다. 이게 진짜 자기 모습인가? 친구들의 모습은 과연 진짜일까? 전혀 아니다.

진짜 삶은 그보다 평범하고 지루하다. 그러니까 집에서 혼자 멍하니 페이스북이나 인스타그램의 스크롤을 내리고 있다 보면, 왜곡된 현실(게시물 속에서 활짝 웃고 있는 얼굴과 끝나지 않을 것 같은 휴가, 경쾌하기만 한 해시태그)을 실감하고 부정적으로 변한다.

심지어 기억이 바뀌기도 한다. 삶에서 기억에 남을 장면을 어떻게 사진으로 남겨 SNS에 올릴까를 생각하다 보면 경험하는 일의 시각적 측면을 중시하게 된다. 이럴 경우 인생의 순간을 즐기지 못하고 시각적 단면에 집중하다 보니 냄새나 맛, 느낌 등 그 순간의 생각과 다른 감각적 경험을 놓치게 된다.

누구나 어느 정도 거짓 기억을 안고 살긴 하지만 SNS를 통한 기억은 더욱 제한적이고 1차원적이며 시간이 지나면 자기만족적이고 자아도취적인 기억만 남을 수 있다.

디지털 기술은 보다 깊고 어두운 수준에서 인간의 머릿속을 점령해 갈 수 있다. 우리가 제공하는 데이터를 통해 말이다.

우리는 구글에 질문할 때마다, 페이스북에서 '좋아요'를 누를 때마다, 틱톡에서 영상을 보고 트위터 게시글을 읽을 때마다 디지털 기술에, 그 뒤에 있는 기업에 우리의 귀중한 정보를 제공한다. 이를 잘 보여주는 연구 결과가 있다.

미할 코신스키[Michal Kosinski]* 는 스탠퍼드 대학교 부교수이자 심리학 및 디지털 환경 전문가다. 코신스키와 연구진이 진행한 한 대규모 연구에는 8만 5천 명의 페이스북 사용자가 참여했다.

참가자들은 '5요인 모형(외향성, 성실성, 경험에 대한 개방성, 신경성, 우호성의 성격적 특징을 측정)'을 기반으로 하는 성격에 관한 100가지 질문에 답안을 작성했다. 그런 다음 코신스키는 컴퓨터와 참가자의 페이스북 친구들에게 참가자가 누른 '좋아요'를 바탕으로 참가자의 성격을 예측하도록 하고 결과를 비교했다. 결론은 컴퓨터의 판단이 더 정확했다.

컴퓨터는 참가자가 페이스북에서 누른 '좋아요' 100개만으로 평균적인 사람보다 성격을 더 잘 판단했다. '좋아요'가 150개일 때는 가족보다 더 나았으며, 227개일 때는 평균적인 배우자에 준하는 수준으로 사람을 잘 판단했다.

---

* <가디언>을 통해 코신스키는 그의 연구를 바탕으로 디지털 기술로 유권자를 특정해 문제가 된 케임브리지 애널리티카[Cambridge Analytica](영국의 정치 컨설팅 회사-옮긴이) 사건을 폭로하기도 했다. 코신스키에 따르면 "디지털 기술이 우리 자신을 포함해 지금까지 인간과 상호작용을 했던 어떤 존재보다 강력하다." 긴장하자!

디지털 기술이 인간의 머릿속에 침투할 수 있는 방법은 페이스북 '좋아요' 데이터만 있는 것이 아니다. 백만 명의 셀프카메라 사진 샘플을 이용한 2021년 실험의 예를 들면, 72%의 확률로 얼굴 인식 기술을 이용해 사진 속 인물이 정치적으로 진보적 성향을 갖는지 보수적 성향인지 예측할 수 있는 것으로 나타났다(사람의 경우 55% 정확도를 보인다). 대체로 페이스북과 그 일당들이 우리를 엄마보다 더 잘 아는 것으로 보인다.

컴퓨터가 어떻게 사람의 성격과 정치 성향, 행동, 앞으로 삶에서 일어날 일까지 인간보다 더 정확히 예측할 수 있는 걸까?

코신스키는 이렇게 말한다. "누구나 어느 정도는 자신에 대해 알고 있지만 완벽하게 아는 것과는 거리가 먼 수준입니다. 스스로의 행동을 전혀 예측하지 못하고 놀랄 때도 있고, 통제가 불가능할 때도 있죠. 사실 예측하기보다는 행동을 먼저 하고 그 이후에 말을 붙이는 경우가 대부분입니다. 기억에 관해서도 매우 선별적인데, 편견에 사로잡혀 주관적이기까지 해 현실을 직시하기 어렵습니다. 반면에 수백만 명에게 취득한 기가바이트 단위의 데이터를 처리하는 컴퓨터에게는 모든 양상이 확실하게 드러나고 분명하죠. 컴퓨터는 더욱 강력해지고 사람들은 온라인 세상에 어느 때보다 큰 디지털 발자국을 남기고 있으니, 디지털 기술은 점점 더 인간의 마음을 잘 읽게 될 겁니다."

　기술은 명백히 기업을 위해 존재하는 듯 보일 정도로(특히 SNS 뒤에 있는 기업) 인간의 사고와 행동을 기록하고 예측한다. 그렇다고 해서 우리의 생각과 행동 자체를 변화시키는 데도 사용될 수 있을까?

　스포티파이나 넷플릭스, 유튜브 같은 음악 및 동영상 스트리밍 서비스의 새로운 추천 목록을 보면 알 수 있다. 사용자가 찾는 음악이나 동영상을 알고리즘으로 관찰하고 그 선택에 기반해 취향을 예측한 후 그 사람과 비슷한 사람들이 언제 어디서 무슨 콘텐츠를 소비하는지 데이터링해 존재하는지도 미처 몰랐던 콘텐츠를 제시한다.

　덕분에 우리는 취향과 경험을 넓힌다. 알고리즘으로 데이트 앱에서 사랑하는 사람을 찾을 수도 있고 원하는 여행지를 고르기도 하며 새로운 직업을 찾는다. 다양한 의견과 사람들을 접하며 과학기술을 통해 새로운 것을 배우고 마음을 열어 새롭고 긍정적인 방향으로 사고를 변화시킬 수도 있다.

　그러나 바로 그 기술을 이용해 누군가에게 담배를 피우게 할 수도 있고 이웃을 미워하거나 특정 정치인에 투표하게 만들 수도 있다.

코신스키의 또 다른 연구에서는 트위터 게시물이나 페이스북 '좋아요' 등을 이용해 사람들의 심리적 성향을 정확히 예측하는 디지털 기술로 사고와 행동을 대규모로 변화시킬 수 있는지에 관해 조사했다. 정치인들은 이런 종류의 '설득적 매스커뮤니케이션'을 이용해 유권자의 투표를 독려하려고 할 것이다(정치 마케팅 담당자는 보통 유권자의 지지 정당을 바꾸기보다는 선거 당일에 유권자가 투표소에 가거나 집에 있도록 만드는 데 더 관심을 갖는다). 한편 기업은 이를 이용해 소비자가 자사 제품을 구매하도록 유도한다.

370만 명을 대상으로 진행한 한 실험에서는 특히 페이스북에서 '좋아요'를 누른 게시물을 중심으로 개인의 디지털 발자국을 이용해 참가자들의 주요 성격적 특징 두 가지─외향성(타인과 함께하기를 좋아하고 즐거움과 자극을 찾는 정도)과 경험에 대한 개방성(기존 관습보다 새로운 것을 선호하는 정도)─를 파악하고자 했다. 그런 다음 개인의 성격적 측면에 맞춘 광고를 페이스북에서 보여주었다. 예를 들면 미용 제품을 판매하는 업체 광고를 참가자의 외향성 수준에 맞춰 제작하는 식이다.

외향성에서 높은 점수를 기록한 참가자를 위한 광고는 공공장소에서 춤추는 사람들의 모습이 담고 있고 '다들 보고 있지만 아무도 보지 않는 것처럼 춤을 추자'와 같은 타인을 의식한 메시지와 함께 나간다. 반면 좀 더 내향성이 강한 참가자들을 대상으로 하는 광고는 혼자만의 공간에서 자신을 가꾸는 사람들의 이미지를 담고 있고 '아름다움은 소리치지 않아도 된다'와 같은 메시지가 함께 나간다.

결과는 충격적이었다. 연구 보고서에 따르면 개인의 외향성과 경험에 대한 개방성 수준에 맞춘 광고의 경우 그렇지 않은 광고보다 40% 높은 조회 수를 기록했고 구매는 50% 상승했다.

정리해보자.

디지털 기술 자체는 정치적으로나 이념적으로 중립적일 수 있지만(프로그램 과정에서 인종차별주의나 성차별주의 같은 인간의 편견이 스며들 수는 있다) 배후에서 그 기술을 배포하는 사람들은 그렇지 않다.

대부분의 SNS는 무료지만 사실은 사용자가 기울이는 관심과 집중, 데이터로 값을 지불하고 있다. 사람들은 왓츠앱이나 페이스북 등을 쓰는 동안 데이터가 남고 분석된다는 사실을 잊어버리곤 한다.

그러는 동안 이 디지털 발자국을 이용해 정치인과 기업들이 사람들의 사고와 행동을 파악하고 개인에게 가장 강력하게 다가

갈 수 있는 메시지를 맞춤 제작한다.

자신에게 적합한 정책이나 제품에 대해 알 수 있다는 점에서 긍정적인 면도 있지만, 이러한 메시지에 담긴 의도를 파악하지 못하고 감성적 수준에서만 반응한다면 이를 통해 마음을 조종당할 수 있는 포문을 여는 것과 같다.

이 장을 시작하며 쥬라기-1이 상상했던 가상 디스토피아에 실제로 살게 될 날은 아직 멀었지만 방심해서 될 일이 아니다. 점점 더 디지털화되는 세상에서, 떼려야 뗄 수 없는 SNS를 사용하면서도 명확하고 자유롭게 사고할 능력을 키우려면 어떻게 해야 할까?

코신스키는 SNS 사용을 포기할 필요는 없다며 조언한다.

"페이스북을 그만 두지 않아도 됩니다. 페이스북에서 다른 사람들과 대화하고 의견을 나누는 게 좋아요. 핸드폰을 꺼버리기보다는 가족과 친구들과 소통하는 데 활용하는 게 맞습니다. 트위터에서 한심한 소리를 퍼뜨리는 사람들은 무시하세요. 그런 사람들은 트위터가 생기기 전에도 늘 그랬습니다. 전에는 어디 구석에 있는 바bar에 숨어 있었기 때문에 그 소리가 안 들렸을 뿐이죠. 이제 인터넷 여기저기서 볼 수 있으니 얼마나 한심한 사람들인지 모두들 알게 되어 오히려 좋은 일입니다."

디지털 기술에 주의를 빼앗길 수 있다는 점, 또 그 기술과 내가 소비하는 콘텐츠에는 그 뒤에 있는 사람들의 숨은 목적이 있음을 인지하고 주의를 기울이는 것 자체가 가장 효과적인 방어일 때가 많다. 사생활 보호 설정이 어떻게 되어 있는지 확인하고 온라인에서 얼마만큼의 시간을 보내는지 의식적으로 들여다보자.

SNS의 단점이 장점을 넘어서지는 않는지 생각해보고, 넘어섰다면 (외롭거나 불안함을 느끼고 있다면 특히 더 위험할 수 있다) SNS 앱을 핸드폰에서 삭제하고 컴퓨터에서만 쓸 수 있게 바꾸는 것부터 스스로 제동을 걸면 된다.

무언가에 집중해야 할 때 방해가 되는 앱과 웹 사이트를 차단하는 프리덤Freedom 같은 디지털 기술도 얼마든지 넘쳐나므로 이런 앱을 이용해 집중력을 되찾을 수도 있다.

마지막으로, SNS 페이지마다 이어지는 화려한 사진만 보고 모두가 나보다 아름답고 좋은 시간을 보내고 있다고 생각하지 말아야 한다. 그 역시 맞춤형 광고의 또 다른 형태일 뿐이며 실제와 달리 과장된 경우가 많다.

디지털 기술은 사라지지 않을 것이며 그 힘과 손길, 그리고 우리 사고에 미치는 영향력은 계속 커져만 갈 것이다. 디지털 기술이 인간의 삶에서 전에 없이 큰 역할을 차지하고 있는 만큼 그 혜택을 잘 누리고 잠재적 위험에 대해 인식하도록 의식적으로 노력을 기울여야 한다. 기억하자. 의식하는 인식!

촉이 왔다!

내부인지감각

쉬운 것부터 시작해보자. 잠시 시간을 내서 지금 무엇이 느껴지는지 생각해보자. 이 책을 읽고 있으니 페이지를 넘길 때마다 눈은 글자에 고정되어 있을 것이다.

옆 테이블에 둔 뜨거운 커피 향이 날지도 모르겠고 마지막 한 모금의 살짝 쓴맛이 남아있을 수도 있다. 밖에서 새소리나 아니면 자동차 소리가 들리는가?

앉아있는 의자에서는 어떤 느낌이 나는가? 쿠션을 누르는 몸의 무게가 느껴지는지, 아니면 오래전에 잃어버린 리모컨이 밑에 깔려 있는지?

당신은 방금 시각, 청각, 후각, 미각, 청각으로 이루어진 다섯 가지 외부인지감각을 통해 데이터를 수집하고 외부 세계를 파악했다.

이번엔 몸 안쪽에서 일어나는 일을 느껴보도록 하자. 신경을 집중하면 심장 박동과 들고나는 숨의 흐름, 근육의 긴장, 미묘한 내장의 움직임을 느낄 수 있을 것이다.

의외로 휴식 상태에 있는 동안 대부분의 사람이 심장 박동을 거의 느끼지 못하지만 좀 더 집중하면 심장 박동이 강해지거나 빨라지는 것을 느낄 수 있다. 그리고 이제 그 느낌에 미세한 흥분이나 약간의 불안까지 더해진다. 이렇게 내부로부터의 신호를 감지하고 읽어내는 능력을 '내부인지감각interoception'이라고 한다.

이 내부인지감각이 무엇인지는 아직 분명치 않아 자주 간과되기는 하지만 점차 더 많은 연구가 이루어지고 있으며, 몸 안의 생명활동을 조화롭게 유지할 뿐 아니라(항상성) 인간의 감정과 직관, 행동을 주관하고 정신의 건강과 사고방식을 형성한다. 《움직임의 뇌과학》 저자 캐럴라인 윌리엄스는 과학 저널 <뉴 사이언티스트>에 기고한 글에서 이것을 '육감과 비슷하다'고 묘사한다.

우리 뇌와 신체는 외딴 섬으로 존재하지 않으며 서로 복잡하게 얽혀 있다. 이 책의 다른 부분에서도 살펴보았듯 우리 몸속 미생물까지도 뇌와 소통하는 역할이 있다.

유니버시티 칼리지 런던^{UCL} 인지 신경과학 교수 사라 가핑클
Sarah Garfinkel은 인상적이었던 테드엑스 강연에서 심장이 뛸 때마
다 뇌가 반응한다고 설명했다. 두 기관은 마치 사랑하는 두 사람
이 평생 춤을 추듯 함께 움직인다.

이러한 양방향 커뮤니케이션의 대부분은 보이지 않는 곳에서
일어나며 의식적으로 인식하기 어렵다. 가끔 잠재적 위험이 있
을 때 심장 박동이 빨라지거나 배가 뭉치는 느낌이 들고 짝사랑
하는 사람을 보면 열기가 올라오는 걸 느낄 뿐이다.

우리가 이 신호를 인식하든 못하든 뇌와 사고에는 깊은 영향
을 미친다. 실제로 많은 학자가 제대로 작동하지 않는 내부인지
감각이 불안장애나 우울증, 신경성 식욕부진, 자폐 등의 질환을
일으키는 데 주요한 역할을 한다고 주장한다. 내부인지감각은
자아에 대한 감각을 형성하는 초석이기도 하다.

내부인지감각에 대한 개념은 수십 년 전으로 거슬러 올라간
다. 19세기 말 미국의 심리학자이자 철학자였던 윌리엄 제임스
William James는 두려움을 비롯한 여러 감정은 뇌에서만이 아닌 생
리적 처리과정의 결과로 발생한다고 주장했다. 1884년 출판된

에세이 《감정이란 무엇인가?What Is An Emotion?》에서는, 곰을 마주쳤을 때 심장 박동이 올라가는 것은 두려워서가 아니라고 한다.

신경계가 잠재적 위협에 대비하기 위해 아드레날린을 분비하고 심장 박동을 높여 신체가 투쟁 또는 도주할 준비를 시킨다. 그러면 뇌는 이 신호를 두려움이라고 해석하는 것이다. 본질적으로 신체는 뇌에 반응하는 것을 넘어 우리가 생각하고 느끼는 방식을 직접적으로 주도할 수 있다는 의미다.

20년 후 영국의 신경생리학자 찰스 셰링턴Charles Sherrington은 1906년 저서 《신경계통의 통합작용The itergrative action of the nervous system》에서 '내부인지감각'이라는 용어를 처음 사용하며 몸속에서 일어나는 일을 전달하는 감각에 대한 개념을 발전시켰다. 이후 내부인지감각에 관한 연구는 20세기 내내 꾸준히 이어졌고 특히 최근 20년간 폭발적으로 수가 늘어나며 그 메커니즘과 사고에 미치는 영향에 대해 새로운 이해를 넓혀가고 있다.

오클라호마주 털사Tulsa의 로리어트 뇌 연구소 정신과 의사인 사히브 칼사Sahib Khalsa 박사는 내부인지감각 연구를 "우리 안의 우주로의 탐험"이라고 말한다. 칼사는 2016년 미국에서 첫 내부인지감각 회담Interoception Summit을 개최해 이 분야를 이끄는 연구자들을 한 자리에 모아 내부인지감각이 마음을 조종하는 현상과 방식에 대해 논의했다. 이후 칼사와 동료 연구진은 내부인지

감각에 대해 다음과 같이 공식 정의했다. '신체 내부에서 의식적, 무의식적으로 일어나는 일을 신경계가 매순간 분석해 몸 안의 신호를 느끼고 해석하고 통합하는 과정.' 오늘날 대부분의 학자가 이 정의에 동의한다.

내부인지감각은 명확한 사고능력에 어떤 영향을 줄까? 칼사는 "몸에서 일어나는 일을 알면 다음에 무엇을 해야 할지 알 수 있다는 점에서 내부인지감각이 중요하다"고 설명한다. 몸에 아무 문제가 없고 신체 균형이 맞아 위협 요소가 없다면 내부 사정에 대해 알아야 할 사항이 별로 없다.

그런데 곰을 마주쳤는데 심장이 뛰지 않으면 어떡할까? 곰으로부터 얼른 도망갈 생각을 할까? 심장 박동이 갑자기 빠르게 뛰기 시작한다면 어떡할까? 심장마비인가? 응급실로 달려가야 하나? 아니면 그냥 커피를 너무 많이 마셨나?

즉, 내부인지감각이 보내는 이 같은 신호를 감지하고 해석하는 능력(얼마나 민감하게 반응하는지, 위협으로 보는지 자신에게 유리한 것으로 여기는지 등)이 사고와 정신 건강에 영향을 미치며 대응하는 방식에 차이를 만든다.

다른 사람보다 더 내부 감각에 예민한(몸 안에서 보내는 신호에 더 민감한) 사람이 있다. 내부 감각에 대한 예민함 정도는 보통 심장으로 측정하곤 하는데, 결국 심장 박동이 가장 분명하고 눈에 띄는 신체적 신호기 때문이다.

가핑클은 UCL에서 몸에서 보내는 신호, 그중에서도 심장이 사고와 감정을 형성하는 방식을 연구 중이다. 심장과 마음이 특별히 가깝고도 기묘하게 연결되어 있다고 전제하며, 그 현상은 심장 박동으로도 확인할 수 있다.

가핑클은 한 실험에서 심장 근육이 평소와 같이 편안한 상태일 때(심장 이완기)보다 수축할 때(심장 수축기) 두려운 이미지를 접하면 더 강렬하게 여겨 편도체(두려움 등의 감정적 반응을 주도)가 더욱 활성화된다는 것을 발견했다. 심장 박동이 증가하면 두려운 감정이 증폭되는 등, 감정과 생각이 신체 변화에 따른 것이다.

내부인지감각 테스트를 할 때는 참가자에게 반복적인 소리를 들려주고 심장 박동이 그 소리에 맞춰 뛰는 것(또는 맞춰 뛰지 않는 것)을 얼마나 정확히 느낄 수 있는지로 측정한다.

이때, 내부인지감각의 정도만 평가하지 않고 질문지 및 다른 방법을 통해 능력에 대한 의식도 함께 검사한다. 내부인지감각의 정확성 자체는 높게 나오지만 그것이 실제로 신체와 어떻게 조화를 이루는지는 전혀 알지 못하는 사람도 있기 때문이다.

또한 누구나 어느 정도는 몸속 신호를 알아차리지만* 그 신호를 해석하고 반응하는 방식은 사람마다 다를 수 있다. 예를 들어 불안 장애가 있는 사람은 심박 수가 올라가거나 속이 울렁이는 것을 위협으로 간주하겠지만 또 어떤 사람은 같은 신호라도 좋게 해석할 수 있고 중립적으로 보는 사람도 있다.

랭커스터 대학교 브라이어니 뱅크스Briony Banks 박사는 각각의 감각을 통해 경험할 수 있는 개념의 종류가 다른 것에 대해 그 정도를 조사했다.

실험 참가자들은 구체적인 단어 혹은 개념(사과, 고양이, 의자 등)은 다섯 개의 외부인지감각과 연관 짓는 경향을 보였다. 예를 들어 '사과'라는 단어를 들으면 신맛이나 상큼한 향, 아삭하는 소리, 잡았을 때 매끈한 느낌, 반짝이는 녹색의 동그란 모양 등을 생각한다. 이러한 감각들의 조합으로 사과에 대한 전체적인 정보와 생각을 수립한다.

그러나 추상적인 개념(감정, 시간, 종교 등)에 대해서는 다른 방식으로 생각하는 것으로 나타난다. 특히 감정을 생각할 때 그렇다. 뱅크스의 연구 결과에서도 볼 수 있지만 실제로 분노, 행복, 두

---

* 여기서 주요 역할을 하는 것은 뇌섬엽으로, 의식과 감정에 관련이 있다. 내부인지감각이 높은 사람일수록 더 활성화되며 회질도 많다.

려움, 기쁨, 슬픔 등의 감정은 몸속 내부에서 일어나는 경험으로 인식해 내부인지감각과 연관 짓는 경우가 훨씬 많다. 역으로 내부인지감각에서 높은 점수를 받은 사람일수록 자신의 몸 상태에 대해 더 잘 느끼고 감정이 풍부하며 또 쉽게 감정을 조절할 수 있다는 연구가 있다. 내부인지감각이 낮을 경우 스스로의 감정에 대한 이해도가 떨어져 우울증으로 이어지기도 한다. 생생한 감정의 팔레트에서 모노톤의 색만을 사용해 단조로운 사고를 하는 상태다.

그 밖에도 내부인지감각은 여러 방식으로 사고에 영향을 주는 것으로 보인다. 직관을 예를 들어보자. 다른 장에서도 이야기했듯 논리만으로 합리적인 결정을 내리기에는 정보가 충분치 않을 때가 많다. 그러다 보니 직관에 의지하는 경우가 많은데, 바로 내부인지감각이 직관에 영향을 준다.

1900년대 저명한 신경과학자이자 철학자인 안토니오 다마지오Antonio Damasio는 "우리의 의사결정과 직관은 몸속에서 보내는 감정적 신호에 의해 달라진다"고 주장했으며, 이후에 케임브리지 대학교 임상 심리학자 팀 달글래쉬Tim Dalgleish 박사와 연구팀이 실험을 재개했다.

연구팀은 92명의 참가자들에게 돈을 걸고 복잡한 카드 게임을 하도록 요청했다. 이 게임에서는 네 개의 카드 덱에서 카드를 골라야 하는데 그중 두 세트는 돈을 따게 되어 있고 나머지 두 세트는 시간이 지나면 돈을 잃게 되어 있었다.

참가자들은 어떤 카드 덱이 돈을 따게 할지 논리적으로 따져 결정할 수 없고 직관에 의지해 규칙을 학습하고 게임에서 이겨야 했다. 그리고 어떤 결정을 내리기 전에 심박 수 변화와 피부의 전기적 변화와 같은 미묘한 신체적 변화가 있는지 관찰했다.

놀랍게도 미세한 신체 변화와 참가자들이 내부인지감각을 이용해 이를 인지한 방식이 직관적 의사결정에 큰 영향을 주는 것으로 나타났다. 의식하지 않을 때조차 말 그대로 뇌가 '마음 가는 대로 따르는' 때가 있다는 것을 보여준다.

뿐만 아니다. 가핑클은 "뇌가 인식하기 전에 몸에서 변화가 생기며 내부인지감각이 좋은 사람은 이 신호를 이용해 추가적인 정보원으로 활용한다"고 설명한다.

런던 시티 지역 헤지펀드 트레이더 집단을 대상으로 한 가핑클의 자체 연구에 따르면 스스로의 심장 박동을 잘 감지하는(내부인지감각 능력의 척도) 사람일수록 일에서 수익성이 높고 더 오랜 기간 활동하는 것으로 나타난다.

이 연구에서는 원인을 규명하지는 않았다. 하지만 이해관계가 첨예한 상황에서 우리 몸의 생물학적 상태가 위험 요소를 관리하고 직관을 발휘해 명확히 사고한다는 사실을 알 수 있는 흥미로운 연구다. 그럼 카지노에서 이기고 금융업계에서 빛나는 경력을 쌓기 위해, 내부인지감각에 의존하면 되는 걸까?

그렇지 않다. 오히려 생각에 방해가 되고 의기소침해질 수도 있다. 내부인지감각이 낮으면 신체의 메시지를 아예 놓쳐버리지만 내부인지감각이 높아도 문제다. 맥박이 증가할 때마다 심장마비가 왔다고 생각하거나 속이 뒤집힐 때마다 불행한 일이 임박했다는 징조라고 여기는 등, 몸에서 보내는 신호를 잘못 읽는다면 신체적 신호에서 유발되는 부정적 생각에 갇혀 결국 신체 감각을 악화시키는 악순환에 빠질 수 있다.

칼사는 이를 두고 "시력이 2.0 이상 나오는 안경을 갖게 되자 세부적인 사항에 신경을 쓰느라 큰 그림을 보지 못하고 6미터 앞 벽에 붙은 파리 한 마리에 집중하는 일"이라고 말한다.

결국, 균형이 중요하다. 가핑클은 "신호를 알아채고 정확히 해석할 수 있어야 한다. 주의력을 쏟을 대상을 스스로 정할 수 있어야 한다"고 말한다. 그래야만 명확한 사고가 가능하다. 균형있는 내부인지감각에 대한 이해는 균형이 무너진 여러 정신 질환 치료에 도움을 줄 수 있다.

칼사 역시 이를 통해 불안장애를 치료할 방법을 찾고 있다. 불안 정도가 높은 사람을 대상으로 90분간의 플로팅 요법(외부 감각의 유입이 거의 없는 상태로 물 위에 떠 있는 방식)의 효과를 알아보는 연구를 진행하기도 했는데, 그 결과가 전망이 밝다.

참가자들의 불안과 혈압이 가라앉았으며 근육의 긴장이 풀리고 편안하고 기분이 좋아졌다. 흥미로운 사실은 이 시간 동안 다수의 참가자가 자신의 호흡과 심장 박동을 더 잘 느끼고 내부인지감각이 높아진 것으로 나타났다.

이러한 발견이 모순적으로 보일 수 있다. 앞에서 이야기했듯 불안은 내부인지가 지나쳐 일어나는 경우가 많기 때문이다. 그러나 평소 호흡이나 심장 박동을 예민하게 인지하면 불안을 느꼈던 참가자들 중 다수가 물 위에 떠 있는 경험을 '기분 좋다'고 묘사했다. 실제로 이 치료법으로 신체 감각과 불안 사이의 부정적 연관성을 깨고, 대신 같은 감각을 휴식이라는 새롭고 긍정적인 개념으로 연결지어 생각을 다시 정비할 수 있는 것으로 보인다.

칼사는 최근 플로팅 요법으로 신경성 무식욕증을 치료할 수 있을지 연구 중이다. 신경성 무식욕증은 심각한 섭식장애로, 가슴이 답답하고 두근거리거나 장에서 불쾌한 감각이 느껴지는 등 잘못된 내부인지감각과 관련이 있다. 소규모 그룹을 대상으로 한 초기 임상 실험 단계에서 플로팅 요법이 불안을 낮추고 신체 만족감을 높여준다는 긍정적인 결과가 있다.

반면 가핑클은 최근 서섹스 대학교 정신의학과장 휴고 크리츨리[Hugo Critchley] 교수 및 다른 학자들과 함께 무작위 배정 임상시험을 통해 내부인지감각 훈련으로 성인 자폐 환자의 불안을 감소시킬 수 있는지 연구 중이다.

자폐증 환자는 일반인보다 불안장애를 겪을 확률이 훨씬 높으며 감정을 이해하는 데 어려움을 겪는다. 내부인지감각의 정확도 역시 떨어질 수 있다. 그러나 맥박 테스트와 수행 능력 평가, 가벼운 운동(심장 박동을 높여 맥박을 더 잘 느낄 수 있도록)으로 구성된 훈련 프로그램으로 상당히 좋은 결과를 얻었다.

참가자들은 불안의 정도가 감소했다고 보고했고 이 훈련을 받은 참가자 중 31%가 회복 단계 기준을 충족했다. 또한 맥박과 같은 신체 신호가 의미하는 바를 더 정확히 인지하고 이를 몸에서 일어나는 정상적인 활동으로 여기게 된 것으로 나타난다.

결과적으로 불안의 정도가 손쓸 수 없게 되기 전에 심호흡을 하는 등 미리 대처할 수 있었다.

몸이 보내는 신호에 따라 사고와 감정이 어떻게 달라질 수 있는지 인지하고 그에 주의를 기울이는(너무 심하게는 안 된다. 균형!) 것이 명확한 사고의 첫 번째 단계다. 훈련을 할 때는 다시 말하지만 심장에서 시작하는 것이 좋다. 다른 사람보다 원래부터 내부인지감각이 높은 사람도 있긴 하지만 그렇지 않을 경우 심박 수를 높여 심장 박동을 잘 들여다보고 그 의미에 대해 생각해보면 내부인식감각을 높일 수 있다. 심장이 뛰는 박자는 언제나 변화할 수 있다. 심장이 빨리 뛴다고 해서 갑자기 신경이 쓰인다면 일단 멈추고 집중한 다음 스스로에게 묻도록 하자.

심장이 왜 빨리 뛰는 것일까? 불안할 수는 있겠지만 지나치게 당황하거나 소란을 피울 필요는 없다. '심장이 빨리 뛰고 있어. 심장마비구나!'라고 생각하기보다는 '심장 박동이 올라갔지만 괜찮아, 곧 제자리로 돌아오겠지' 하는 편이 좋다.

가핑클은 "팔 벌려 뛰기 50개를 하면 심장의 움직임을 확실히 느낄 수 있다. 훈련할 때 이 점을 이용한다. 일단 운동을 시켜서 신체 신호를 증가시킨 후 거기에 집중하게 한다. 그러면 조금 있다 신호가 희미해져도 따라갈 수 있게 된다. 이런 방식으로 훈련하다 보면 신호를 증가시키지 않고도 신호를 감지할 수 있게 된다"고 말한다.

평소 운동을 하면 스트레스 상황에서 심장 박동이 높아지고 통제 불능으로 맥박이 뛰는 것을 줄일 수 있을 뿐 아니라 심장이 뛰는 감각에 더 익숙해지고 잘 관리할 수 있으며 심장이 빨리 뛴다고 해서 안 좋은 일이 일어날 거라고 잘못 생각할 가능성이 줄어든다는 <가디언>의 보도도 있다.

헬스클럽에 가거나 공원에서 조깅하는 것이 맞지 않는다면 플로팅 스파를 예약해보는 것도 좋은 방법이다. 시각과 청각, 그 밖의 다른 감각에 의해 뇌로 전달되는 외부 잡음을 제거하고 물에 떠 있으면 심장 박동이나 호흡, 장의 감각과 같이 몸 안에서 일어나는 일에 더 골똘히 집중할 수 있다.

명상이나 마음 챙김, 또는 그저 어둡고 조용한 방에 가만히 앉아있는 것만으로도 비슷한 효과를 본다. 불안한 생각이나 지나치게 예민한 신체 감각으로 인해 생각이 과열되거나 붕괴되는 고리를 끊는 데 도움이 될 것이다.

이 신비로운 내부의 우주를 탐험하기 위해 과학이 갈 길이 아직 멀다. 그러나 가핑클과 칼사를 비롯한 여러 과학자들의 연구 덕분에 매우 특별한 방식으로 인간의 마음을 조종하는 거대하고 복잡한 신체적 과정에 대한 발견이 이어지고 있다.

뇌에서 일어나는 일을 이해하는 것만으로는 명확한 사고를 할 수 없으며 우리 몸 안에서 일어나는 일에도 귀를 기울여야 한다. 아직은 그 깊이를 짐작하기 어렵지만 내부인지감각이 없이는 명확히 사고하거나 느끼는 일이 아예 불가능할 수도 있다. 세계적으로 저명한 신경과학자인 다마지오 역시, "생각과 느낌과 감정은 몸의 영향을 받는 정도가 아니라 몸이 없이는 상상조차 할 수 없다"고 하지 않았던가.

당신은 어떤 사람인가요?

나는 생각한다, 그러므로 존재한다.

17세기 프랑스 철학자 르네 데카르트의 말이다. 좋은 소식이 있다. 당신은 이 책을 읽으며 생각을 함으로써 이제 존재의 증거를 찾았을 것이다. 마음이 놓인다. 그러나 여기서 방심할 수는 없다. 그 생각을 하는 "나"란 진정 누구일까.

이 책에서 의식의 신비에 대해서는 파헤치지 않았다. 대신 우리의 사고가 어떻게 형성되는지 파헤쳤다. 다양한 내부적, 외부적 현상은 사고에 어떤 영향을 미치고 생각을 조종하는지 알아보기 위해 당신과 나는 우리 뇌로 여행을 떠났다. 그리고 그 여정에서 "나"란 존재에 대해 어느 정도 알게 되었다.

우리는 단지 한 사람이 아니며 한 가지 고정된 방식으로 생각하는 기계도 아니다. 지금까지 살펴본 모든 요인으로 인해 우리 사고는 진화하고 변화하며 썰물과 밀물을 겪고 때로는 완전히 망가지기도 한다. 요인 중에는 유전자와 같이 우리 안에 고정된 요인도 있고 좀 더 유동적이고 통제 가능한 요인도 있다. 우리 뇌와 몸 안에서 비롯되는 요인이 있는가 하면 주변 사람들이나 사회적 정체성, 사는 곳과 삶의 방식, 또는 기억과 경험에 의해 형성되는 요인도 있다.

더 나은 사고를 하려면 마음이 변할 수 있고 편견에 취약하며 또 다양하다는 점을 인지해야 하며 언제든 사고를 변형할 수 있는 여러 상충되는 힘에 대해 이해해야 한다. 그 힘이 사람마다 다른 방식으로 영향을 미친다는 점 또한 알아야 한다. 귀에 대고 소리를 지르며 주의를 요하는 부분도 있고 어떤 점은 슬쩍 속삭이기도 했다.

이 책을 시작하면서도 미리 말한 것처럼 우리 두 사람은 허튼소리를 늘어놓으며 올바른 사고를 하기 위해 정해진 한 가지 방법이 있다고 할 마음이 없다.

긍정과 낙관은 수없이 많은 함정이 있다. 지나친 자신감을 갖게 되거나 시야가 좁아지고 쉽게 속아 넘어갈 수 있다. 끝없는 행복 추구 역시 비참함만 불러일으킬 수 있을 뿐이다.

IQ가 높으면 확실한 해결책인가? 아니었다. 오히려 정신 질환에 취약하며 이미 알고 있는 것에 대해 다시 생각해보지 않는다.

언제나 사랑이 이길까? 아니었다. 사랑이 머리를 맑게 해줄 거라 생각한다면 그것도 다시 생각해봐야 한다. 사랑 때문에 얼마나 혼란스럽고 이성을 잃게 되는지는 다들 잘 알고 있을 것이다.

우리 두 사람은 당신이 자기 자신을 아는 것, 그리고 이 책에서 논의한 내용들, 바로 나를 나로 만드는 여러 요인을 잘 파악할 수 있도록 돕고자 했다. 어디서부터 시작해야 할지 모르겠다면 주변 사람들과 이야기를 나누며 솔직한 평가를 부탁해보고(주의: 상처받을 수도 있다) 과거의 행동과 그 이전에 생각했던 바에 대해 깊이 숙고해보자.

그렇다면 이 책을 쓰고 있는 우리 두 사람은 어땠을까? 책을 쓰며 얻은 발견과 교훈을 실제 삶에 적용하기 위해 끊임없이 시도했다. 시작하며 말한 것처럼 이 책은 편견에 치우친 한 명의 작가가 쓴 것이 아니라 두 명이 썼다.

이 사실을 인지하고 서로가 가진 사고의 잘못된 점을 알아채고 그에 대해 밤늦도록 논쟁을 하면서(사실 말다툼이었다) 자기만의 세계에서 서로를 꺼내주고자 했다. 각자 갖고 있는 사고의 함정을 무너뜨릴 수 있었으며 우리 자신에 대해서도 많은 것을 배웠다. 물론 아직도 틀린 점이 많지만 아마 그전보다는 덜하다.

이 과정에서 받은 여러 성격 테스트와 주변 사람들의 평가에 따르면, 미리암은 새로운 경험을 받아들이는 일에 열려있지만 걱정이 많고 계획적이지 않다. 서류 정리나 일기 쓰기, 정리 정돈처럼 관료주의적이고 번거로운 일보다는 추상적인 아이디어와 큰 그림에 훨씬 더 집중한다. 그렇지만 중요한 사항을 놓치고 어딘가에 아무렇게나 던져둔 열쇠를 찾느라 생각할 시간을 허비하는 것 역시 사고를 흐리게 한다는 것을 깨달았다.

미리암은 이러한 사고의 함정을 해결하기 위해 과학적으로 입증된 심리치료법을 채택해 수행했다. 일상적 작업을 통해 특정 성격적 특징의 점수를 향상시키는 것이 목표였는데 어느 정도 성공적이었다. 수행이 끝날 무렵 성실성 중 정리 정돈에 관한 특징에서 점수가 현저히 올라간 것을 볼 수 있었다.

뿐만 아니라 테스트에서 미리암에게 때에 따라 약간의 비관주의 편향이 있다는 점도 확인했다. 이로 인해 패배주의적 태도를 갖고 불안감을 느낀다는 단점을 보였지만 동시에 업무 수행 능력을 높인다는 장점도 보였다. 관건은 비관주의를 어떻게 보느냐에 달려 있다. 비관적인 생각을 "더 잘하고자" 하는 시도로 본다면 동기부여를 하는 데 활용할 수 있다.

미리암은 비관주의에 대해 조사하는 과정에서 그동안 인생에 있었던 작은 실패에 대해 얼마나 스스로를 탓해왔는지 깨닫게 되었고, 이제는 자신을 안쓰럽게 여기고 휴식을 주기 시작했으며 모든 일을 자신이 통제할 수 없다는 사실을 알게 되었다.

미리암은 경직된 이분법적 구분을 버리고 올바른 균형을 유지하려 했다. 결국 그녀의 비관주의 덕분에 원고에 있을 수 있는 함정과 문제점을 발견할 수 있었다. 낙관주의는 잘못될 가능성이 있는 일을 보지 못하게 하기도 하니 말이다.

미리암은 부모님 중 한 분이 인도인이며 지금보다 이민에 제한이 많았던 80년대와 90년대에 스웨덴에서 자랐다. 자라면서 유색인종이라는 편견을 마주하고 때로 스스로가 이방인인 것처럼 느끼기도 했지만 지금 생각해보면 지나친 기억으로, 세상을 실제보다 더 위협적이고 노골적인 방식으로 해석하곤 했다. 사실은 두 문화 안에서 양쪽 문화를 모두 배우며 자란 덕분에 개방적인 마음을 갖게 되었고 고정관념에 의문을 품고 사고를 확장할 수 있었다.

대학 교육을 받은 여성으로서 현재는 다양한 문화가 공존하는 런던에 살면서 미리암 역시 자신이 가진 특권에 대해 명확히 알게 되었으며 이러한 특권 역시 미리암의 사고에 도움이 되었다고 생각한다. 적어도 깊은 우울증에 빠져 있거나 가난으로 고생하는 사람에게 미래 지향적 사고를 하라는 가르침은 흥미 있는 주제도 아닐뿐더러 실제로 아무 도움도 주지 못한다는 걸, 특권을 갖고 있는 사람은 이 사실을 깨닫지 못한다는 걸 알았다.

이제 이 책의 다른 (남성) 저자인 매트는 외향성과 낙관성에서 더 높은 점수를 받았다. 좋은 점처럼 들릴지도 모르겠지만 언제나 경계심이 많은 공동저자 미리암의 도움을 받아 연구 결과를 적용해보니, 높은 외향성과 낙관성 역시 사고에 긍정적이고도 동시에 부정적인 영향을 미치고 있었다.

매트는 맹목적인 긍정주의로 인해 원고 마감일이나 그 밖의 다른 약속을 지키는 데 문제가 없을 거라고 지나치게 확신하는 면이 있었다. 그리고 그 일이 (꽤 자주) 지켜지지 않을 때마다 좌절과 불안을 느꼈다. 또한 지나친 자신감은 더 나은 의견을 접했을 때 생각의 방향이나 마음을 쉽게 바꾸지 못한다는 의미기도 했다.

그러나 이러한 부정적인 면을 인지하자 매트는 생산적이고 새로운 방식으로 사고를 전환할 수 있었으며 그로부터 알게 된 것을 더 넓게 적용할 수 있게 되었다.

예를 들어, 익스트림 스포츠를 좋아하는 매트는 낙관주의 성향 때문에 안전의 주의를 소홀히 해 위험에 빠질 수 있고, 잠재적 위험을 과소평가하는 바람에 불필요한 위험을 감수하고 있음을 깨달았다. 실제로 어떤 상황에서는 방어적인 비관주의자인 편이 인간관계나 직장 생활, 심지어 생명을 구할 수 있으며, 낙관주의자이더라도 최소한 신중해야 하고 있을 수 있는 위험요소와 그것을 완화할 방법에 대해 잘 생각해야 한다.

매트는 노동자 계층 가정에서 태어났지만 백인이며 사립학교 출신 남성이다. 어느 정도 배경과 특권이 있고, 기회가 열려 있으며 자신감을 갖도록 교육을 받아 낙관적인 태도와 자신감을 갖는 일이 어렵지 않았다.

그러나 사립학교 교육 시스템은 예전부터 공감 능력을 키우는 데 소홀했고 맹목적인 개인주의와 합리성, 억압적인 금욕주의를 강조해 매트는 종종 감정을 생각하는 데 힘들어 했다. 함께 살펴보았듯 자신의 감정을 잘 인지하는 사람일수록 그에 대해 비판적으로 사고할 수 있고 감정에 덜 휘둘린다.

매트는 이 책을 집필하면서 수년간 받아온 세뇌 교육에 의문을 품고 스스로의 감정을 더 열린 마음으로 생각하기 시작했다. 세상과 그 안에서 자신이 가진 특권에 대해 더 잘 이해하고자 했으며 지금은 따로 행복을 좇지 않아도 이전보다 더 행복해 보인다.

이 책을 쓰며 우리 둘은, 우리가 명확한 사고를 하는 데 가장 큰 걸림돌이 되는 두 가지는 피로와 배고파서 화나는 상태라는 것을 알게 되었다(배고플 땐 대화를 삼가기로 했다).

우리 둘은 충분한 수면과 식사가 부족한 걸 아주 잘 알고 있었기에, SNS에서 보내거나 생각 없이 뉴스를 넘기는 시간이 얼마나 되는지도 계산해보았다(매우 길다).

이 시간을 수면과 식사로 대체하기 위해, 또렷한 사고를 위해 시도해보았지만 또렷한 실패를 맛보았다. 디지털 기술이 우리의 사고를 향상하고 강화하지만 SNS에서 자신의 삶을 다른 사람과 비교하는 데 너무 많은 시간을 보내다 보면 기분과 자존감이 떨어질 수 있다는 점은 항상 일이 벌어지고 난 뒤에 인지해버린다.

누구나 습관적으로, 또는 반복적으로 하는 일이 있겠지만 우리는 둘 다 '습관의 동물' 측정에서 낮은 점수를 받았다.

여기에는 물론 좋은 점이 있다. 자동조종장치처럼 결정을 내리지 않고 새로운 것을 시도하고 깊이 생각을 한다는 의미일 것이다. 그러나 반복적 일과가 아예 없을 때는 오히려 생산성이 줄어든다. 습관적·반복적 일과는 결국 시간을 아껴주고 다른 중요한 일에 더 정신을 쏟을 수 있게 한다. 무엇을 입고 먹을지, 또는 무엇을 할지에 대해 매번 새로 생각하지 않아도 되는 것이다. 스티브 잡스처럼 말이다.

우리는 이 책을 쓰기 위해 습관을 정비해야만 했다. 정해진 시간에 일하고 식사를 했으며 같은 옷을 입는 일이 많았고 운동과 쇼핑, 휴식 시간을 계획했다. 새로운 일상을 만드는 일이 책을 쓸 때 어떤 영감이 되지는 않았지만 그 상황에 필요한 일이었고 덕분에 책을 마칠 수 있었으며 또 우리 자신에 대해서도 많은 것을 알게 되었다.

앞으로도 우리 둘은 끝내지도 못할 일을 정신없이 무턱대고 시작하기보다는 맡게 될 프로젝트와 활동에 더 많은 시간과 생각을 쏟기로 했다. 그러면서도 습관에 지나치게 집착하면 생활이 망가지고 상상력도 줄어든다는 점을 알게 되었으므로 우리가 감당할 수 있는 만큼의 일상을 유지하는 동시에 즉흥적인 여행이나 활동을 곁들여야겠다고 생각했다.

우리 둘은 이렇게 습관이 사고를 지배하는 것이 얼마나 위험한지에 대해 반복적으로 이야기한다. 습관이라 하면 매일 점심으로 같은 걸 먹는 정도를 떠올리겠지만 같은 경험을 반복하고 똑같은 문화에 사는 같은 사람들하고만 이야기하며 늘 같은 출처의 정보에만 의지하는 것도 습관이다.

당신은 어떤 사람인가?

우리 두 사람은 당신이 다른 사람에게 관심을 기울이고 열린 마음으로 내가 틀렸다고 인정할 수 있는 사람이길 바란다. '좋다 또는 나쁘다', '우리와 그들'로 세상을 나누지 않는 사람이길 바란다. 자기 자신을 알고, 폭넓게 사고하고 대답하길 바란다. 그리고 경청하길 바란다.

편협하고 편견과 갈등이 가득한 세상을 만드는 일은 핵무기가 아닌 우리의 탁한 생각이 한다.

| 참고 문헌 |

마르크 비트만, 《시간 제어: 뇌 과학과 시간 감각》, 강민경 옮김, 일므디, 2022

필립 짐바르도, 《타임 패러독스: 시간이란 무엇인가》, 오정아 옮김, 미디어윌, 2008

Dr Olivia Remes, The Instant Mood Fix (London, Ebury Press, 2021).

탈리 샤롯, 《설계된 망각: 살기 위해, 뇌는 낙관주의를 선택한다》, 김미선 옮김, 리더스 북, 2013

Arthur Herman, Gandhi & Churchill (New York, Random House, 2008)

Rüdiger F. Pohl (ed.), Cognitive Illusions: A Handbook on Fallacies and Biases in Thinking, Judgement and Memory (Oxfordshire, Psychology Press, 2005)

Paul Raimond Daniels, Nietzsche and the Birth of Tragedy (Oxfordshire, Routledge, 2013)

Amos Tversky and Daniel Kahneman, Judgment under Uncertainty: Heuristics and Biases (Cambridge, Cambridge University Press, 1982)